职业教育课程改革与创新系列教材

U1075943

# 会计综合实训教程

主　编　席进财

副主编　朱益湘

参　编　郭　恒　曹　静　刘晓芳
金雪梅　罗红达　胡艳娜
刘　景　智　鹏　王淑珍
彭玲玲　次仁措姆

机械工业出版社

本书以《会计从业资格考试大纲》（2016）和会计专业教学计划为依据，根据西藏学生的实际情况，采取理论知识和软件模拟实训相结合，以及项目化教学编写而成。同时，本书内容兼顾西藏中等职业学校会计专业教学计划、会计工作实际、会计从业资格考试等方面的需求。

本书主要内容包括T3运行环境及账套设置、会计凭证财务处理、账簿管理、财务模块经济业务处理、财务报表、手工账实操等。

本书可以作为西藏中等职业学校会计专业教学用书及会计从业人员的参考用书。

**图书在版编目（CIP）数据**

会计综合实训教程/席进财主编. —北京：机械工业出版社，2017.9

职业教育课程改革与创新系列教材

ISBN 978-7-111-57853-6

Ⅰ.①会… Ⅱ.①席… Ⅲ.①会计学-职业教育-教材 Ⅳ.①F230

中国版本图书馆CIP数据核字（2017）第207159号

机械工业出版社（北京市百万庄大街22号　邮政编码100037）

策划编辑：宋　华　责任编辑：宋　华　马碧娟　徐永杰

责任校对：许亚娟　封面设计：马精明

责任印制：常天培

北京联兴盛业印刷股份有限公司印刷

2018年1月第1版第1次印刷

184mm×260mm · 11.25印张 · 221千字

0001—1000册

标准书号：ISBN 978-7-111-57853-6

定价：31.00元

凡购本书，如有缺页、倒页、脱页，由本社发行部调换

电话服务　网络服务

服务咨询热线：010-88379833　机 工 官 网：www.cmpbook.com

读者购书热线：010-88379649　机 工 官 博：weibo.com/cmp1952

教育服务网：www.cmpedu.com

**封面无防伪标均为盗版**　金 书 网：www.golden-book.com

# 职业教育课程改革与创新系列教材
# 编审委员会


| | | | | | |
|---|---|---|---|---|---|
| 主任委员 | 朗　加 | | | | |
| 副主任委员 | 龚晓堂 | 朱照红 | 李　林 | 陈渠汇 | |
| 编委会委员 | 卢　聪 | 余正忠 | 普布次仁 | 小普次 | |
| | 欧　珠 | 于　杰 | 扎　西 | 旦增达杰 | |
| | 班　旦 | 达　瓦 | 李　菲 | 孙光琼 | |

# 前　　言

随着社会的快速发展，对会计人员的要求也在逐步提高。目前，培养从事财务方面的会计人员，不能再局限于各种职业资格证书的获取，而是要学会如何从应试教育慢慢过渡到实操教育的转型。只会考试，却不会运用所学财务知识的人员，不能算是合格的会计从业者。

本书根据“会计基础”“会计电算化”“财经法规”及“手工全盘账”课程的教学内容综合拟定。本书主要针对两类人群：第一类是初次接触财务方面的专业知识，但又厌于枯燥的理论学习的人；第二类是已取得会计从业资格证书，却苦于没有财务实操经验，不敢从事财务方面工作的会计人员。

编写本书的目的主要是提高学生的会计实操能力，本书共分为六个项目，由十几位会计专业老师共同编写而成。在编写过程中，我们一直在思考如何体现教学内容的实操性，所以决定大量引入例题，使学生在学习的过程中同时也扮演一个会计人员的角色，通过解决每一项财务任务而得到实际的操作练习。在整个教学过程中将以实际操作为主，理论为辅，用启发式的教学方法和生动形象的语言，将枯燥无味的会计理论演变成通俗易懂的会计方法，使学生用最短的时间从零基础成长为具有一定职业能力的会计人员。

本书的主编是拉萨市第二中等职业技术学校财经商贸教学部的席进财。副主编是朱益湘，参加编写有郭恒、曹静、刘晓芳、金雪梅、罗红达、胡艳娜、刘景、智鹏、彭玲玲、王淑珍、次仁措姆等。席进财负责编写前言、项目测评、复习巩固和整体审稿修改工作，并和王淑珍共同完成项目六的编写工作；刘晓芳和智鹏负责项目一的编写；刘景和胡艳娜负责项目二的编写；金雪梅和次仁措姆负责项目三的编写；郭恒、罗红达和彭玲玲负责项目四的编写；曹静负责项目五的初稿，刘晓芳负责审稿和后期修改。朱照红担任主审。

本书在编写过程中得到了拉萨市第二中等职业技术学校领导的大力支持和科研处专家老师的精心指导以及财经商贸教学部老师的帮助，在此表示衷心感谢。

本书在编写过程中参阅了大量的相关图书资料、图册、教材及技术资料等，并借用了部分文献，在此向原作者致以衷心的感谢。如有不敬之处，恳请谅解。

由于本书知识覆盖面较广，涉及相关知识较多，加之时间仓促、编者水平有限，书中难免存在缺点和不足，敬请各位同行、专家和广大读者批评指正，以期再版时加以完善。

编　者

# 目　　录


前言

项目一　T3 运行环境及账套设置 …… 1

项目导入 …… 1

项目框架 …… 1

技能训练 …… 2

项目测评 …… 19

复习巩固 …… 20

项目二　会计凭证账务处理 …… 25

项目导入 …… 25

项目框架 …… 25

技能训练 …… 26

项目测评 …… 36

复习巩固 …… 36

项目三　账簿管理 …… 39

项目导入 …… 39

项目框架 …… 39

技能训练 …… 40

项目测评 …… 60

复习巩固 …… 60

项目四　财务模块经济业务处理 …… 62

项目导入 …… 62

项目框架 …… 62

技能训练 …… 63

项目测评 …… 93

复习巩固 ······ 94

**项目五　财务报表** ······ 96
项目导入 ······ 96
项目框架 ······ 96
技能训练 ······ 97
项目测评 ······ 122
复习巩固 ······ 123

**项目六　手工账实操** ······ 125
项目导入 ······ 125
项目框架 ······ 125
技能训练 ······ 125
项目测评 ······ 143
复习巩固 ······ 144

**参考文献** ······ 171

# 项目一

# T3 运行环境及账套设置

## 项目导入

会计核算软件是专门用于会计核算工作的计算机应用软件，包括采用各种计算机语言编制的用于会计核算工作的计算机程序，从而替代人工，实现会计核算任务。本章主要介绍了 T3 的运行环境和账套的初始设置，包括运行环境、建立账套、增加操作员、进行权限分配等相关内容。

## 项目框架

- T3运行环境及账套设置
  - 运行环境
    - 硬件环境
      - 输入设备
      - 处理设备
      - 存储设备
      - 输出设备
    - 软件环境
      - 系统软件
      - 应用软件
    - 网络环境
    - 会计软件的基本使用要求
  - 账套初始设置
    - 系统管理
      - 启动系统管理
      - 注册系统管理
      - 增加操作员
    - 设置账套
      - 建立账套
      - 权限分配
    - 备份、修改账套数据
      - 备份账套数据
      - 修改账套数据
  - 基础设置
    - 机构设置
      - 设置部分档案
      - 设置职员档案
      - 设置客户分类
      - 设置供应商分类
    - 设置其他信息
      - 设置地区分类
      - 设置客户档案
      - 设置供应商档案
      - 设置外币及汇率
      - 设置结算方式
      - 设置开户银行
    - 建立年度账及结转上年数据
      - 新建年度账
      - 结转上年数据

# 技能训练

## 任务一　运行环境

### 一、硬件环境

硬件设备一般包括输入设备、处理设备、存储设备、输出设备和通信设备（网络电缆等）。

（一）输入设备

计算机常见的输入设备有键盘、鼠标、光电自动扫描仪、条码扫描仪（又称扫码器）、二维码识读设备、POS 机、芯片读卡器、语音输入设备、手写输入设备等。

（二）处理设备

处理设备主要是指计算机主机。中央处理器（CPU）是计算机主机的核心部件，主要功能是按照程序给出的指令序列，分析并执行指令。

CPU 由运算器和控制器组成，是计算机的核心，如图 1-1 所示。

1. 运算器

运算器又叫算术逻辑单元（ALU）是对数据进行加工处理的部件，在控制器的控制下完成加减乘除和逻辑运算，在计算过程中，运算器不断从存储器中获得数据，经过计算后返回存储器。

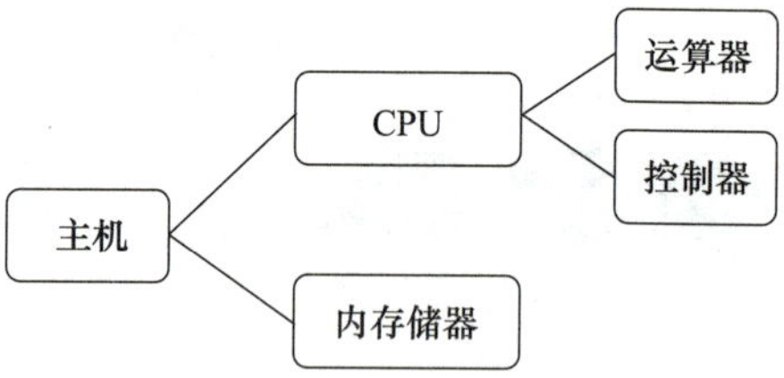

图 1-1　主机的组成

2. 控制器

控制器是整个计算机的指挥控制中心，负责从存储器中提取指令，并对指令进行分析判断后产生控制信号。

3. 中央处理器的技术参数

（1）型号：intel/AMD/Cyrix，CPU 型号越高，性能越好。

（2）主频：主频越高，运算速度越快，单位是 MHz、GHz，例如 P4/2.1G，P4 表示型号，2.1G 表示主频。

（3）字长：一个字包含的二进制的位数，字长越长，处理速度越快，如 8 位、16 位、目前 64 位比较常见。

> **知识链接**
>
> 存储容量以字节为基本单位。字节（Byte）是存储和运算信息的基本单位。1 字节 =8 位，即：1Byte=8bit，1KB=1 024B，1MB=1 024KB，1GB=1 024MB，1TB=1 024GB。

（三）存储设备

计算机的存储设备包括内存储器和外存储器，如图 1-2 所示。

1. 内存储器

内存储器简称内存，一般又称为主存储器或主存，用于存储正在执行中的程序和当前使用的数据（包括计算结果和中间结果），一般容量较小，但数据存取速度较快，直接与 CPU 交换信息。

（1）只读存储器（ROM）只能读取不能写入，存放计算机出厂设定的固化信息，没有电源也能保存。

（2）随机存储器（RAM）：既可从中读取数据又可向它写入数据存放用户信息，关机断电后其中的数据将全部消失。通常所说的内存一般指 RAM。

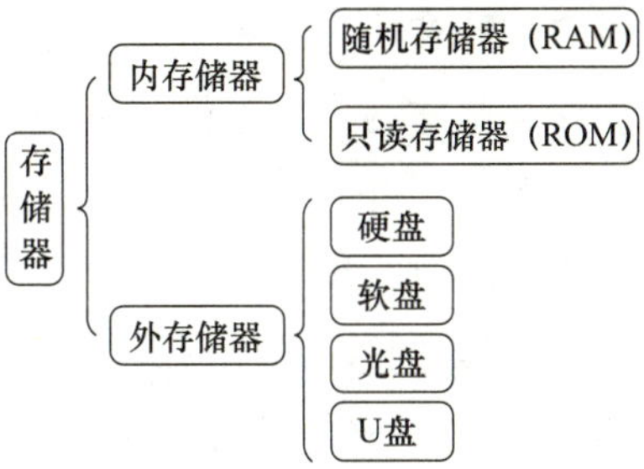

图 1-2　存储器的构成

2. 外存储器

外存储器负责成批地将数据或程序送入内存，也可将内存中的数据或程序保存在外存储器中，容量大，但数据存取速度较慢，关机后信息不丢失。会计软件中的各种数据一般存储在外存储器中。

常见的外存储器有硬盘、U 盘、光盘等。

（1）硬盘：硬盘的容量是计算机记忆能力的主要体现，也是计算机的主要性能指标。还有一个重要的性能指标是转速。

（2）软盘：主流软盘是 3.5in，容量是 1.44MB，有读写保护的开关，写保护打开后无法向软盘中写入数据，但可以读取。

（3）光盘：分为 CD（700MB）和 DVD（4.5GB），其读写速度指标用倍数（X）表述，即计算机刻录光盘的速度。

（4）移动存储器：一般包括移动硬盘、U 盘、各种闪存卡。

（四）输出设备

常用的输出设备有显示器、打印机、绘图仪、投影仪等。

1. 显示器

在会计软件中，显示器既可以显示用户在系统中输入的各种命令和信息，也可以显示系统生成的各种会计数据和文件。

传统的显示系统由显示器和显示卡组成。

常见的显示卡有 VGA 和 SVGA 或 TVGA。

2. 打印机

打印机是从计算机获得硬拷贝的输出设备，在会计软件中一般用于打印输出各类凭证、账簿、财务报表等各种会计资料。

按照打印原理分为击打式打印机（针式打印机）和非击打式打印机（喷墨或激光打印机）。

在会计电算化系统中，针式打印机占较大比重。

**二、软件环境**

软件环境主要包括系统软件和应用软件两部分。

（一）系统软件

系统软件是计算机上加载的程序，可借助计算机的能力实现特定的功能，是专门为某一应用目的而编制的软件。

最具有代表性的系统软件是操作系统，操作系统是管理计算机硬件资源，控制其他程序运行并为用户提供交互操作界面的系统软件的集合。操作系统是计算机系统的关键组成部分，负责管理与配置内存、决定系统资源供需的优先次序、控制输入与输出设备、操作网络与管理文件系统等基本任务。操作系统的种类很多，各种设备安装的操作系统可从简单到复杂，可从手机的嵌入式操作系统到超级计算机的大型操作系统。目前流行的现代操作系统主要有 Android、BSD、iOS、Linux、Mac OS X、Windows、Windows Phone 和 z/OS 等。

（二）应用软件

应用软件（Application Software）是和系统软件相对应的，是用户可以使用的各种程序设计语言，以及用各种程序设计语言编制的应用程序的集合，分为应用软件包和用户程序，如 T3 软件。

T3 软件是专门用于完成会计工作的计算机应用软件，其作用有助于会计核算的规范化，有助于带动财务管理乃至企业管理的规范化，从而提升企业的管理水平，提高企业的效益。

**三、网络环境**

按照覆盖的地理范围进行分类，计算机网络可以分为局域网、城域网和广域网三类。

（1）局域网（Local Area Network）是在一个局部的地理范围内（如一个学校、工厂和机关内），将各种计算机、外部设备和数据库等互相联接起来组成的计算机通信网，简称 LAN。它可以通过数据通信网或专用数据电路，与远方的局域网、数据库或处理中心相连接，构成一个大范围的信息处理系统。

（2）城域网（Metropolitan Area Network）是在一个城市范围内所建立的计算机通信网，简称 MAN，属宽带局域网。由于采用具有有源交换元件的局域网技术，网中传输时延较小，它的传输媒介主要采用光缆，传输速率在 100Mbit/s 以上。

（3）广域网（WAN，Wide Area Network）也叫远程网（RCN，Remote Computer Network），它的作用范围最大，一般可以是几十公里甚至几万公里。一个国家或国际建立的网络都是广域网。在广域网内，用于通信的传输装置和传输介质可由电信部门提供。目前，世界上最大的信息网络互联网（Internet）已经覆盖了包括我国在内的 180 多个国家和地区，连接了数万个网络，终端用户已达数千万，并且以每月 15% 的速度在增长。

广域网覆盖的范围比局域网和城域网都广。广域网的通信子网主要使用分组交换技术。广域网的通信子网可以利用公用分组交换网、卫星通信网和无线分组交换网，它将分布在不同地区的局域网或计算机系统互连起来，达到资源共享的目的。T3 网络环境，如表 1-1 所示。

表 1-1　T3 网络环境

| 网络环境 | | |
|---|---|---|
| 网络宽带 | 广域网 | 局域网 |
| | 256Kbit/s 以上 | 100Mbit/s 以上 |
| 网络协议 | TCP/IP、Named Pipe | |
| 浏览器 | IE6.0（SP1）以上 | |

### 四、会计软件的基本使用要求

常见的非规范化操作包括密码与权限管理不当、会计档案保管不当、未按照正常操作规范操作软件，这些操作可能威胁会计软件的安全。安全使用会计软件的基本要求如下：

（一）严格管理账套使用权限

在使用会计软件时，用户应该对账套使用权限进行严格管理，防止数据外泄；用户不能随便让他人使用计算机，在离开计算机时，必须立即退出会计软件，以防止他人偷窥系统数据。

（二）定期打印备份重要的账簿和报表

为了防止硬盘上的数据遭到意外或被人为破坏，用户需要定期将硬盘上的数据复制到其他磁介质上（如 U 盘、光盘等）。在本月结束后还应对重要的账簿和财务报表进行打印备份。

（三）严格管理软件版本升级

对会计软件进行升级的主要原因有：①因功能改进或扩充而升级版本；②因运行平台升级而升级版本。经过对比审核，如果新版软件更能满足需求，则企业应进行软件升级。

## 任务二　账套初始设置

### 一、系统管理

（一）启动系统管理

执行“开始”→“程序”→“T3”→“系统服务”→“系统管理”命令，系统管理模块启动，如图 1-3 所示。

（二）注册系统管理

（1）在“〖系统管理〗”窗口中，执行“系统→注册”命令，打开“注册〖系统管理〗”对话框，如图 1-4 所示。

（2）输入数据。用户名：admin；密码：（空）。

（3）单击“确定”按钮，以系统管理员身份进入系统管理，如图 1-5 所示。

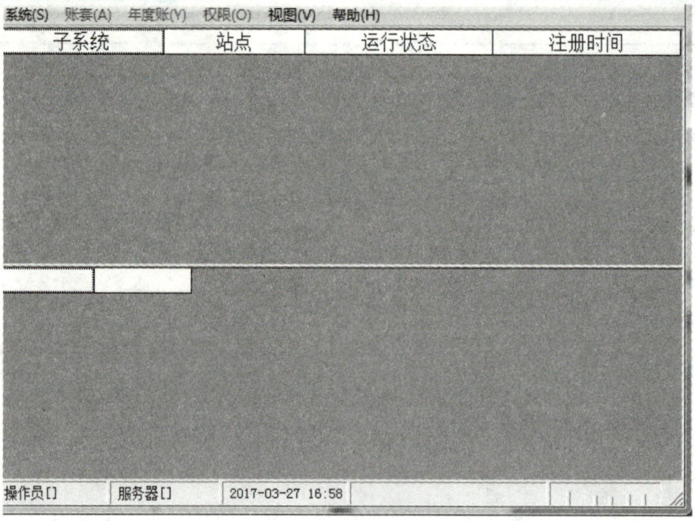


图 1-3　启动系统管理模块

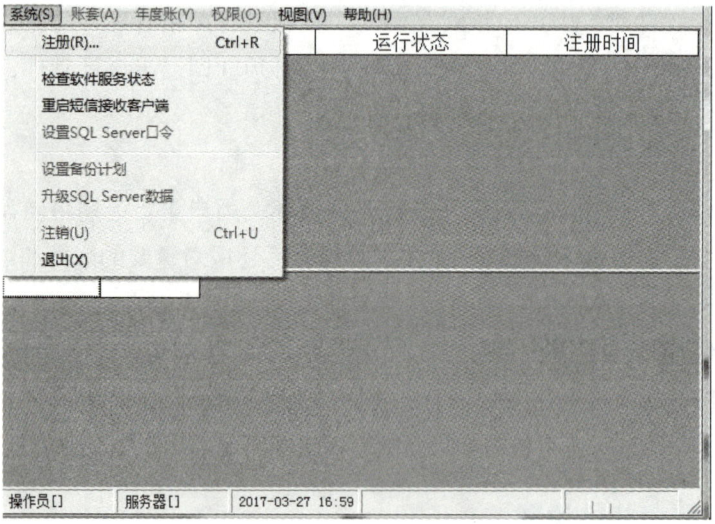


图 1-4　注册系统管理模块

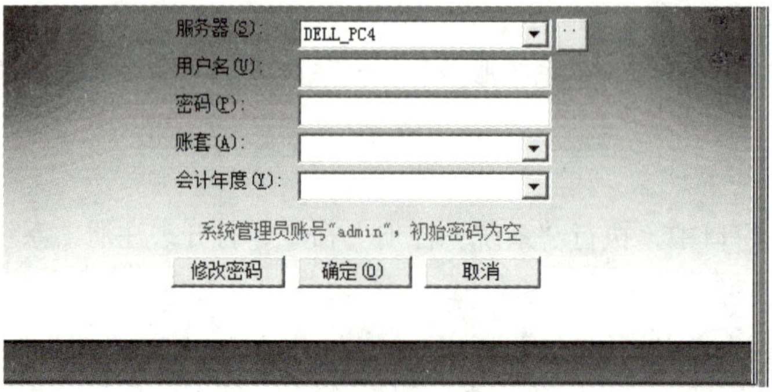


图 1-5　登录系统管理模块

**知识链接**

一定要牢记设置的系统管理员密码，否则无法以系统管理员的身份进入系统管理，也就不能执行账套数据的输出和引入。

（三）增加操作员

（1）执行“权限”→“操作员”命令，进入“操作员管理”窗口，窗口中显示系统预设的操作员：admin，如图 1-6 所示。

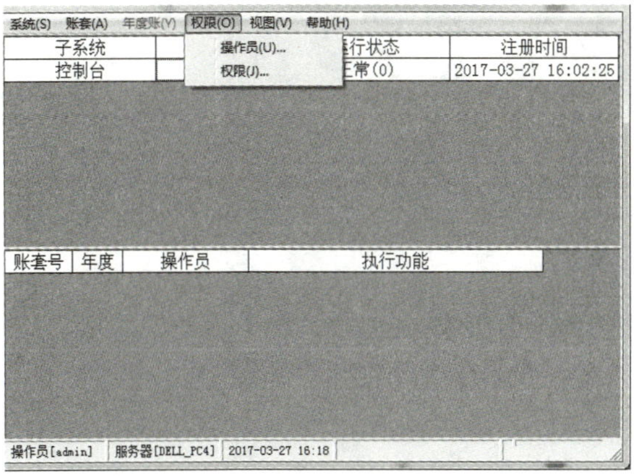


图 1-6　增加操作员

**知识链接**

软件中提到的“用户”即“操作员”。

只有系统管理员才有权限设置操作员。

操作员编号在系统中必须唯一，即使是不同的账套，操作员编号也不能重复。

设置操作员口令时，为保密起见，输入的口令字以“*”号在屏幕上显示。

所设置的操作员用户一旦被引用，便不能被修改和删除。

（2）单击工具栏中的“增加”按钮，打开“增加操作员”对话框。

（3）输入数据。例如：编号：001；姓名：扎西；口令：1；确认口令：1；所属部门：财务部。

（4）单击“增加”按钮，输入其他操作员资料。最后单击“退出”按钮，如图 1-7 所示。

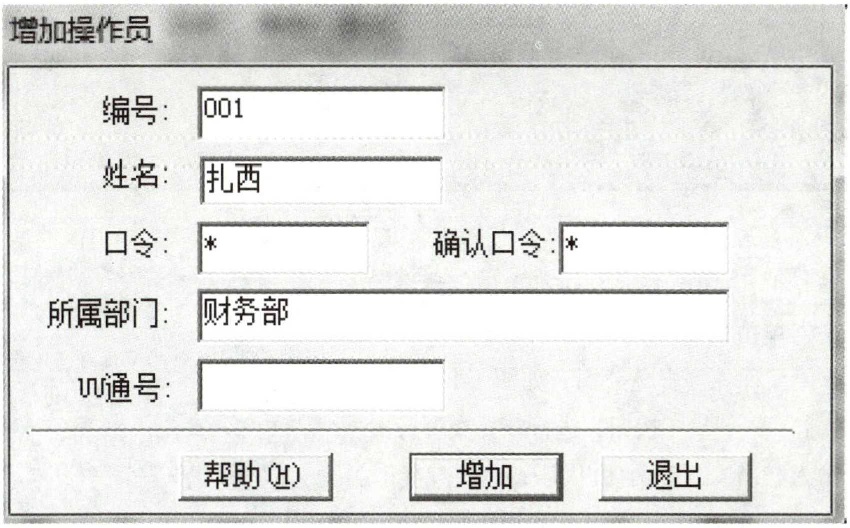


图 1-7　增加其他操作员

## 二、设置账套

（一）建立账套

（1）执行“账套”→“建立”命令，打开“创建账套”对话框，如图 1-8 所示。

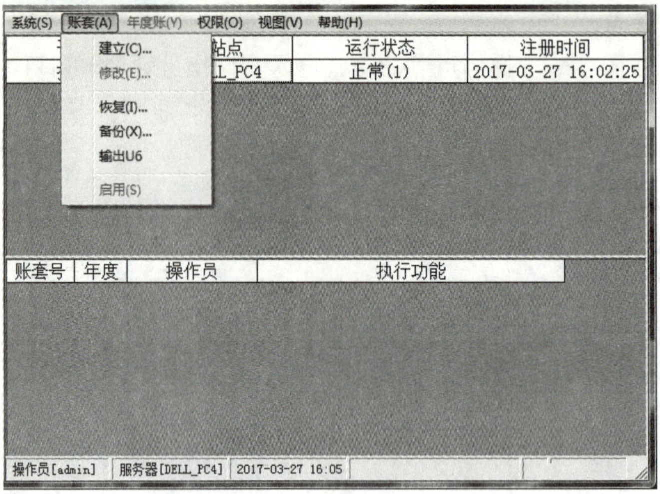


图 1-8　建立账套

（2）输入账套信息。账套号：111；账套名称：嘎吉林集团有限公司；账套路径：（默认）；启用会计期：2017 年 01 月，如图 1-9 所示。

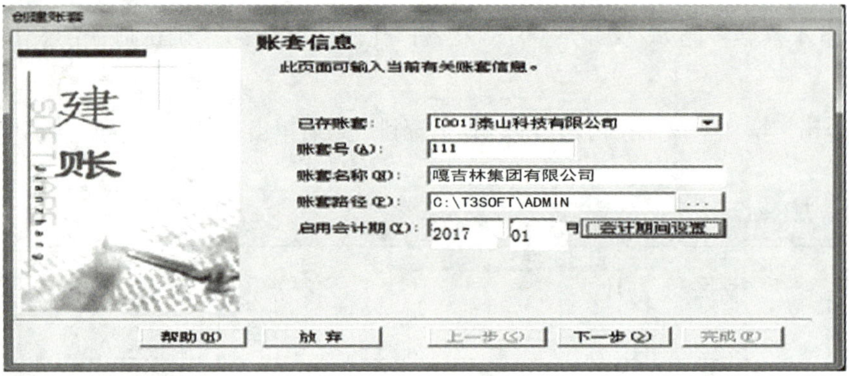


图 1-9　输入账套信息

（3）单击“下一步”按钮，进行单位信息设置。

（4）输入单位信息。单位名称：嘎吉林集团有限公司；单位简称：嘎吉林公司，如图 1-10 所示。

（5）单击“下一步”按钮，进行核算类型设置。

（6）输入核算类型。本币代码：RMB；本币名称：人民币；企业类型：工业；行业性质：2007 年新会计准则；账套主管：[ 111 ] 扎西；勾选“按行业性质预置科目”复选框，如图 1-11 所示。

（7）单击“下一步”按钮，进行基础信息设置。

（8）确定基础信息。勾选“存货是否分类”“客

**知识链接**

账套路径用来确定新建账套将要被放置的位置，系统默认的路径为“C:\T3SOFT\ADMIN”，用户可以更改。

单位信息中“单位名称”和“单位简称”必须输入。其他栏目都属于任选项。

系统提供了工业、商业两种企业类型。如果选择工业模式，则系统不能处理受托代销业务；如果选择商业模式，则委托代销和受托代销都能处理。

户是否分类”“供应商是否分类”“有无外币核算”四个复选框，如图 1-12 所示。

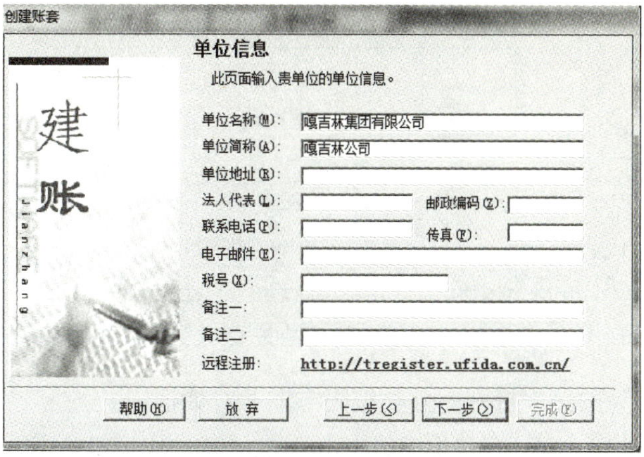


图 1-10　单位信息设置

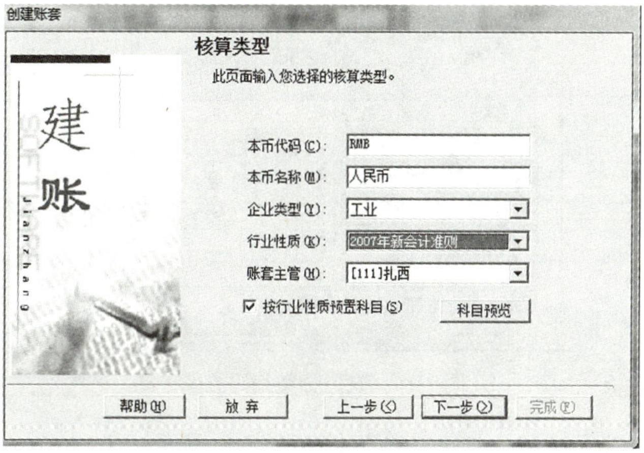


图 1-11　输入核算类型

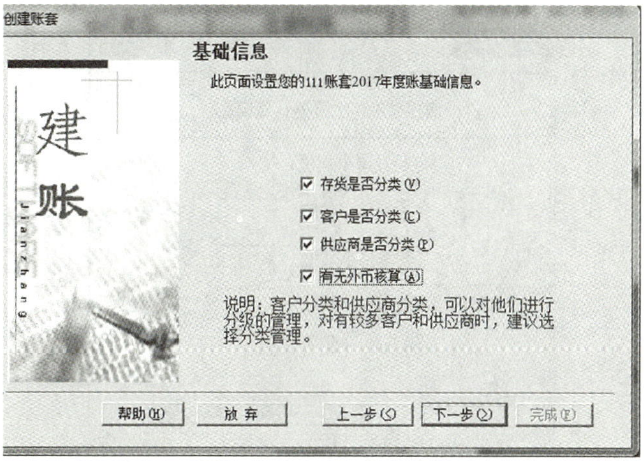


图 1-12　设置基础信息

（9）单击“下一步”按钮。系统弹出提示“可以创建账套了么？”，如图 1-13 所示。

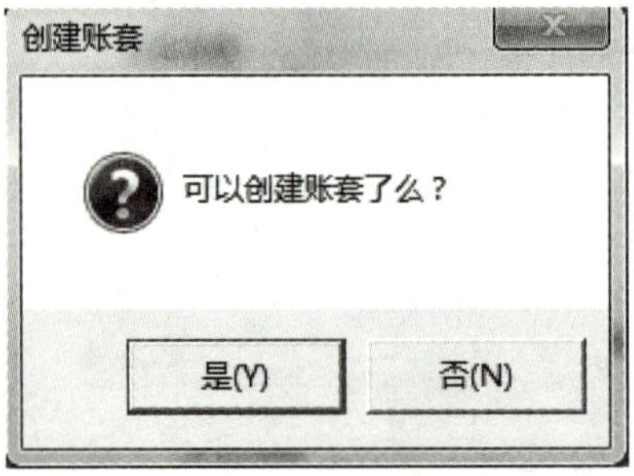


图 1-13　建立账套

（10）单击“是”按钮，打开“分类编码方案”对话框。

（11）确定分类编码方案。科目编码级次：4-2-2-2-2；其他采用默认值，如图 1-14 所示。

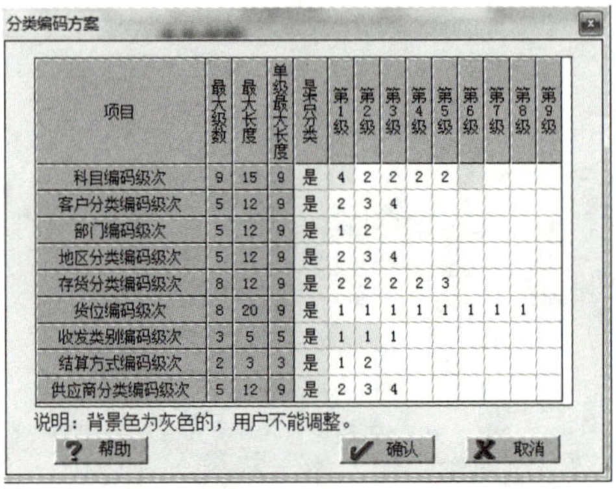
分类编码方案

| 项目 | 最大级数 | 最大长度 | 单级最大长度 | 是否分类 | 第1级 | 第2级 | 第3级 | 第4级 | 第5级 | 第6级 | 第7级 | 第8级 | 第9级 |
|---|---|---|---|---|---|---|---|---|---|---|---|---|---|
| 科目编码级次 | 9 | 15 | 9 | 是 | 4 | 2 | 2 | 2 | 2 | | | | |
| 客户分类编码级次 | 5 | 12 | 9 | 是 | 2 | 3 | 4 | | | | | | |
| 部门编码级次 | 5 | 12 | 9 | 是 | 1 | 2 | | | | | | | |
| 地区分类编码级次 | 5 | 12 | 9 | 是 | 2 | 3 | 4 | | | | | | |
| 存货分类编码级次 | 8 | 12 | 9 | 是 | 2 | 2 | 2 | 2 | 3 | | | | |
| 货位编码级次 | 8 | 20 | 9 | 是 | 1 | 1 | 1 | 1 | 1 | 1 | 1 | 1 | |
| 收发类别编码级次 | 3 | 5 | 5 | 是 | 1 | 1 | 1 | | | | | | |
| 结算方式编码级次 | 2 | 3 | 3 | 是 | 1 | 2 | | | | | | | |
| 供应商分类编码级次 | 5 | 12 | 9 | 是 | 2 | 3 | 4 | | | | | | |

说明：背景色为灰色的，用户不能调整。

帮助　确认　取消

图 1-14　设置分类编码方案

（12）单击“确认”按钮，打开“数据精度定义”对话框。

（13）数据精度定义。所有小数位数均设置为 2 位，如图 1-15 所示。

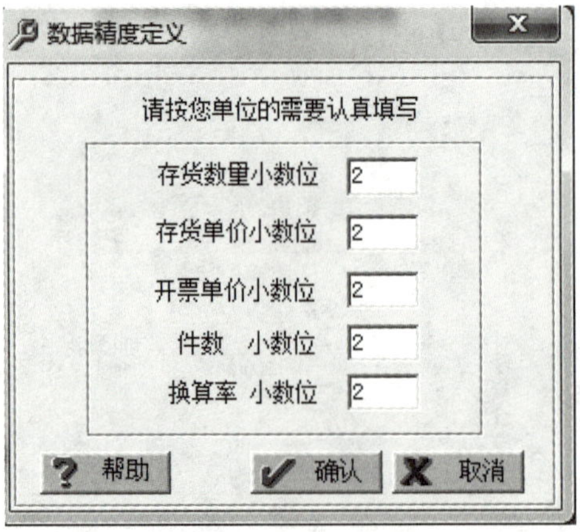


图 1-15　数据精度定义

（14）单击“确认”按钮，创建账套成功。如图 1-16 所示。

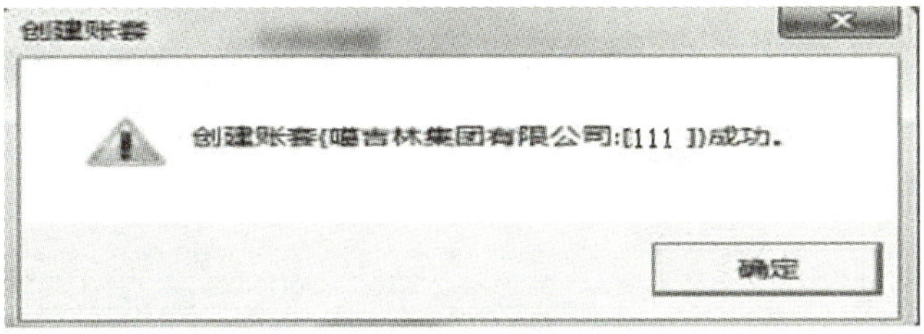


图 1-16　创建账套成功

（15）系统提示“是否立即启用账套”单击“是”按钮，如图 1-17 所示。

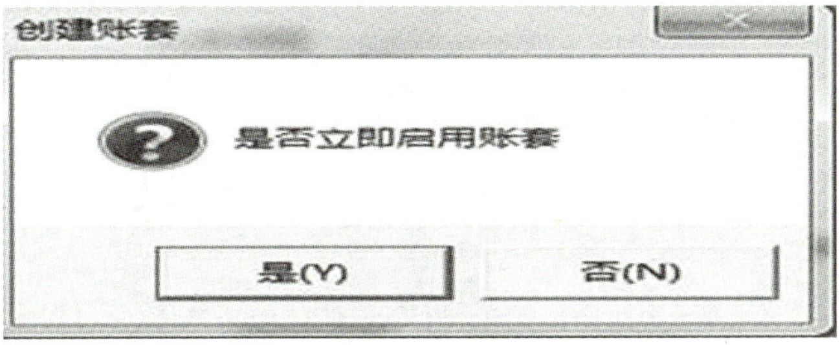


图 1-17　启用账套

（16）选中“GL- 总账”复选框，弹出“日历”对话框，选择日期“2017 年 1 月 1 日”，如图 1-18 所示。

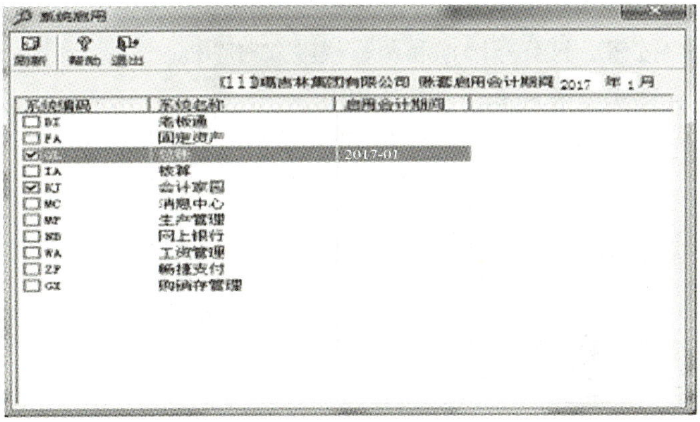


图 1-18　日期设置

**知识链接**

在建立账套后，可立即启用要使用的系统。在此也可以不启用，当需要使用某个系统时，可到“企业门户”中启用该系统。

（17）单击“确定”按钮。

（18）系统提示“确实要启用当前系统吗？”。单击“是”按钮。

（19）单击“退出”按钮。

（二）权限分配

（1）执行“权限”→“权限”命令，进入“操作员权限”窗口，如图 1-19 所示。

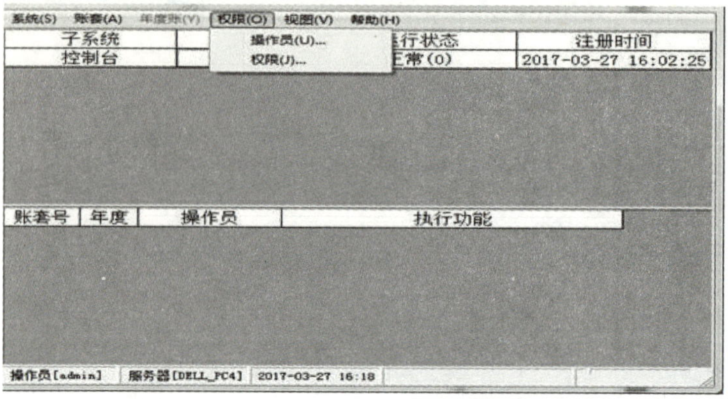


图 1-19　操作员权限设置

**知识链接**

拥有不同权限的操作员进入系统，所看到的系统界面及可操作的功能是不同的。

在 T3 系统中，提供了三个层次的权限管理，分别是功能级权限管理、数据级权限管理、金额级权限管理。

功能级权限管理提供了对不同的用户分配不同功能模块的操作权限。例如，用户“扎西”分配了“总账 - 出纳”的全部权限。

数据级权限管理可通过两个方面进行控制，一个是字段级权限控制，另一个是记录级权限控制。

（2）选择“111 账套”“2017 年度”。

（3）选择“扎西”。

（4）单击工具栏中的“修改”按钮，打开“增加和调整权限”对话框。

（5）单击选择“总账”权限，按实验资料再设置其他权限。

（6）单击“确定”按钮，如图 1-20 所示。

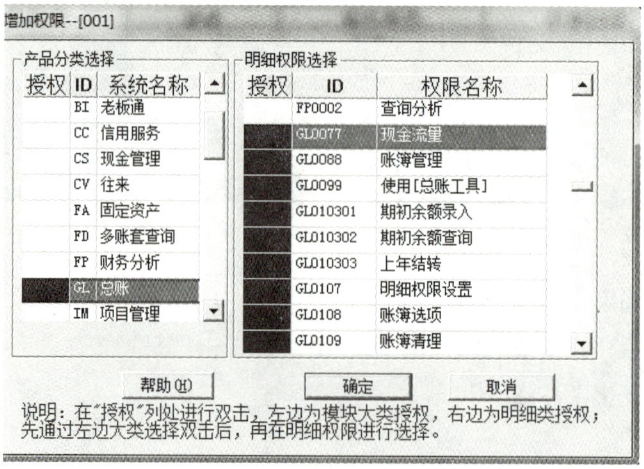


图 1-20　操作员权限授权

**知识链接**

一个账套可以设定多个账套主管。账套主管自动拥有该账套的所有权限。

T3 软件中增加了“角色管理”功能。如果有很多操作员具有相同的权限，可以先定义一个角色并使角色具有相应的操作权限，然后再把权限相同的操作员定义为这个角色，这样可以简化赋权操作。本实验中由于操作员的权限都不一样，因此直接给每个操作员分配权限而没有使用“角色管理”功能。

（7）设置操作员“卓玛”和“洛桑”的操作权限，同扎西。

## 三、备份、修改账套数据

（一）备份账套数据

（1）执行“账套”→“输出”命令，打开“账套输出”对话框，如图 1-21 所示。

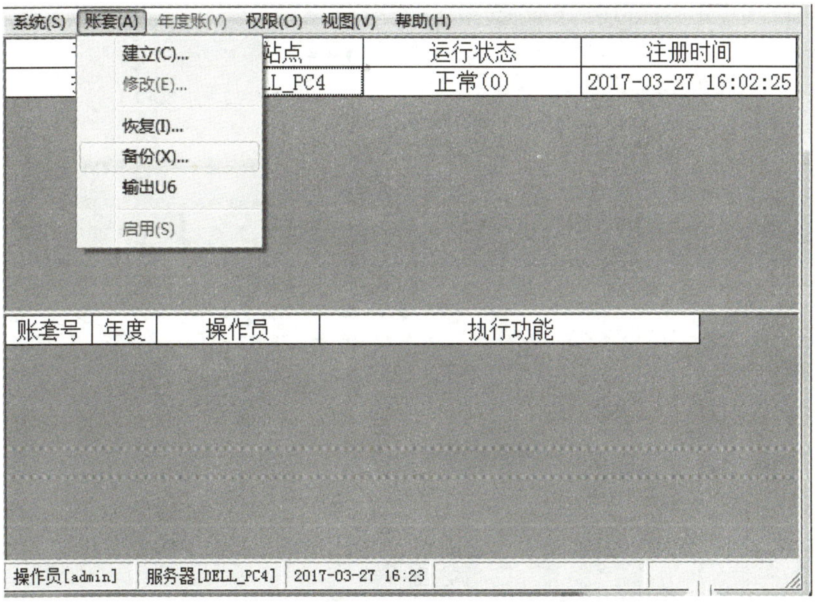


图 1-21　备份账套数据

**知识链接**

只有系统管理员 (admin) 才能备份账套数据。备份的账套数据名以“Uferpact”为前缀。

若要删除账套，则在“账套输出”对话框中，选择“删除当前输出账套”选项。正在使用的账套不能删除。

由于现在的账套数据都比较大，备份输出到软盘上已不方便。一般情况下，可将账套数据备份到移动硬盘上，以便妥善保存。

（2）选择需要输出的账套 111，如图 1-22 所示。

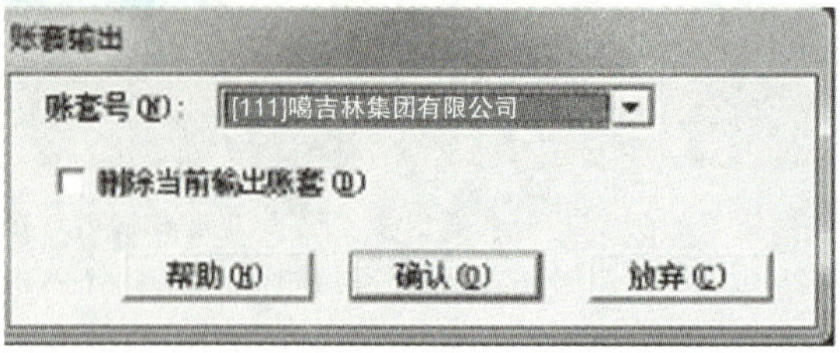


图 1-22　输出已建立账套

（3）单击“确认”按钮，弹出系统提示信息“压缩进程，请等待”。

（4）系统压缩完成所选账套数据后，弹出“选择备份目标”对话框。单击下拉列表框，选择需要将账套数据输出的驱动器及文件夹。

（5）单击“确认”按钮。

（6）系统弹出系统提示“硬盘备份完毕！”，单击“确定”按钮返回，如图 1-23 所示。

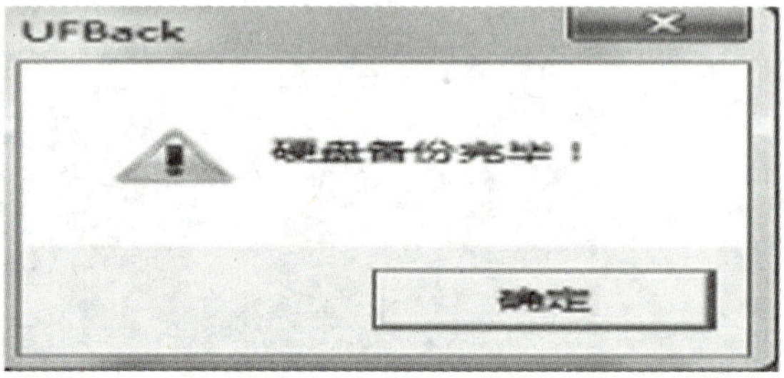


图 1-23　硬盘备份

（二）修改账套数据

如果账套启用后，则要修改建账参数，则要以账套主管的身份注册进入系统管理。

（1）在“系统管理”窗口，执行“系统→注册”命令，打开“注册〖系统管理〗”对话框。

如果此前是以系统管理员的身份注册进入系统管理，那么需要首先执行“系统”→“注销”命令，注销当前系统操作员，再以账套主管的身份登录。

（2）输入数据：用户名“001”；密码“1”。选择账套“111 嘎吉林集团有限公司”；会计年度：“2017”；操作日期：“2017-01-01”。

（3）单击“确定”按钮，进入“系统管理”窗口，菜单中显示为黑色字体的部分为账套主管可以操作的内容。

（4）执行“账套”→“修改”命令，打开“修改账套”对话框，可修改的账套信息以白色显示，不可修改的账套信息以灰色显示。

（5）修改完成后，单击“完成”按钮，弹出系统提示信息“确认修改账套么？”，单击“是”按钮，确定“分类编码方案”和“数据精度定义”，单击“确认”按钮，弹出系统提示“修改账套成功！”。

# 任务三　基础设置

## 一、机构设置

（一）设置部门档案

1. 启动企业门户

（1）执行“开始”→“程序”→“T3”→“企业门户”命令，打开“注册〖企业门户〗”对话框。

（2）输入或选择数据。用户名：“001”；密码：“1”；账套：“111 嘎吉林集团有限公司”；会计年度：“2017”；操作日期：“2017–01–01”，如图 1-24 所示。

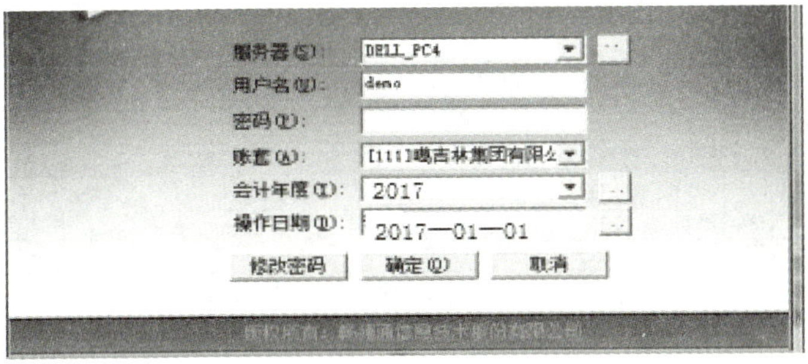


图 1-24　输入数据进入账套

> **知识链接**
>
> 基础档案的数据为各个模块所共用，既可以在此设置，也可以在各个模块中进行设置。

（3）单击“确认”按钮。

2. 进入基础档案设置

（1）在“T3 门户”窗口中，双击“基础档案”图标。

（2）在“基础档案”对话框中，双击要设置档案项目，即进入相应项目的设置界面。

3. 设置部门档案

（1）在“部门档案”窗口中，单击“增加”按钮。

（2）输入数据。部门编码：1；部门名称：管理部；部门属性：管理部门。

（3）单击“保存”按钮。

（4）根据实验资料增加其他部门档案信息，如图 1-25 所示。

图 1-25　增加其他部门档案信息

注意：

（1）部门编码应符合部门编码级次原则。

（2）部门编码和名称必须唯一。

（二）设置职员档案

（1）在“职员档案 - 部门职员”窗口中，单击选中“管理部”。

（2）单击“增加”按钮，打开“增加职员档案”对话框。

（3）输入数据。职员编码：101；职员名称：达瓦；职员属性：总经理。

（4）单击“保存”按钮，单击“退出”按钮。

（5）根据实验资料增加其他职员档案信息，如图 1-26 所示。

**知识链接**

可以直接在“增加职员档案”对话框中增加其他职员档案信息，当选择所属部门时，应先删除原来显示的部门，然后单击右侧的放大镜双击选择新的部门。

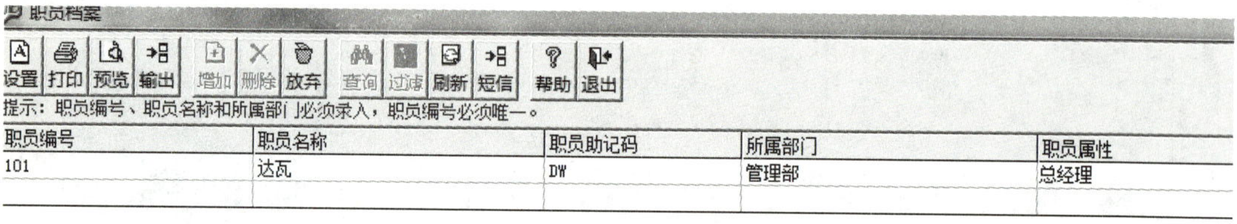


图 1-26　增加其他职员档案信息

（三）设置客户分类

（1）在“客户分类”窗口中，单击“增加”按钮。

（2）输入数据。类别编码：01；类别名称：长期客户。

（3）单击“保存”按钮。

（4）根据实验资料增加其他客户分类信息，如图 1-27 所示。

**知识链接**

在建账时如果选择了进行客户分类，则在此必须进行客户分类，否则将不能输入客户档案。

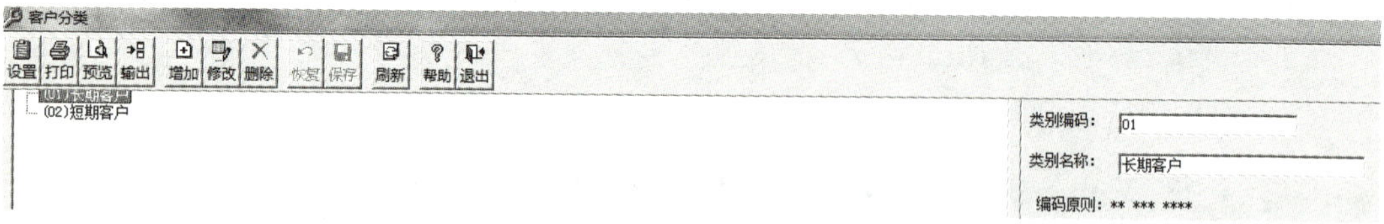


图 1-27　增加其他客户分类信息

（四）设置供应商分类

（1）在“供应商分类”窗口中，单击“增加”按钮。

（2）输入数据。类别编码：01；类别名称：硬件供应商。

（3）单击“保存”按钮。

（4）根据实验资料增加其他供应商分类信息，如图 1-28 所示。

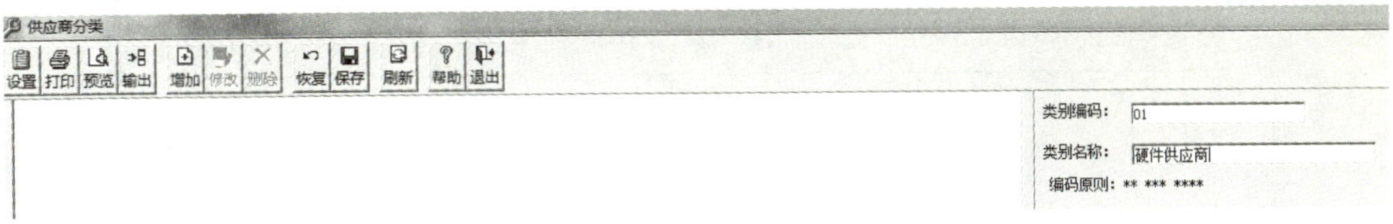


图 1-28　增加供应商分类信息

## 二、设置其他信息

（一）设置地区分类

（1）在“地区分类”窗口中，单击“增加”按钮。

（2）输入数据。类别编码：01；类别名称：东部地区。

（3）单击“保存”按钮。

（4）根据实验资料增加其他地区分类信息。

（二）设置客户档案

（1）在“客户档案”窗口中，单击选中“（01001）事业单位”。

（2）单击“增加”按钮，打开“增加客户档案”对话框。

（3）输入数据。客户编码：001；客户名称：百益集团有限公司；客户简称：百益公司；所属地区：04；税号：22222；开户银行：中国建设银行拉萨冲吉路支行；银行账号：5400104363605302222；地址：拉萨市纳金中路；邮政编码：850000。

**知识链接**

客户档案必须建立在最末级分类下。

客户档案建立时，有红色星号的栏目为必须输入项目。

（4）单击“保存”按钮，单击“退出”按钮。

（5）根据实验资料增加其他客户档案信息。

（三）设置供应商档案

（1）在“供应商档案”窗口中，单击选中“（01）硬件供应商”。

（2）单击“增加”按钮，打开“增加供应商档案”对话框。

（3）输入数据。供应商编码：001；供应商名称：乐百隆集团有限公司；供应商简称：乐百隆；所属地区码：01；税号：33333；开户银行：中国建设银行拉萨冲吉路支行；银行账号：123456789；地址：拉萨冲吉路 1 号；邮政编码：850000。

（4）单击“保存”按钮，单击“退出”按钮。

（5）根据实验资料增加其他供应商档案信息，如图 1-29 所示。

（四）设置外币及汇率

（1）在“外币设置”窗口中，输入数据。币符：USD；币名：美元。

（2）单击“确认”按钮。

（3）在“外币最大误差”栏中输入 0.0001，按 <Enter> 键确认，如图 1-30 所示。

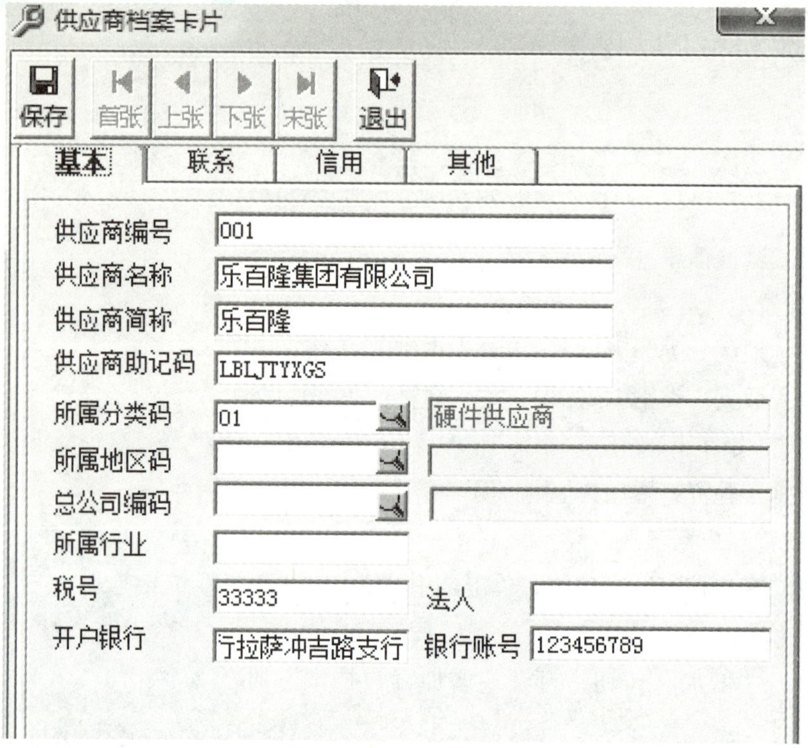


图 1-29　增加其他供应商档案信息

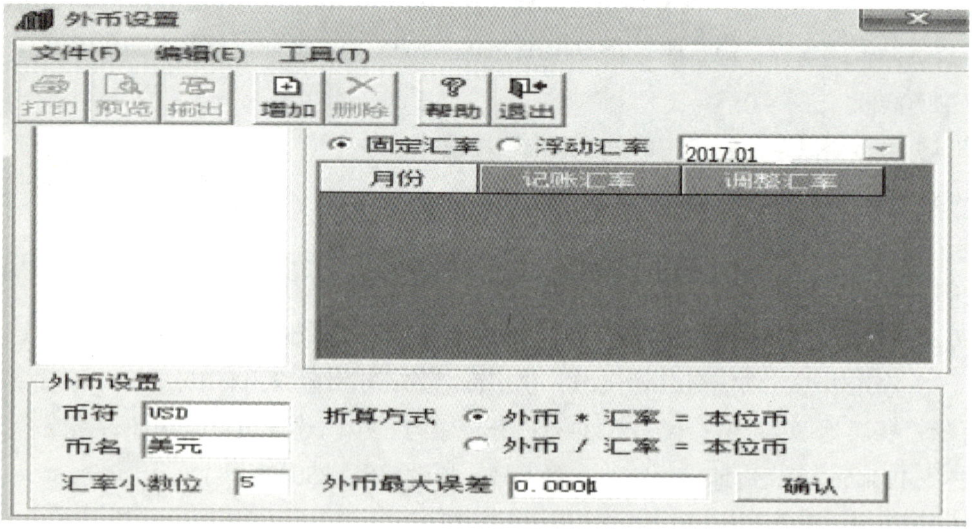


图 1-30　固定汇率设置

（五）设置结算方式

（1）在“结算方式”窗口中，单击“增加”按钮。

（2）输入数据。结算方式编码：1；结算方式名称：现金结算。

（3）单击“保存”按钮。

（4）根据实验资料增加其他结算方式信息，如图 1-31 所示。

图 1-31　增加其他结算方式信息

（六）设置开户银行

（1）在“开户银行”窗口中，单击“增加”按钮。

（2）输入数据。编码：01；名称：嘎吉林集团有限公司；账号：987654321；开户行：中国建设银行拉萨冲吉路支行。

（3）单击“保存”按钮。

**三、建立年度账及结转上年数据**

（一）新建年度账

（1）将计算机的系统时间更改为本年度最后一天。例如，2017 年 12 月 31 日。

（2）打开“系统服务”→“系统管理”→“系统”→“注册”。操作员为该账套的账套主管（做凭证时的编号，不是 admin），输入密码，选择账套。将操作日期改为本年度最后一天的日期，然后单击“确定”按钮。打开“年度账”→“建立”。确认账套及年度，单击“确定”按钮。等系统提示“建立年度账成功”后，单击“确定”按钮，则表示已经完成新年度账的建立。

（二）结转上年数据

（1）将计算机的系统时间更改为新年度的第一天。例如，2017 年 1 月 1 日。

（2）单击“系统”→“注销”→“系统”→“注册”。操作员为该账套的账套主管（做凭证时的编号，不是 admin），输入密码，选择账套，然后选择新建立的会计年度，操作日期改为新年度的 1 月 1 日。单击“确定”→“年度账”→“结转上年数据”，选择总账系统的结转，按系统提示完成结转上年数据，结转完成后会出现工作报告：正确数及错误数，若有错误请找到错误的科目并记录下来，再进行修改。

（3）在建立新年度账之前、结转上年数据之后必须做好数据备份。

## 项目测评

T3 运行环境及账套设置测评表如表 1-2 所示。

表 1-2　T3 运行环境及账套设置测评表

| 序号 | 考核内容 | 考核要点 | 配分 | 考核标准 | 扣分 | 得分 |
| --- | --- | --- | --- | --- | --- | --- |
| 1 | 课前准备 | （1）实训材料准备齐全<br>（2）正确启动 T3 软件 | 4 | （1）实训材料缺一项扣 1 分<br>（2）未正确启动 T3 扣 2 分 | | |
| 2 | 实训实际操作 | （1）注册系统管理<br>（2）增加操作员<br>（3）建立账套<br>（4）权限分配<br>（5）备份账套数据<br>（6）修改账套数据<br>（7）设置部门档案<br>（8）设置职员档案 | 8 | （1）注册系统管理错误扣 3 分<br>（2）增加操作员错误扣 1 分<br>（3）建立账套错误扣 1 分<br>（4）权限分配错误扣 0.5 分<br>（5）未备份账套数据扣 0.5 分<br>（6）修改账套数据错误 0.5 分<br>（7）设置部门档案错误 1 分<br>（8）设置职员档案错误 0.5 分 | | |
| 3 | 整体效果 | （1）各项设置娴熟<br>（2）各项设置操作规范 | 3 | （1）每项设置不娴熟扣 0.2 分<br>（2）设置操作不规范扣 1 分 | | |
| 4 | 时间定额 | 测评时间：此项账套设置累计 90 分钟，初始化 45 分钟，基础档案设置 45 分钟 | | 每超过 1 分钟从总分中扣除 1 分，超过 10 分钟停止操作 | | |
| 合计 | | | 15 | | | |
| 否定项 | | | | | | |

## 复习巩固

### 一、单项选择题

1. 将运算器和控制器做在同一块大规模集成电路板上，其名称是（　　）。

A. 存储器　　B. 运算控制器　　C. 芯片　　D. 中央处理器

2. 报表管理系统中，（　　）定义了报表数据之间的运算关系，可以实现报表系统从其他子系统取数的功能。

A. 计算公式　　B. 审核公式　　C. 舍位平衡公式　　D. 运算公式

3. 下列各项中，不属于报表系统中提供的默认关键字的是（　　）。

A. 单位名称　　B. 账套号　　C. 月　　D. 年

4. 下列对计算机病毒特点描述正确的是（　　）。

A. 电子邮件的收发不能进行计算机病毒的传染

B. 病毒的潜伏性是指病毒未发作时不易被发现

C. 病毒可以破坏计算机，造成计算机运行速度变慢、死机、蓝屏等问题

D. 病毒的隐蔽性是指病毒在条件成熟时被触发

5. 会计软件中，最核心的功能模块是（　　）。

A. 成本管理模块　　B. 财务处理模块

C. 财务分析模块　　D. 报表管理模块

## 二、多项选择题

1. 下列关于运算器功能的描述中，不正确的有（　　）。

A. 完成加减乘除运算

B. 从储存器中取出指令

C. 做出逻辑判断

D. 根据功能指令，向计算机有关部件发出控制指令

2. 下列各储存器中，计算机系统关闭后，其存储数据不会消失的有（　　）。

A. 内存　　B. 硬盘　　C. 主存　　D. 外存

3. 下列关于存储容量的表述中，正确的有（　　）。

A. 8bit=1Byte　　B. 1 024KB=1GB　　C. 1 024KB=1MB　　D. 1 000KB=1MB

4. 下列各项中，属于计算机输出设备的有（　　）。

A. 打印机　　B. 绘图仪　　C. 显示器　　D. 硬盘

## 三、实操题

百益集团有限公司基本情况及建账资料如下：

（1）企业基本情况

1）单位名称：百益集团有限公司；单位简称：百益公司。

2）所属行业：工业企业。

3）主要业务、产品类型：批发、零售

4）单位地址：拉萨市纳金中路；联系电话：0891-1234567

5）法人代表：班旦

6）开户银行及账号：中国建设银行冲吉路支行：54001043636053022222

7）税号：123456789

8）适应税率（增值税）：增值税税率为 17%，为一般纳税人。

（2）建立账套

1）账套信息。账套号：112；账套名称：百益集团有限公司；账套路径：(默认)；启用会计期：2017 年 1 月。

2）核算类型。记账本位币：人民币（RMB）；企业类型：工业；行业性质：2007 年新会计准则；账套主管：班旦；要求按行业性质预置会计科目。

3）基础信息。存货无分类，客户、供应商需分类，无外币业务。

4）分类编码方案。科目编码级次采用 4222；其他编码级次设置采用默认值。

5）数据精度。采用系统默认值。

6）系统启用。启用模块：总账；启用时间：2017 年 1 月 1 日。

（3）初始化设置

1）用户及权限。用户及权限如表 1-3 所示。

**表 1-3　用户及权限**

| 部门 | 编码 | 操作员 | 权限 |
|---|---|---|---|
| 财务部 | 101 | 米顿 | 密码空，账套主管，负责各项初始设置，结账、编制财务报表 |
| 财务部 | 102 | 席进财 | 密码空，具有“总账－记账”权限，具有“总账－填制凭证”、期末 GL1501- GL1501 权限 |
| 财务部 | 103 | 次仁措姆 | 密码空，具有“总账－出纳签字”权限 |
| 财务部 | 104 | 顿珠 | 密码空，具有“总账－审核凭证”权限 |

2）部门档案。部门档案如表 1-4 所示。

**表 1-4　部门档案**

| 部门编码 | 部门名称 | 部门属性 |
|---|---|---|
| 1 | 综合部 | 管理部门 |
| 101 | 总经理办公室 | 综合管理 |
| 102 | 财务部 | 财务管理 |
| 2 | 销售部 | 市场营销 |
| 201 | 销售一部 | 批发 |
| 202 | 销售二部 | 零售 |
| 3 | 采购部 | 采购供应 |

3）人员档案。人员档案如表 1-5 所示。

**表 1-5　人员管理**

| 职员编码 | 职员名称 | 所属部门 | 职员属性 |
|---|---|---|---|
| 101 | 班旦 | 总经理办公室 | 总经理 |
| 102 | 米顿 | 财务部 | 财务主管 |
| 103 | 席进财 | 财务部 | 会计 |
| 104 | 顿珠 | 财务部 | 会计 |
| 105 | 次仁措姆 | 财务部 | 出纳 |
| 201 | 扎西 | 销售一部 | 部门经理 |
| 202 | 次仁 | 销售二部 | 市场营销 |

4）客户分类。客户分类如表 1-6 所示。

**表 1-6　客户分类**

| 类别编码 | 类别名称 |
|---|---|
| 01 | 企业单位 |
| 01001 | 工业企业 |
| 01002 | 商业企业 |
| 02 | 事业单位 |
| 02001 | 学校 |
| 03 | 其他 |

5）客户档案。客户档案如表 1-7 所示。

**表 1-7　客户档案**

| 客户编码 | 客户名称 | 客户简称 | 所属分类 |
|---|---|---|---|
| 001 | 苏宁电器 | 苏宁 | 01002 |
| 002 | 国美电器 | 国美 | 01002 |
| 003 | 拉萨市第二中等职业技术学校 | 拉萨二职 | 01002 |
| 004 | 中国建设银行冲吉路支行 | 中国建设银行冲吉路支行 | 01003 |

6）供应商分类。供应商分类如表 1-8 所示。

**表 1-8　供应商分类**

| 类别编码 | 类别名称 |
|---|---|
| 01 | 长期供应商 |
| 01001 | 华中地区 |
| 01002 | 华南地区 |
| 01003 | 华北地区 |
| 02 | 临时供应商 |

7）供应商档案。供应商档案如表 1-9 所示。

**表 1-9　供应商档案**

| 供应商编码 | 供应商名称 | 供应商简称 | 所属分类 |
|---|---|---|---|
| 001 | 冲赛康有限公司 | 冲赛康 | 01002 |
| 002 | 乐天集团有限公司 | 乐天 | 01003 |
| 003 | 电信集团有限公司 | 电信 | 01001 |

要求：根据以上资料，使用 T3 软件进行账套设置。

# 项目二

# 会计凭证账务处理

## 项目导入

日常账务处理工作繁杂，内容较多，主要包括凭证的填制、凭证的修改、凭证的删除和凭证的审核等工作。凭证的处理是总账系统日常业务的关键环节，也是账务系统中最基本、最重要的数据来源，会计凭证的正确性将直接影响整个会计信息的真实性、可靠性。

## 项目框架

- 会计凭证账务处理
  - 会计凭证
    - 借贷记账法
      - 借贷记账法的概念
      - 借贷记账法的理论依据
    - 凭证的主要内容
      - 凭证填制的主要内容
      - 填制凭证的基本方法
  - 凭证账务处理
    - 设置凭证类别
      - 凭证类别
      - 操作步骤
      - 设置凭证类别注意事项
    - 期初余额录入
    - 总账系统日常操作
      - 进入T3
      - 填制凭证
      - 出纳签字
      - 审核凭证
      - 记账
      - 转账生成
      - 月末结账

# 技能训练

## 任务一　会计凭证

### 一、借贷记账法

（一）借贷记账法的概念

借贷记账法是以“借”和“贷”作为记账符号的一种复式记账方法。

（二）借贷记账法的理论依据

（1）记账原理：资产 = 负债 + 所有者权益。

（2）记账符号：以“借”“贷”作为记账符号。

（3）记账规则：有借必有贷、借贷必相等。

### 二、凭证的主要内容

（一）凭证填制的主要内容

为了提高凭证录入的速度和质量，需要一个合理的凭证输入格式，目前常用的凭证格式，如图 2-1 所示。

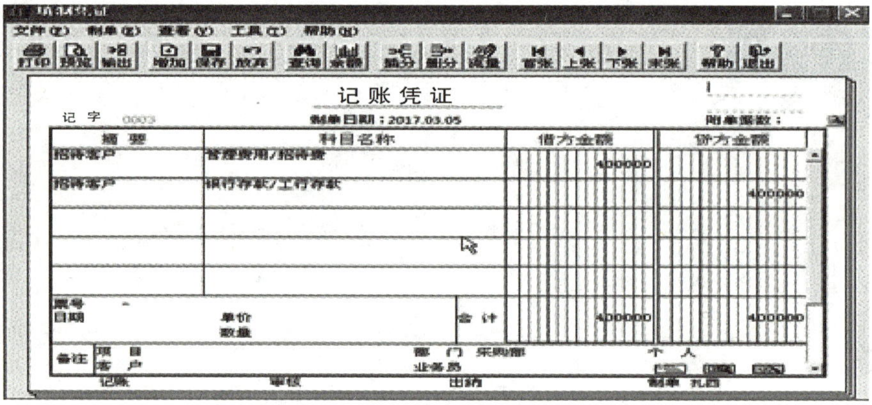


图 2-1　记账凭证

每一张凭证应该只记录一笔经济业务，不能把不同经济业务的分录填入一张凭证。凭证填制的主要内容有：

（1）凭证日期。即填制会计凭证的日期。

（2）凭证的种类。即凭证属于何种类型，一般由用户选择输入。

（3）凭证号。即记账凭证的编号，凭证的类别或类别代码一般由用户选择输入，而顺序编号由软件系统自动按递增规则生成。

（4）摘要。摘要是对凭证所反映的经济业务的文字说明。凭证中的每一行都要有一个相对独立的摘要。一张凭证各行的摘要可以相同，也可以不同。一些使用频率较高、内容较规范的凭证摘要可以在初始设置中定义，业务发生时直接从摘要库调用，如“提取现金”“支付货款”“收到销货款”等。

（5）会计科目。多数软件允许用户运用输入编码、助记码或科目名称中的任意一种，也可采用软件中的引导功能来输入会计科目。

（6）金额。金额输入可分为直接输入和间接产生两种情况。计算机根据初始设置时确定的方法及用户输入的数量、单价、外币、汇率等自动生成发生金额。

（7）合计。即一张凭证上的借方金额合计和贷方金额合计。一般由软件自动生成。

（8）附件张数。即凭证所附的原始凭证张数。

此外，还包括会计主管、记账、审核、出纳、制单人等人的签章等内容。

（二）填制凭证的基本方法

具体操作如下：

（1）单击“凭证”菜单下的“填制凭证”选项，系统弹出“填制凭证”窗口，单击“增加”按钮。

（2）单击凭证类别的“浏览”按钮，选择所需要增加的凭证类别。

（3）凭证编号由系统自动生成。

（4）系统自动提取该账套本年度该类凭证的最后一张凭证日期作为制单日期，用户可以修改，但必须保证制单日期在系统日期之前。

（5）在“摘要”栏输入信息，即凭证的摘要内容。

（6）在“科目名称”栏中，输入编码，或单击“浏览”按钮进入“科目参照”窗口选择科目。

（7）输入借、贷方金额。

（8）如果会计科目被指定为现金流量科目，则单击“流量”按钮，可以将该笔现金业务记录在现金流量项目中，以便查询现金流量表。

（9）输完一条分录之后，按 <Enter> 键，系统自动将上一分录的摘要内容复制到下一分录的摘要栏中，然后开始录入下一分录。

（10）单击“保存”按钮保存凭证。如果借贷不平，系统会给出提示并不予保存。

（11）单击凭证中的会计科目，然后单击“余额”菜单，系统会弹出该科目的余额一览表。

## 任务二　凭证账务处理

### 一、设置凭证类别

（一）凭证类别

凭证类别如表 2-1 所示。

表 2-1　凭证类别

| 凭证类别 | 限制类型 | 限制科目 |
|---|---|---|
| 收款凭证 | 借方必有 | 1001,1002 |
| 付款凭证 | 贷方必有 | 1001,1002 |
| 转账凭证 | 凭证必无 | 1001,1002 |

（二）操作步骤

（1）执行“基础档案”→“财务”→“凭证类别”命令，打开“凭证类别预置”对话框。

（2）单击“收款凭证、付款凭证、转账凭证”单选按钮，如图 2-2 所示。

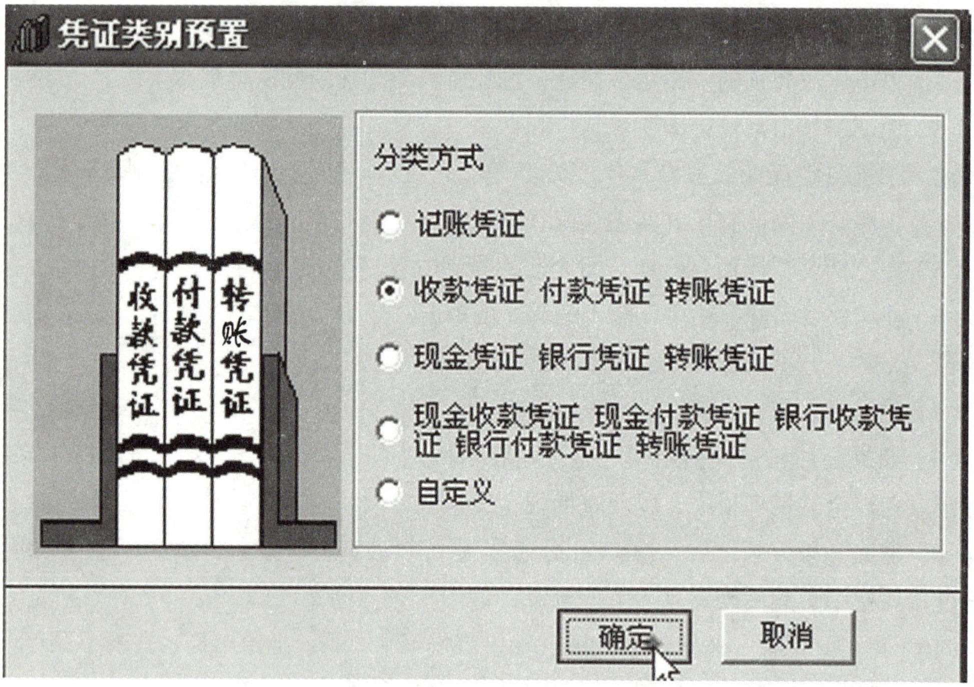


图 2-2　设置凭证类别—选择凭证类别

（3）单击“确定”按钮，进入“凭证类别”窗口。

（4）单击收款凭证“限制类型”的下三角按钮，选择“借方必有”；在“限制科目”栏输入“1001，1002”。

（5）设置付款凭证的限制类型“贷方必有”、限制科目“1001，1002”；设置转账凭证的限制类型“凭证必无”、限制科目“1001，1002”，如图 2-3 所示。

（6）设置完后，单击“退出”按钮。

（三）设置凭证类别注意事项

许多企业为了便于管理或登账方便，一般对记账凭证进行分类编制，但各企业的分类方法不尽相同，可以按照本单位的需要对凭证进行分类。

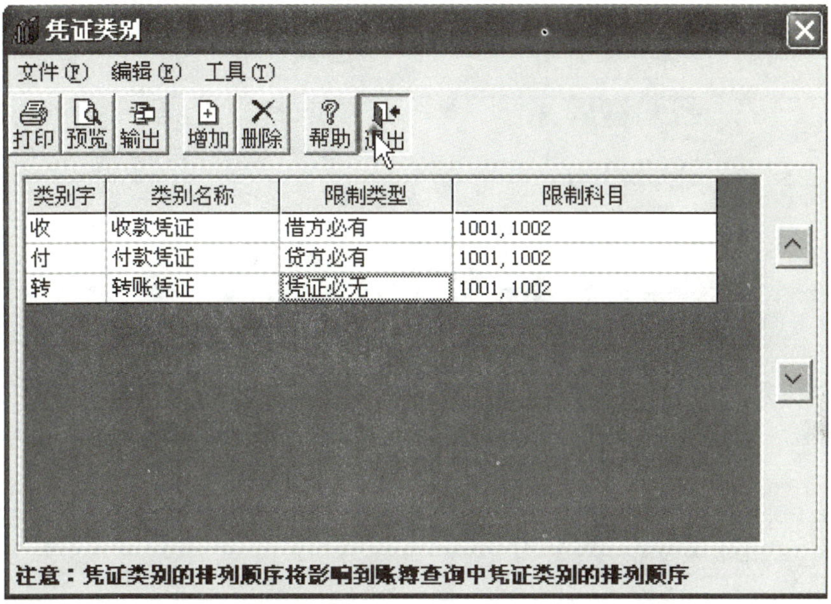


图 2-3　设置凭证类别—设置限制类型及限制科目

通常，系统提供以下五种常用分类方式以供选择：

（1）记账凭证。

（2）收款凭证、付款凭证、转账凭证。

（3）现金凭证、银行凭证、转账凭证。

（4）现金收款凭证、现金付款凭证、银行收款凭证、银行付款凭证、转账凭证。

（5）自定义凭证类别

某些类别的凭证在制单时对科目有一定限制，通常系统有以下五种限制类型供选择：

（1）借方必有：制单时，此类凭证借方至少有一个限制科目有发生额。

（2）贷方必有：制单时，此类凭证贷方至少有一个限制科目有发生额。

（3）凭证必有：制单时，此类凭证无论借方还是贷方至少有一个限制科目有发生额。

（4）凭证必无：制单时，此类凭证无论借方还是贷方都不可有一个限制科目有发生额。

（5）无限制：制单时，此类凭证可使用所有合法的科目。

**二、期初余额录入**

执行“总账”→“设置”→“期初余额”命令，根据系统启用期之前所有明细科目的余额一一对应录入，录完后单击“试算”按钮，结果平衡后单击“对账”按钮，对账正确后退出，如图 2-4 所示。

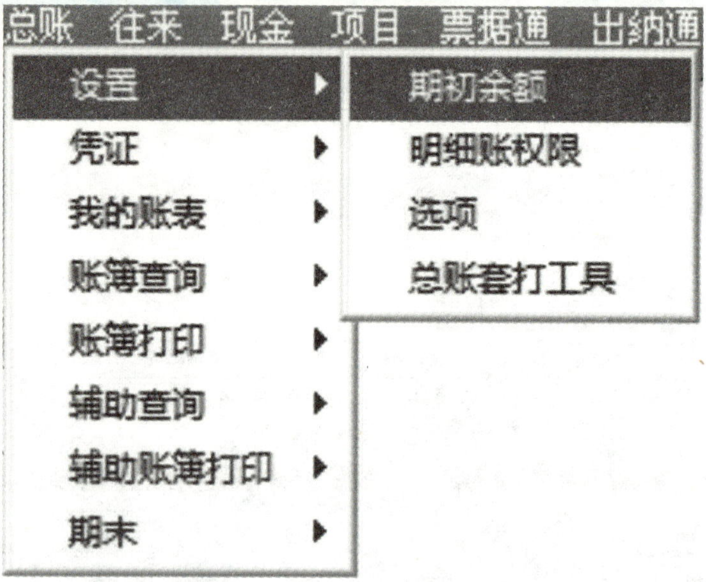


图 2-4　期初余额录入

若某些科目有设置辅助核算，则录入数据时，需双击该科目进入，再根据各辅助项录入对应数据，如图 2-5 所示。

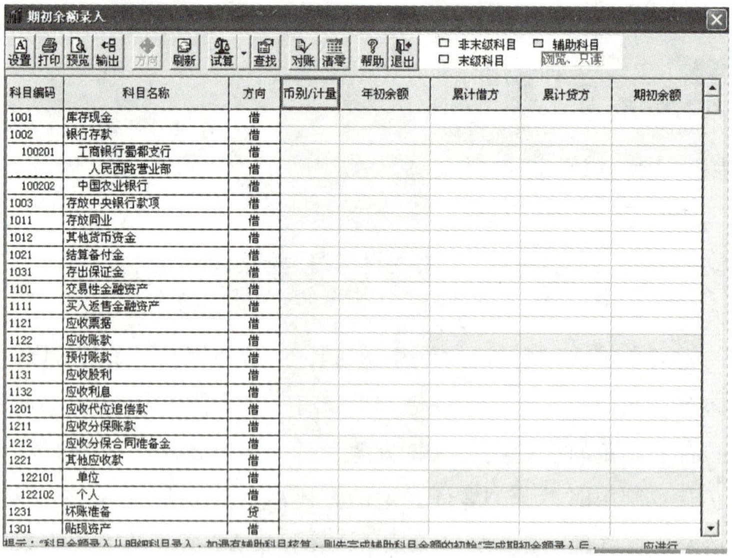


| 科目编码 | 科目名称 | 方向 | 币别/计量 | 年初余额 | 累计借方 | 累计贷方 | 期初余额 |
|---|---|---|---|---|---|---|---|
| 1001 | 库存现金 | 借 | | | | | |
| 1002 | 银行存款 | 借 | | | | | |
| 100201 | 工商银行蜀都支行 | 借 | | | | | |
| | 人民西路营业部 | 借 | | | | | |
| 100202 | 中国农业银行 | 借 | | | | | |
| 1003 | 存放中央银行款项 | 借 | | | | | |
| 1011 | 存放同业 | 借 | | | | | |
| 1012 | 其他货币资金 | 借 | | | | | |
| 1021 | 结算备付金 | 借 | | | | | |
| 1031 | 存出保证金 | 借 | | | | | |
| 1101 | 交易性金融资产 | 借 | | | | | |
| 1111 | 买入返售金融资产 | 借 | | | | | |
| 1121 | 应收票据 | 借 | | | | | |
| 1122 | 应收账款 | 借 | | | | | |
| 1123 | 预付账款 | 借 | | | | | |
| 1131 | 应收股利 | 借 | | | | | |
| 1132 | 应收利息 | 借 | | | | | |
| 1201 | 应收代位追偿款 | 借 | | | | | |
| 1211 | 应收分保账款 | 借 | | | | | |
| 1212 | 应收分保合同准备金 | 借 | | | | | |
| 1221 | 其他应收款 | 借 | | | | | |
| 122101 | 单位 | 借 | | | | | |
| 122102 | 个人 | 借 | | | | | |
| 1231 | 坏账准备 | 贷 | | | | | |
| 1301 | 贴现资产 | 借 | | | | | |

图 2-5　期初余额录入

若系统启用期为年初（如 2017 年 1 月），则此时的期初余额为 2016 年 12 月底的余额。

若系统启用期为年中（如 2017 年 3 月），则此时的期初余额为 2017 年 2 月底的余额，须将 2017 年 1~2 月的累计借方、累计贷方录入，而年初余额则根据录入的期初余额、累计借方、累计贷方自动反算，如图 2-6 所示。

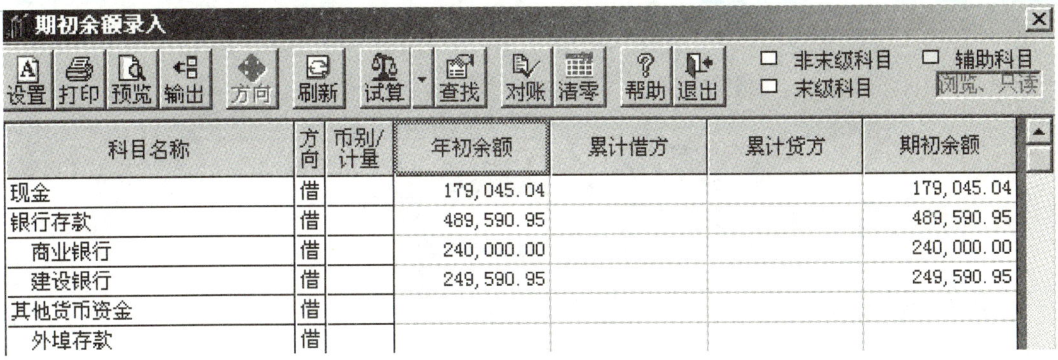


图 2-6　期初余额录入

### 三、总账系统日常操作

（一）进入 T3

打开 T3，输入操作员编号，输入密码，接着选择账套，选择操作日期，单击“确定”按钮。

（二）填制凭证

单击“总账系统”→“填制凭证”→“增加”，修改凭证日期，输入附单据数，录入摘要、选择科目、输入金额，借贷平衡后，单击“增加”按钮做下一份凭证，如图 2-7 所示。

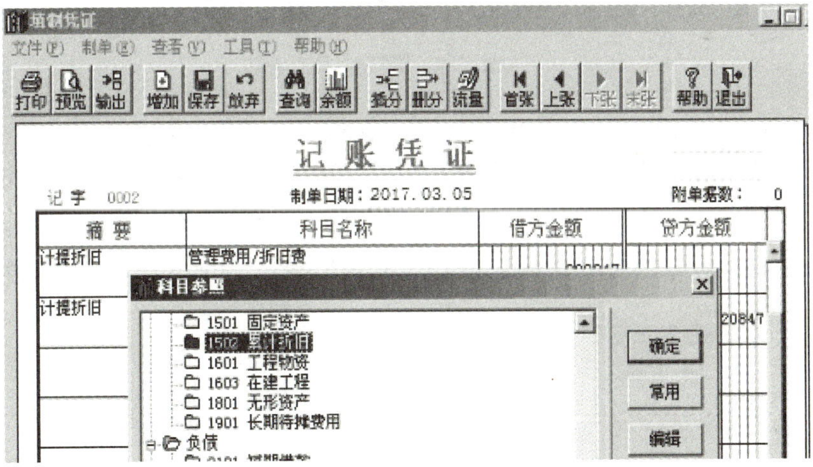


图 2-7　计提折旧记账凭证

（三）出纳签字

本月所有凭证录入完成后，单击左上角“文件”，重新注册，操作员改为出纳的操作员身份，进入 T3 系统，单击“总账”→“凭证”→“出纳签字”，选择月份，单击“确定”按钮，然后单击菜单上的“出纳”→“成批出纳签字”→“确定”→“退出”，如图 2-8 所示。

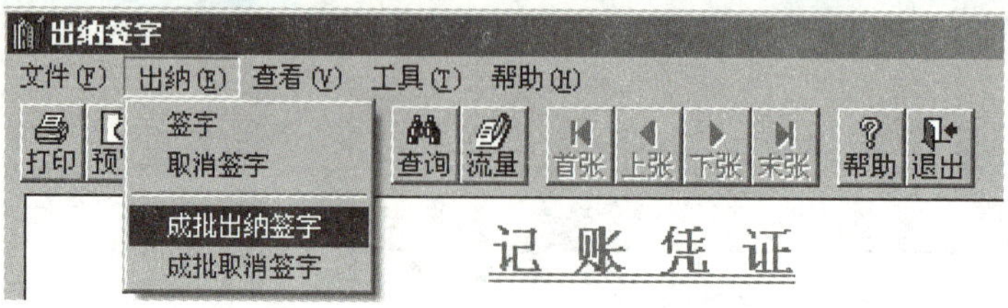


图 2-8　成批出纳签字

（四）审核凭证

本月所有凭证录入完成后，单击左上角“文件”重新注册，操作员改为有审核权限的操作员身份，进入 T3 系统，单击“总账”→“凭证”→“审核凭证”，选择月份，单击“确定”按钮，单击菜单上的“审核”→“成批审核凭证”，系统（提示完成凭证的审核后，单击“确定”→“退出”，如图 2-9 所示。

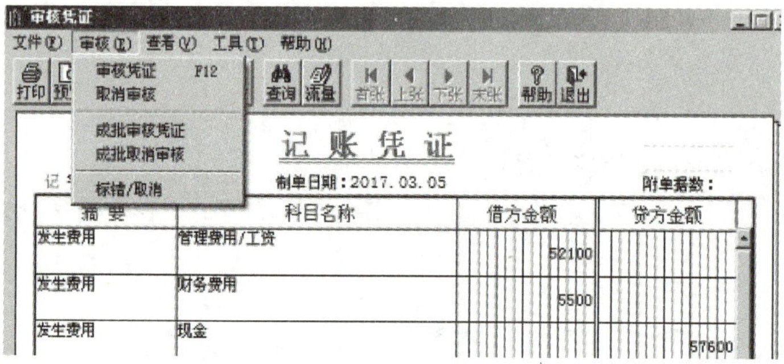


图 2-9　审核凭证

（五）记账

以记账权限的操作员（或账套主管）身份进入 T3 系统，单击“总账系统”→“记账”→“全选”→“下一步”→“下一步”→“记账”，第一次记账时会提示期初试算平衡，单击“确定”按钮即可，提示记账完毕后，单击“确定”按钮，完成记账工作，如图 2-10 所示。

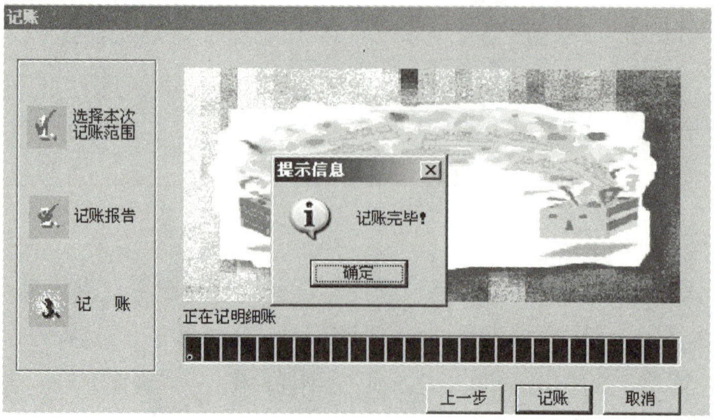


图 2-10　自动记账

（六）转账生成（结转收入支出到本年利润）

做结转损益的凭证之前，前面的凭证必须先审核、记账后，才能自动结转，单击“总账”→“期末”→“转账生成”，选择期间损益结转，选择结转月份，选择类型（收入），单击“全选”→“确定”，出现凭证界面后，检查数据是否正确，接着单击“保存”→“退出”，然后再做支出的结转，如图 2-11 所示。

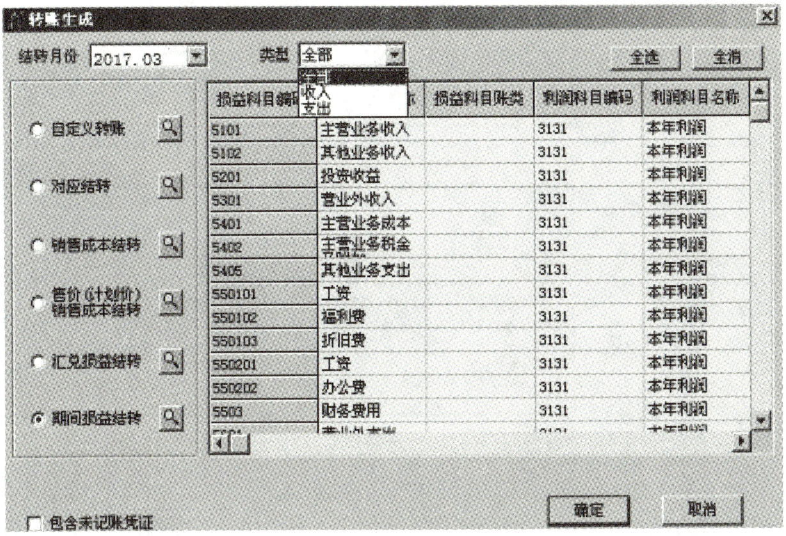


图 2-11　期间损益结转

需要注意的是，转账生成的凭证也需要签字、审核、记账，按上面的流程操作即可。

（七）月末结账

进入 T3 系统，单击“总账系统”→“月末结账”→“下一步”→“对账”，此时会出现每月工作报告，单击“下一步”→“结账”，如图 2-12 所示。

图 2-12　自动结账

若结账后发现凭证有错，需返回修改时，只有取消结账、取消记账、取消审核、取消签字后，才能修改凭证。

1. 取消结账

以账套主管操作员身份进入 T3 系统，单击“总账”→“期末”→“结账”，选择需要反结账月份，同时按下 <Ctrl+Shift+F6> 组合键，输入该操作员的密码，单击“确定”按钮即完成反结账，如图 2-13 所示。

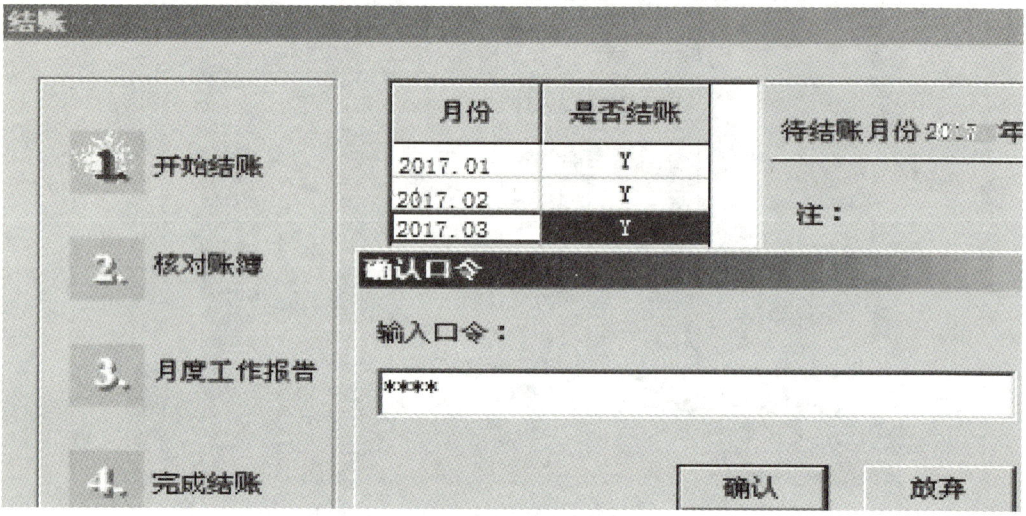


图 2-13　取消结账

2. 取消记账

（1）以记账操作员身份进入 T3 系统，单击“总账”→“期末”→“对账”，同时按下 <Ctrl+H> 组合键，系统提示恢复记账前状态功能已被激活。单击“确定”→“退出”，如图 2-14 所示。

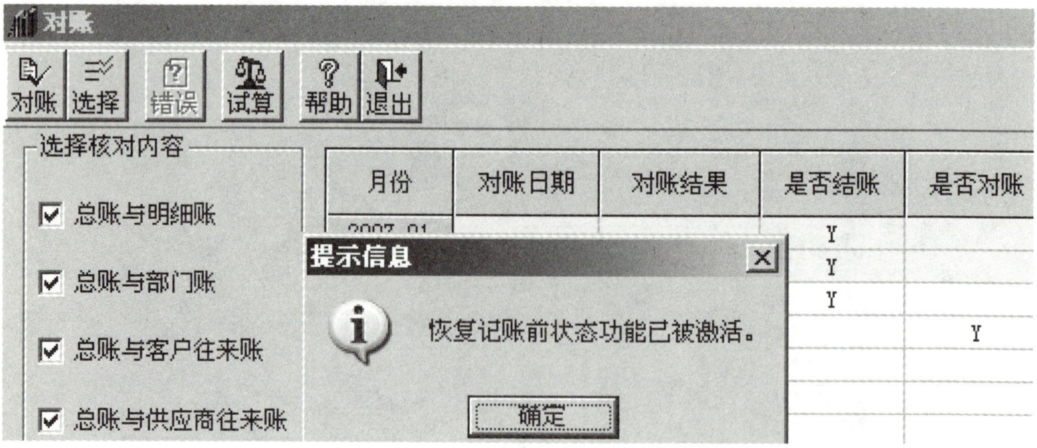


图 2-14　取消记账

（2）单击“总账”→“凭证”→“恢复记账前状态”，选择某月份状态，如“2017年03月初状态”，单击“确定”按钮输入该操作员密码，系统提示恢复记账完毕，单击“确定”按钮即完成反记账，如图2-15所示。

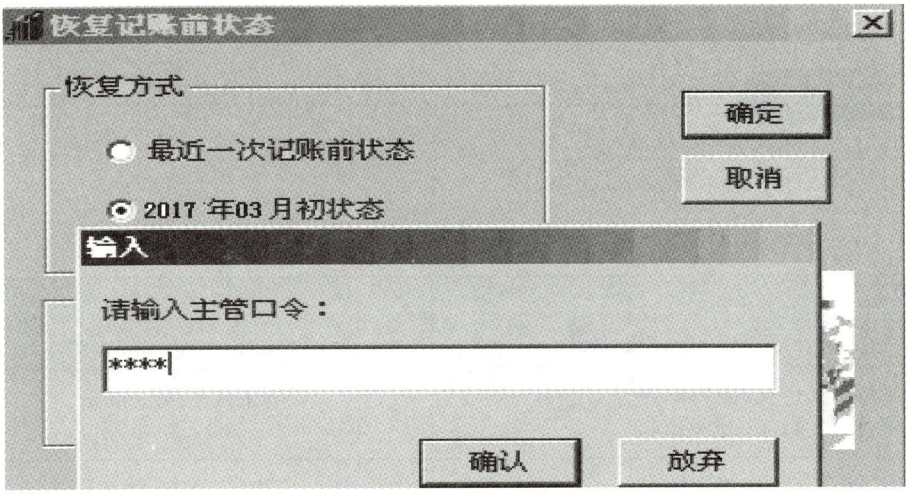


图2-15　恢复记账前状态

3. 取消审核

以审核权限的操作员身份进入T3系统，单击“财务会计”→“总账”→“凭证”→“审核凭证”，选择月份单击“确定”按钮，接着单击菜单上的“审核”→“成批取消审核”，提示完成凭证的成批取消，单击“确定”→“退出”即完成反审核，如图2-16所示。

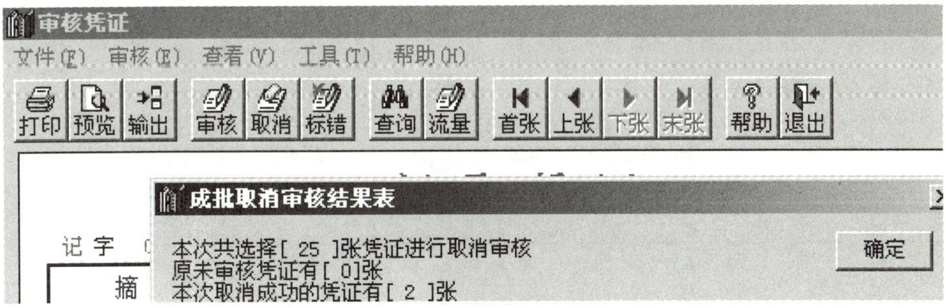


图2-16　取消审核

4. 取消出纳签字

以出纳权限的操作员身份进入T3系统，单击“总账”→“凭证”→“出纳签字”，选择月份，单击“确定”→“确定”，单击菜单上的“出纳”→“成批取消签字”→“确定”→“退出”。

完成以上步骤后，即可以填制凭证的操作员身份返回填制凭证界面修改需要更正的凭证。

凭证修改完成后，接着按正常的步骤操作。

所有损益类科目若有冲减时，必须做与蓝字凭证中科目方向一致、金额用负数表示的凭证。

## 项目测评

会计凭证财务处理测评表如表 2-2 所示。

**表 2-2　会计凭证账务处理测评表**

| 序号 | 考核内容 | 考核要点 | 配分 | 考核标准 | 扣分 | 得分 |
|---|---|---|---|---|---|---|
| 1 | 课前准备 | （1）实训材料准备齐全<br>（2）正确进入 T3 软件 | 4 | （1）实训材料缺一项扣 0.5 分<br>（2）未正确进入 T3 扣 2 分 | | |
| 2 | 实训实际操作 | （1）设置凭证类别<br>（2）录入期初余额<br>（3）填制凭证<br>（4）出纳签字<br>（5）审核凭证<br>（6）系统记账<br>（7）转账生成<br>（8）修改凭证 | 8 | （1）设置凭证类别错误扣 1 分<br>（2）录入期初余额错误扣 2 分<br>（3）填制凭证错误扣 2 分<br>（4）未出纳签字扣 0.5 分<br>（5）未审核凭证扣 0.5 分<br>（6）未系统记账扣 0.5 分<br>（7）未转账生成扣 0.5 分<br>（8）修改凭证错误扣 1 分 | | |
| 3 | 整体效果 | （1）各项设置娴熟<br>（2）各项设置操作规范 | 3 | （1）各项设置不娴熟扣 1 分<br>（2）每项设置操作不规范扣 0.5 分 | | |
| 4 | 时间定额 | 测评时间：此项账套设置累计 90 分钟，初始化 45 分钟，基础档案设置 45 分钟 | | 每超过 1 分钟从总分中扣除 1 分，超过 10 分钟停止操作 | | |
| 合计 | | | 15 | | | |
| 否定项 | | | | | | |

## 复习巩固

### 一、单项选择题

1. 下列记账凭证与原始凭证的区别，错误的是（　　）。

A. 原始凭证应由经办人员填制，而记账凭证由本单位出纳填制

B. 原始凭证根据发生或完成的经济业务填制，而记账凭证则根据审核后的原始凭证填制

C. 原始凭证仅用以记录、证明经济业务已经发生或完成，而记账凭证则依据会计科目对已经发生或完成的经济业务进行归类、整理编制

D. 原始凭证是记账凭证的附件，是填制记账凭证的依据，而记账凭证是登记账簿的直接依据

2. 下列关于凭证审核的操作中，错误的是（　　）。

A. 审核人员和制单人员不能是同一人

B. 审核凭证只能由有审核权限的人员进行

C. 已经通过审核的凭证可以直接被修改或删除

D. 审核未通过的凭证必须进行修改，并通过审核后方可被记账

3. 计算机账务处理系统中，记账后的凭证发现错误应采用（　　）进行修改。

A. 红字冲销或补充登记　　B. 直接修改

C. 重新编制正确的凭证　　D. 删除凭证

4. 会计凭证的传递是指会计凭证从（　　）保管过程中，在单位内部各有关部门和人员之间的传递。

A. 取得或填制时起至装订　　B. 取得或填制时起至归档

C. 取得或填制时起至销毁　　D. 取得或填制时起至年末

## 二、多项选择题

1. 下列经济业务中，能引起会计等式左右两边会计要素同时变动的有（　　）。

A. 收回应收货款　　B. 归还到期借款

C. 收到投资人投入资金　　D. 购买商品，支付货款

2. 下列人员中，应在记账凭证上签章的有（　　）。

A. 单位负责人　　B. 会计主管人员

C. 记账人员　　D. 填制凭证人员

3. 确定会计凭证的传递程序应考虑的因素有（　　）。

A. 经济业务特点　　B. 内部机构设置

C. 人员分工的要求　　D. 管理要求

## 三、实操题

百益集团有限公司2017年10月发生如下交易事项（暂不考虑增值税）：

（1）10月1日，接受A公司追加投资600 000元，款项已存入银行。

（2）10月3日，从银行取得长期借款4 000 000元。

（3）10月3日，购入新设备5台，共计200 000元，已安装完毕，价款已付。

（4）10月6日，应付账款到期，向银行借入短期借款50 000元直接偿还应付账款给

B公司。

（5）10月6日，销售产品取得收入200 000元，款项已全部存入银行。

（6）10月6日，借到通知，用企业存款支付水电费4500元。

（7）10月6日，向C公司购进甲材料4 000kg（50元/kg）；向D公司购进乙材料3 500kg（10元/kg）；向E公司购进丙材料5 000kg（20元/kg）。上述材料已验收入库，并开出转账支票，以银行存款支付甲、乙材料价款，丙材料的价款尚未支付。

（8）10月8日，用银行存款支付甲、乙、丙三种材料的运输费8 000元。

（9）10月9日，企业用银行存款预付给F公司15 000元，用于购买材料。

（10）10月10日，开出现金支票从银行提取现金20 000元，以备发放工资。

要求：根据上述交易事项，使用T3软件编制会计凭证。

# 项目三

# 账 簿 管 理

## 项目导入

会计账簿是由具有一定格式、相互联系的账页所组成，用来序时、分类地全面记录一个企业、单位经济业务事项的会计簿籍。

本项目重点向大家介绍会计账簿的登记方法、对账和结账以及错账的查找和更正，希望大家通过本项目的学习，能登记会计账簿，进行准确的对账和结账，能找出存在错误的账目并且准确更正。

## 项目框架

- 账簿管理
  - 会计账簿的启用和登记
    - 会计账簿的启用规则
    - 会计账簿的登记要求
    - 会计账簿的登记方法
      - 日记账的登记
      - 总分类账的登记
      - 明细分类账的登记
      - 总分类账与明细分类账平行登记的要求
  - 对账和结账
    - 对账
      - 账证核对
      - 账账核对
      - 账实核对
    - 结账
      - 月结
      - 季结
      - 年结
  - 错账的查找与更正
    - 错账的查找
      - 顺查法
      - 逆查法
      - 重点抽查法
      - 偶合法
        - 差数法
        - 尾数法
        - 除2法
        - 除9法
    - 错账的更正
      - 画线更正法
      - 红字更正法
      - 补充登记法
  - 账簿的电算化处理
    - 期末结转
      - 结转制造费用
      - 期间损益结转
    - 月末自动转账生成凭证
    - 账簿查询
    - 账簿打印

# 技能训练

## 任务一　会计账簿的启用和登记

### 一、会计账簿的启用规则

启用会计账簿时，根据有关规定填列“经管账簿人员一览表”和“账户目录”。

（一）经管账簿人员一览表——订本式

经管账簿人员一览表——订本式如表 3-1 所示。

**表 3-1　经管账簿人员一览表——订本式**

<table>
<tr><td>单位名称</td><td colspan="11"></td></tr>
<tr><td rowspan="4">本<br>账<br>簿</td><td colspan="2">名称</td><td colspan="9"></td></tr>
<tr><td colspan="2">册次</td><td colspan="9">第　　册</td></tr>
<tr><td colspan="2">页数</td><td colspan="9">第　号至第　号共计　页</td></tr>
<tr><td colspan="2">使用起讫日期</td><td colspan="9">年　月　日　至　年　月　日　止</td></tr>
<tr><td colspan="3">单位负责人</td><td colspan="5">主管会计</td><td colspan="4">记账</td></tr>
<tr><td colspan="2">姓名</td><td>盖章</td><td colspan="2">姓名</td><td colspan="3">盖章</td><td colspan="2">姓名</td><td colspan="2">盖章</td></tr>
<tr><td colspan="2"></td><td></td><td colspan="2"></td><td colspan="3"></td><td colspan="2"></td><td colspan="2"></td></tr>
<tr><td colspan="2" rowspan="4">经管人员交接记录</td><td rowspan="2">职别</td><td rowspan="2">姓名</td><td colspan="4">接管</td><td colspan="4">交出</td></tr>
<tr><td>年</td><td>月</td><td>日</td><td>盖章</td><td>年</td><td>月</td><td>日</td><td>盖章</td></tr>
<tr><td></td><td></td><td></td><td></td><td></td><td></td><td></td><td></td><td></td><td></td></tr>
<tr><td></td><td></td><td></td><td></td><td></td><td></td><td></td><td></td><td></td><td></td></tr>
<tr><td colspan="2">备注</td><td colspan="4"></td><td colspan="2">公章</td><td colspan="4"></td></tr>
</table>

（二）经管账簿人员一览表——活页式

经管账簿人员一览表——活页式如表 3-2 所示。

**表 3-2　经管账簿人员一览表——活页式**

| 单位名称 | 主管人 | | | 经管人 | | | 接交 | | | 移交 | | |
|---|---|---|---|---|---|---|---|---|---|---|---|---|
| 账簿名称 | 职别 | 姓名 | 盖章 | 职别 | 姓名 | 盖章 | 年 | 月 | 日 | 年 | 月 | 日 |
| 账册号 | | | | | | | | | | | | |
| 账册页数 | | | | | | | | | | | | |
| 使用年度 | | | | | | | | | | | | |
| 单位公章 | | | | | | | | | | | | |
| | | | | | | | | | | | | |

（三）账户目录的格式

账户目录的格式如表 3-3 所示。

**表 3-3　账户目录**

| 账户 | | | 账户 | | | 账户 | | |
|---|---|---|---|---|---|---|---|---|
| 名称 | 号 | 页 | 名称 | 号 | 页 | 名称 | 号 | 页 |
| | | | | | | | | |
| | | | | | | | | |
| | | | | | | | | |

## 二、会计账簿的登记要求

登记会计账簿时要注意以下八点：

（1）将会计凭证日期、编号、业务内容摘要、金额和其他有关资料逐项记入账内，做到数字准确，摘要清楚，登记及时。

（2）登记完毕后，要在记账凭证上签名或盖章，并在账簿“过账”栏内画上“√”符号，表示已登记入账，以免重登、漏登，也便于查阅、核对。

（3）账簿中书写的文字和数字上面要留适当的空距，不要写满格，一般应占格高的1/2。

（4）登记账簿要用钢笔和蓝黑墨水或规定使用的圆珠笔书写。不得使用不合规定的圆珠笔或铅笔登账。红色墨水只能在结账画线、改错和冲账时使用。

（5）各种账簿按页次顺序连续登记，不得跳行、隔页、缺号。如不慎发生此种情况，应在空行或空页用红色墨水对角画线注销，注明“作废”字样，并由记账人员签名或盖章。对各种账簿的账页不得任意抽换和撕毁，以防舞弊。

1）空行的处理如表 3-4 所示。

**表 3-4　空行的处理**

会计科目：原材料　　　　单位：元

| 20××年 | | 凭证 | | 摘要 | 借方 | 贷方 | 借或贷 | 余额 |
|---|---|---|---|---|---|---|---|---|
| 月 | 日 | 种类 | 号数 | | | | | |
| 2 | 5 | | | 承前页 | | | 借 | 20 000 |
| | 5 | 转 | 25 | 入库 | 10 000 | | 借 | 30 000 |
| | | | | 此行注销 | | 张青 | | |
| | 7 | 转 | 30 | 出库 | | 5 000 | 借 | 25 000 |

2）空页的处理如表 3-5 所示。

**表 3-5　空页的处理**

会计科目：原材料

| 20××年 | | 凭证 | | 摘要 | 借方 | 贷方 | 借或贷 | 余额 |
|---|---|---|---|---|---|---|---|---|
| 月 | 日 | 种类 | 号数 | | | | | |
| | | | | 此页注销 | | | | |
| | | | | 张青 | | | | |
| | | | | | | | | |

（6）“金额”栏的数字应与账页上标明的位数对准。凡是需要结出余额的账户，结出余额后，应在“借或贷”等栏内写明“借”或“贷”等字样。没有余额的账户，应在“借或贷”栏内写“平”字，在“余额”栏内写“0”，如表 3-6 所示。

**表 3-6　“生产成本”明细分类账**

产品品种或类别：A 产品　　　　单位：元

| 2017 年 | | 凭证号码 | 摘要 | 借方（成本科目） | | | | 贷方 | 借或贷 | 余额 |
|---|---|---|---|---|---|---|---|---|---|---|
| 月 | 日 | | | 直接材料 | 直接人工 | 制造费用 | 合计 | | | |
| 3 | 15 | 6 | 生产耗用材料 | 30 400 | | | 30 400 | | 借 | 30 400 |
| 12 | 20 | 7 | 分配工资及福利费 | | 15 960 | | 15 960 | | 借 | 46 360 |
| 12 | 21 | 17 | 分配制造费用 | | | 12 950 | 12 950 | | 借 | 59 310 |
| 12 | 22 | 18 | 结转完工产品生产成本 | | | | | 59 310 | 平 | 0 |
| | | | 本期发生额和余额 | 30 400 | 15 960 | 12 950 | 59 310 | | 平 | 0 |

（7）每一账页登记完毕结转下页时，应在账页最后一行加计本页发生额及余额，同时在新账页的首行记入上页加计的发生额和余额，并在“摘要”栏内注明“承前页”，以便对账和结账，具体如表 3-7 和表 3-8 所示。

**表 3-7　结转下页**

会计科目：原材料　　　　单位：元

| 2017 年 | | 凭证 | | 摘要 | 借方 | 贷方 | 借或贷 | 余额 |
|---|---|---|---|---|---|---|---|---|
| 月 | 日 | 种类 | 号数 | | | | | |
| 2 | 5 | | | 承前页 | | | 借 | 10 000 |
| | 5 | 转 | 25 | 入库 | 10 000 | | 借 | 20 000 |
| | 7 | 转 | 30 | 出库 | | 5 000 | 借 | 15 000 |
| | 8 | | | 过次页 | 15 000 | | 借 | 15 000 |

表 3-8　承前页

会计科目：原材料　　　　　　　　　　　　　　　　　　　　　　　单位：元

| 2017 年 | | 凭证 | | 摘要 | 借方 | 贷方 | 借或贷 | 余额 |
|---|---|---|---|---|---|---|---|---|
| 月 | 日 | 种类 | 号数 | | | | | |
| 2 | 8 | | | 承前页 | 15 000 | | 借 | 15 000 |
| | | | | | | | | |

（8）账簿记录发生错误时，不得刮、擦、挖、补，随意涂改或用褪色药水更改字迹，应根据错误的情况，按规定的方法进行更正。

## 三、会计账簿的登记方法

会计账簿分日记账、总分类账和明细分类账三类。

（一）日记账的登记

日记账分为三栏式库存现金日记账、多栏式库存现金日记账和银行存款日记账三种。

（1）三栏式库存现金日记账的登记方法如下：

1）日期栏：登记现金收付业务发生的实际日期。

2）凭证栏：登记收款凭证或付款凭证的种类和编号，如库存现金收款凭证第 8 号可简写为“现收 8”。

3）摘要栏：登记经济业务的简要说明，具体登记如表 3-9 所示。

表 3-9　三栏式库存现金日记帐

单元：元

| 2017 年 | | 凭证字号 | 摘要 | 对方科目 | 收入 | 付出 | 结存 |
|---|---|---|---|---|---|---|---|
| 月 | 日 | | | | | | |
| 2 | 1 | | 期初余额 | | | | 1 800 |
| | 4 | 银付 3 | 提现（发工资） | 银行存款 | 20 000 | | 21 800 |
| | 5 | 现付 1 | 发放工资 | 应付职工薪酬 | | 20 000 | 1 800 |
| | 9 | 银付 5 | 提现（备用） | 银行存款 | 5 000 | | 6 800 |
| | 14 | 现付 2 | 王某暂借差旅费 | 其他应收款 | | 2 000 | 4 800 |
| | 19 | 现付 3 | 垫运杂费 | 应收账款 | | 800 | 4 000 |
| | 23 | 现付 4 | 支付办公费 | 管理费用 | | 500 | 3 500 |
| | 26 | 现收 1 | 王某报销差旅费 | 其他应收款 | 100 | | 3 600 |
| | 28 | | 本月合计 | | 25 100 | 23 300 | 3 600 |

（2）多栏式库存现金日记账的登记方法。根据有关现金收入业务的记账凭证登记库存现金收入日记账；根据有关现金支出业务的记账凭证登记库存现金支出日记账；每日终了，根据库存现金支出日记账的支出合计数，一笔转入库存现金收入日记账的“支出

合计”栏内，并结出当日余额填入“结余”栏内，最后与库存现金实有数相核对。

（3）银行存款日记账的登记方法。银行存款日记账必须采用订本式账簿，其账页格式一般采用“收入”（借方）、“支出”（贷方）和“余额”三栏式。银行存款收入数额应根据有关的库存现金付款凭证登记。每日业务终了时，应计算、登记当日的银行存款收入合计数、银行存款支出合计数，并能及时结出账面余额，以便检查监督各项收入和支出款项，避免坐支现金的出现，并便于定期同银行送来的对账单核对，如表 3-10 所示。

**表 3-10　银行存款日记账**

单位：元

| 2017 年 | | 凭证 | | 对方科目 | 摘要 | 收入 | 支出 | 结存 |
|---|---|---|---|---|---|---|---|---|
| 月 | 日 | 字 | 号 | | 承前页 | | | 90 000 |
| 3 | 1 | 银付 | 1 | 库存现金 | 提取备用金 | | 1 000 | 89 000 |
| | 12 | 银付 | 2 | 短期借款 | 偿还短期借款 | | 50 000 | 39 000 |
| | 24 | 银付 | 3 | 管理费用 | 支付管理部门维修费 | | 1 200 | 37 800 |
| | 31 | 本月合计 | | | | 0 | 52 200 | 37 800 |

（二）总分类账的登记

总分类账按每一个总分类科目开设账页，进行分类登记。最常用的格式为三栏式，设有借方、贷方和余额三个栏目。总分类账必须采用订本式账簿，如图 3-1 所示。

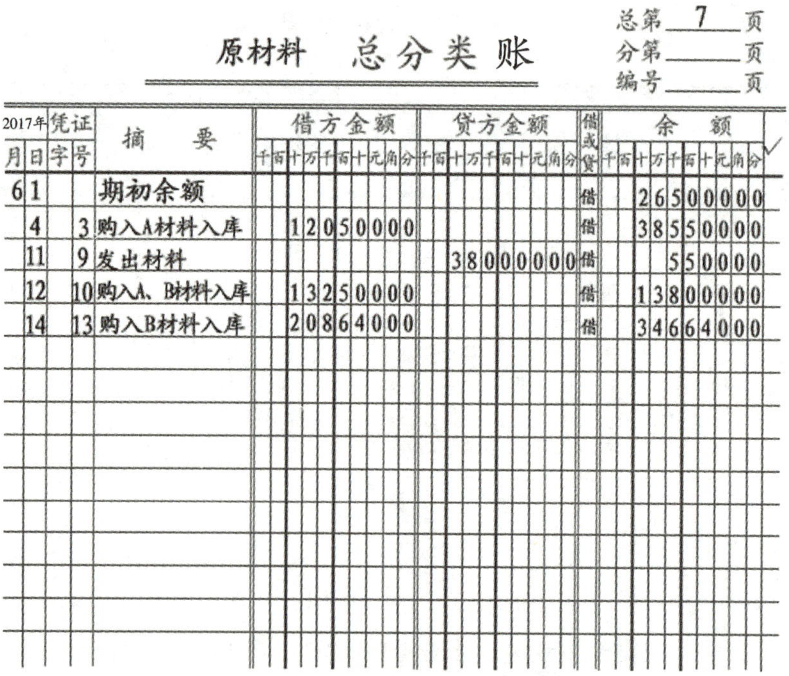

原材料　总分类账

总第 7 页
分第 页
编号 页

| 2017年 月 | 日 | 凭证 字 | 号 | 摘要 | 借方金额 | 贷方金额 | 借或贷 | 余额 |
|---|---|---|---|---|---|---|---|---|
| 6 | 1 | | | 期初余额 | | | 借 | 26500000 |
| | 4 | | 3 | 购入A材料入库 | 12050000 | | 借 | 38550000 |
| | 11 | | 9 | 发出材料 | | 38000000 | 借 | 550000 |
| | 12 | | 10 | 购入A、B材料入库 | 13250000 | | 借 | 13800000 |
| | 14 | | 13 | 购入B材料入库 | 20864000 | | 借 | 34664000 |

图 3-1　原材料总分类账

（三）明细分类账的登记

明细分类账分为三栏式、多栏式和数量金额式明细分类账。

（1）三栏式明细分类账与三栏式总分类账的格式相同，设有借方、贷方和余额三个栏目，用以分类核算各项经济业务。

（2）多栏式明细分类账一般适用于收入、成本、费用类科目的明细核算，如图 3-2 所示。

**知识链接**

三栏式、多栏式、数量金额式和横线登记式四种账簿登记方式的登记内容分类如下：

（1）三栏式：无数量计量；债权债务结算，如应收账款、应付账款等明细科目的分类核算。

（2）多栏式：成本、费用类科目，如生产成本、管理费用、营业外收入、利润分配等。

（3）数量金额式：既有金额核算又有数量核算，如原材料、库存商品等。

（4）横线登记式：反映业务进展；材料采购业务、应收票据和一次性备用金业务等。

生产成本 明细分类账

产品名称：甲产品　　　　产量 2 000件

| 2017年 月 | 日 | 凭证 字 | 号 | 摘要 | 成本项目 直接材料 | 直接人工 | 制造费用 | 合计 |
|---|---|---|---|---|---|---|---|---|
| 6 | 1 | | | 月初余额 | 8800000 | 1250000 | 1350000 | 11400000 |
| | 11 | | 9 | 生产领用材料 | 17800000 | | | 17800000 |
| | 30 | | 31 | 生产工人工资 | | 7500000 | | 7500000 |
| | 30 | | 32 | 计提生产工人福利费 | | 1050000 | | 1050000 |
| | 30 | | 36 | 分配制造费用 | | | 2250000 | 2250000 |
| | 30 | | | 生产成本合计数 | 26600000 | 9800000 | 3600000 | 40000000 |
| | 30 | | 37 | 转出完工产品成本 | 26600000 | 9800000 | 3600000 | 40000000 |
| | | | | 期末余额 | | | | 0 |

图 3-2　生产成本明细分类账

（3）数量金额式明细分类账借方（收入）、贷方（发出）和余额（结存）都分别设有数量、单价和金额三个专栏。数量金额式明细分类账适用于既要进行金额核算，又要进行数量核算的各种财产物资类科目的明细分类核算。例如，对“原材料”“库存商品 " 等总账科目的明细分类核算，可采用数量金额式明细分类账。由会计人员根据审核无误的记账凭证或原始凭证，按经济业务发生的时间先后顺序逐日逐笔进行登记，如表 3-11 所示。

（四）总分类账与明细分类账平行登记的要求

（1）同依据登记：两者都应根据同一会计分录或记账凭证进行登记，相互不能转录，即总分类账户不能根据明细分类账户登记，明细分类账户也不能根据总分类账户登记。

**表 3-11　原材料明细分类账**

科目：原材料　　　　　　　　　　　　　　　　　　　　　　数量单位：kg
子目：甲材料　　　　　　　　　　　　　　　　　　　　　　金额单位：元

| 2017 年 | | 凭证 | | 摘要 | 收入 | | | 支出 | | | 结存 | | |
|---|---|---|---|---|---|---|---|---|---|---|---|---|---|
| 月 | 日 | 字 | 号 | | 数量 | 单价 | 金额 | 数量 | 单价 | 金额 | 数量 | 单价 | 金额 |
| 5 | 1 | 略 | 略 | 期初结存 | | | | | | | 150 | 10 | 1 500 |
| | 5 | 略 | 略 | 购入 | 100 | 12 | 1 200 | | | | 250 | — | 2 700 |
| | 11 | 略 | 略 | 销售 | | | | 200 | — | 2 200 | 50 | 10 | 500 |
| | 31 | 略 | 略 | 本期合计 | 100 | — | 1 200 | 200 | — | 2 200 | 50 | 10 | 500 |

（2）同方向登记：两者在登记同一笔经济业务时，记账方向必须一致。

（3）同金额登记：登记同一笔经济业务时，总分类账户登记的金额必须与所属的明细分类账户登记的金额之和相等。

［例 3-1］明华工厂 2016 年 5 月初“原材料”账户的期初余额如表 3-12 所示。

**知识链接**

总分类账户与明细分类账户的关系如下：

（1）总分类账户与其所属的明细分类账户核算的内容相同，只是反映内容的详细程度有所不同，两者互相补充、互相制约、互相核对。

（2）总分类账户统驭和控制所属明细分类账户，明细分类账户从属于总分类账户。

**表 3-12　原材料明细分类账**

| 账户名称 | | 数量 | 单价 / 元 | 金额 / 元 | |
|---|---|---|---|---|---|
| 总分类账 | 明细分类账 | | | 总分类账 | 明细分类账 |
| 原材料 | | | | 104 000（借） | |
| | A 材料 | 10 000kg | 5.6 | | 56 000（借） |
| | B 材料 | 20t | 2 400 | | 48 000（借） |

5 月份发生以下经济业务：

5 月 6 日，向华兴工厂购入 A 材料 30 000kg，每千克 5.6 元，计 168 000 元；购入 B 材料 30t，每吨 2 400 元，计 72 000 元。增值税 40 800 元，材料验收入库，货款以银行存款付讫。

借：原材料——A 材料　　　　　　　　　168 000
　　　　——B 材料　　　　　　　　　　72 000
　应交税金——应交增值税（进项税额）　　40 800
　贷：银行存款　　　　　　　　　　　　　　280 800

原材料总分类账与明细分类账的平行登记如表 3-13 ~ 表 3-15 所示。

**表 3-13　原材料总分类账户**

账户名称：原材料　　　　单位：元

| 2017 年 | | 凭证 | | 摘要 | 借方 | 贷方 | 借或贷 | 余额 |
|---|---|---|---|---|---|---|---|---|
| 月 | 日 | 字 | 号 | | | | | |
| 5 | 1 | 略 | 略 | 月初余额 | | | 借 | 104 000 |
| | 6 | | | 购进材料 | 240 000 | | 借 | 344 000 |
| | 30 | | | 本期发生额及余额 | 240 000 | | 借 | 344 000 |

**表 3-14　原材料明细分类账户**

数量单位：kg
金额单位：元

原材料名称：A 材料

| 2017 年 | | 凭证 | | 摘要 | 收入 | | | 发出 | | | 结存 | | |
|---|---|---|---|---|---|---|---|---|---|---|---|---|---|
| 月 | 日 | 字 | 号 | | 数量 | 单价 | 金额 | 数量 | 单价 | 金额 | 数量 | 单价 | 金额 |
| 5 | 1 | 略 | 略 | 月初余额 | | | | | | | 10 000 | 5.6 | 56 000 |
| | 6 | | | 购入 | 30 000 | 5.6 | 168 000 | | | | 40 000 | 5.6 | 224 000 |
| | 30 | | | 月结 | 30000 | 5.6 | 168 000 | | | | 40 000 | 5.6 | 224 000 |

**表 3-15　原材料明细分类账户**

数量单位：t
金额单位：元

原材料名称：B 材料

| 2017 年 | | 凭证 | | 摘要 | 收入 | | | 发出 | | | 结存 | | |
|---|---|---|---|---|---|---|---|---|---|---|---|---|---|
| 月 | 日 | 字 | 号 | | 数量 | 单价 | 金额 | 数量 | 单价 | 金额 | 数量 | 单价 | 金额 |
| 5 | 1 | 略 | 略 | 月初余额 | | | | | | | 20 | 2 400 | 48 000 |
| | 6 | | | 购入 | 30 | 2 400 | 72 000 | | | | 50 | 2 400 | 120 000 |
| | 30 | | | 月结 | 30 | 2 400 | 72 000 | | | | 50 | 2 400 | 120 000 |

## 任务二　对账和结账

### 一、对账

为了保证会计账簿记录的真实性、完整性和准确性，一般在记账以后结账之前，需要定期或不定期地对有关数据进行检查、核对，以做到账证相符、账账相符和账实相符，以便为编制财务报表提供可靠的数据资料，对账工作包括以下三个方面：

（一）账证核对

1. 概念

账证核对是指将账簿记录与会计凭证相核对，核对账簿记录与原始凭证、记账凭证的时间、凭证字号、内容、金额等是否一致，记账方向是否相符，做到账证相符。

2. 方法

账证核对的方法一般采用抽查法，如果发现差错，则要逐步核对，直到找出所存在的错误为止。

（二）账账核对

1. 概念

账账核对就是账簿之间相互核对。

2. 账账核对的内容

账账核对的内容主要包括：①总分类账簿之间的核对；②总分类账簿与所属明细分类账簿之间的核对；③总分类账簿与序时账簿之间的核对；④明细分类账簿之间的核对。

3. 账账核对的方法

账账核对的方法如图 3-3 所示。

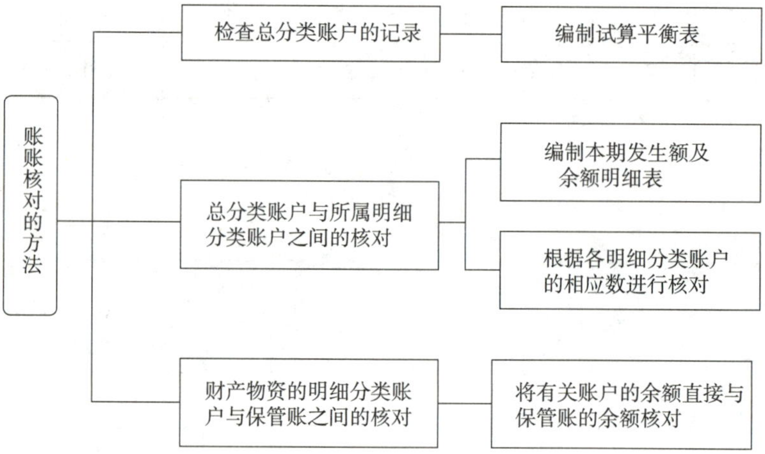


图 3-3　账账核对的方法

（三）账实核对

1. 概念

账实核对是指各项财产物资、债权债务等账面余额与实有数额之间的核对。

2. 账实核对的内容

账实核对的内容主要包括：①库存现金日记账账面余额与库存现金实际库存数核对；②银行存款日记账账面余额与银行对账单的余额核对；③各项财产物资明细分类账账面余额与财产物资的实有数相核对；④有关债权债务明细分类账账面余额与对方单位的账

面记录相核对。

3. 账实核对的方法

账实核对的方法如图 3-4 所示。

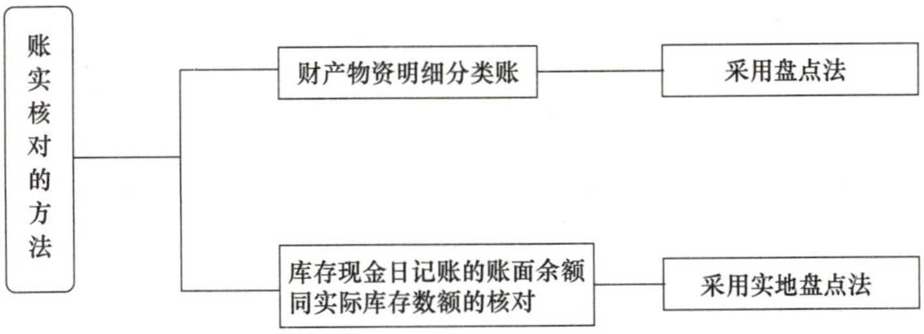


图 3-4　账实核对的方法

## 二、结账

在一定时期结束时（月末、季末或年末），为了编制财务报表，需要结账。结账的内容包括两个方面：①结清各种损益类账户；②结出各资产、负债和所有者权益类账户。结账分月结、季结和年结三种。

（一）月结

月结时应在该月最后一笔经济业务下面画一条通栏单红线，在红线下“摘要”栏内注明“本月合计”或“本月发生额及余额”字样，在“借方”栏、“贷方”栏或“余额”栏分别填入本月合计数和月末余额，同时在“借或贷”栏内注明借贷方向。然后，在这一行下面再画一条通栏单红线，以便与下月发生额划清界线。

（二）季结

季结时通常在每季度的最后一个月月结的下一行的“摘要”栏内注明“本季合计”或“本季度发生额及余额”，同时结出借、贷方发生总额及季末余额。然后，在这一行下面画一条通栏单红线，表示季结的结束。

（三）年结

年结时在第四季度季结的下一行的“摘要”栏注明“本年累计”或“本年发生额及余额”，同时结出借、贷方发生额及期末余额。然后，在这一行下面画上通栏双红线，以示封账。

年终时，要把各账户的余额结转到下一会计年度，只需在“摘要”栏注明“结转下年”字样，结转金额不再抄写。如果账页的“结转下年”行以下还有空行，则应当自余额栏的右上角至日期栏的左下角用红笔画对角斜线注销，如表 3-16 所示。在下一会计年度新建有关会计账簿的第一行“余额”栏内填写上年结转的余额，并在“摘要”栏注明“上年结转”字样。

表 3-16 应收账款

单位：元

| 2017年 | | 记账凭证号数 | 摘要 | 对方科目 | 借方 | 贷方 | 借或贷 | 余额 |
|---|---|---|---|---|---|---|---|---|
| 月 | 日 | | | | | | | |
| 11 | 1 | | 期初余额 | | 1 000 000 | | 借 | 1 000 000 |
| 11 | 3 | 记 06 | 销售产品 | 主营业务收入 | 1 200 000 | | 借 | 2 200 000 |
| 11 | 30 | 记 16 | 收回货款 | 银行存款 | | 1 000 000 | 借 | 1 200 000 |
| 11 | 31 | | 本月合计 | | 1 200 000 | 1 000 000 | 借 | 1 200 000 |
| 12 | 5 | 记 20 | 销售退回 | 主营业务收入 | | 1 000 000 | 借 | 200 000 |
| 12 | 25 | 记 26 | 销售产品 | 主营业务收入 | 800 000 | | 借 | 1 000 000 |
| 12 | 31 | | 本月合计 | | 800 000 | 1 000 000 | 借 | 1 000 000 |
| 12 | 31 | | 本年累计 | | 3 000 000 | 3 000 000 | 借 | 1 000 000 |
| | | | 结转下年 | | | | | |
| | | | | | | | | |
| | | | | | | | | |

## 任务三 错账的查找与更正

### 一、错账的查找

错账的查找方式有顺查法、逆查法、重点抽查法、偶合法四种，其中。偶合法又包括差数法、尾数法、除 2 法和除 9 法四种。

> **知识链接**
>
> 顺查法的优缺点如下：
>
> （1）优点：范围全面，不易遗漏。
>
> （2）缺点：工作量大，时间较长。

（一）顺查法

顺查法是沿着“制证→过账→结账→试算→编表”的顺账务处理程序，从头到尾进行的普遍检查。其检查步骤如下：

（1）将记账凭证与原始凭证核对，检查有无制证错误。

（2）将记账凭证及所有原始凭证与账簿记录逐笔核对，检查有无记账错误。

（3）结算各账户的发生额及期末余额，检查有无计算错误。

（4）检查试算平衡表上有无抄写和计算错误。

（5）检查财务报表有无差错。

（二）逆查法

逆查法是沿着“编表→试算→结账→过账→制证”的逆账务处理程序，从尾到头进行的普遍检查。其步骤如下：

（1）检查财务报表有无差错。

（2）检查试算平衡表本身：①复核试算平衡表内各栏金额合计数是否平衡；②检查表内各账户的期初余额加减本期发生额是否等于期末余额；③核对表内该账户的各栏是否抄错。

（3）检查各账户的发生额及余额的计算是否正确。

（4）将记账凭证、原始凭证与账簿记录逐笔核对，检查记账有无错误。

（5）检查记账凭证的填制是否正确。

**知识链接**

重点抽查法的优缺点如下：

（1）优点：范围小，重点突出。

（2）缺点：不能全面取证。

（三）重点抽查法

重点抽查法是在已初步掌握情况的基础上，有重点地抽取账簿记录中某些部分进行局部检查的方法。例如，两个数据核对时，只是元位不同，其余数位都相同，则只找元、角、分位数，其他数字则不必逐一检查。采用这种检查方法的目的是缩小查找范围，比较省力有效。

其优点是范围小，节时省力；其缺点是差错难以发现。

（四）偶合法

偶合法是根据账簿记录错误中最常见的规律，推测错账的类型与错账有关的记录进行查账的方法。常用的方法有以下几种：

1. 差数法

差数法是按照错账的差异数查找错账的方法。例如，借方金额遗漏，会使该金额在贷方超出；贷方金额遗漏，会使该金额在借方超出。对于这样的差错，可由会计人员通过回忆和相关金额的记账核对来查找。差数法主要用以查明是否有重记或漏记。

2. 尾数法

尾数法是对于发生的角、分的差错可以只查找小数部分，以提高查错的效率。例如，试算平衡时，发现借方的合计比贷方多 0.86 元，可查找是否有尾数是 0.86 元的业务错误的情况。

3. 除 2 法

除 2 法是指用差数除以 2 来查找错账的方法。若记账时将借方金额错记入贷方（或者相反），则出现错账的差数就会表现为错误的 2 倍，因此将此差数用 2 去除，得出的商就应该是反向的正确金额。例如，应记入“固定资产”科目借方的 5 000 元误记入贷方，则该科目的期末余额将小于总分类科目期末余额 10 000 元，被 2 除的商 5 000 元即为借贷方向反向的金额。同理，如果借方总额大于贷方 800 元，则应查找有无 400 元的贷方金额误记入借方。

4. 除 9 法

除 9 法是指用差数除以 9 来查找错账的方法。此法适用于查找数字错位和邻数倒置所引起的差错，主要适用于以下三种情况：

（1）将小数写成大数。例如，420 元误记成 4 200 元，差数为 3 780 元，除以 9 后，商为 420 元，将 420 元乘 10 后得 4 200 元，就可以在账簿中查找是否将 420 元误记为 4 200 元的情况。

（2）将大数记成了小数。例如，52 830 元误记成 5 283 元，差数为 47 547，除以 9 后，商为 5 283 元，就可以在账簿上查找是否将 52 830 元误记为 5 283 元。

（3）邻数倒置。例如，将 52 元误记为 25 元，或将 25 元误记为 52 元，两个数字颠倒后，个位数变成了十位数，十位数变成了个位数，这就造成了差额为 9 的倍数。

## 二、错账的更正

错账的更正方法有画线更正法、红字更正法和补充登记法三种。

### （一）画线更正法

适用情况：记账凭证正确，在记账或结账过程中发现账簿记录中文字或数字有错误。

具体方法：将错误的文字或数字画一条红色横线注销，然后，在画线的上方用蓝字将正确的文字和数字填写在同一行的上方位置，并由更正人员在更正处盖章，以明确责任。

### （二）红字更正法

适用情况 1：记账凭证上的应记科目和金额发生错误，并已登记入账。

具体方法：先用红字金额填制一张与原错误记账凭证内容完全相同的记账凭证，据以用红字登记入账，并在摘要栏注明："更正第 × 号凭证错误"。然后，再用蓝字填制一张正确的记账凭证，登记入账。

［例 3-2］某车间耗用仓库发出的 A 材料 1 000 元，编制记账凭证时，将科目写错并将金额写为 10 000 元。

错误凭证如图 3-5 所示。

记 账 凭 证

年　　月　　日　　　　　　编号 12

| 摘要 | 一级科目 | 二级或明细科目 | 借方金额 | 贷方金额 | 记账 |
|---|---|---|---|---|---|
| 车间耗用 A 材料 | 管理费用 | | 10 000 | | √ |
| 车间耗用 A 材料 | 原材料 | | | 10 000 | √ |
| | | | | | |
| 合计 | | | | | |

附件　　张

会计主管　　记账　　审核　　出纳　　制单

图 3-5　错误凭证

用红字更正如图 3-6 所示。

记 账 凭 证

年 月 日 编号 15

| 摘要 | 一级科目 | 二级或明细科目 | 借方金额 | 贷方金额 | 记账 |
|---|---|---|---|---|---|
| 更正第 12 号凭证错误 | 管理费用 | | 10 000（红字） | | √ |
| | 原材料 | | | 10 000（红字） | √ |
| | | | | | |
| 合计 | | | | | |

附件 张

会计主管 记账 审核 出纳 制单

图 3-6 红字凭证

再用蓝字填写一张正确的记账凭证，如图 3-7 所示。

记 账 凭 证

年 月 日 编号 16

| 摘要 | 一级科目 | 二级或明细科目 | 借方金额 | 贷方金额 | 记账 |
|---|---|---|---|---|---|
| 车间耗用 A 材料 | 制造费用 | | 1 000（蓝字） | | √ |
| 车间耗用 A 材料 | 原材料 | | | 1 000（蓝字） | √ |
| 合计 | | | | | |

附件 张

会计主管 记账 审核 出纳 制单

图 3-7 正确凭证

适用情况 2：记账后，发现记账凭证中应借、应贷的会计科目没有错误，只是所记金额大于应记的正确金额。

具体方法：将多记的金额用红字填制一张与原错误记账凭证所记录的借贷方向、应借应贷会计科目相同的记账凭证，据以登记入账，以冲销多记的金额，并在摘要栏注明："冲减第 × 号凭证多计数"。

[例 3-3] 某车间耗用仓库发出的 A 材料 1000 元，编制记账凭证时，将金额写为 10000 元。

错误凭证如图 3-8 所示。

记 账 凭 证

年 月 日 编号 17

| 摘要 | 一级科目 | 二级或明细科目 | 借方金额 | 贷方金额 | 记账 |
|---|---|---|---|---|---|
| 车间耗用 A 材料 | 制造费用 | | 10 000 | | √ |
| 车间耗用 A 材料 | 原材料 | | | 10 000 | √ |
| 合计 | | | | | |

附件 张

会计主管 记账 审核 出纳 制单

图 3-8 错误凭证

用红字做一张冲销凭证如图 3-9 所示。

记 账 凭 证

年　　月　　日　　　　　　　编号 25

| 摘要 | 一级科目 | 二级或明细科目 | 借方金额 | 贷方金额 | 记账 |
|---|---|---|---|---|---|
| 冲减第 17 号凭证多计数 | 制造费用 | | 9 000（红字） | | √ |
| | 原材料 | | | 9 000（红字） | √ |
| 合计 | | | | | |

附件　张

会计主管　　记账　　审核　　出纳　　制单

图 3-9　冲销凭证

（三）补充登记法

适用情况：在记账以后，发现记账凭证中应借、应贷科目正确，但所记金额小于应记金额。

具体方法：少记的金额用蓝字填制一张与原错误记账凭证所做记录的借贷方向、应借应贷会计科目相同的记账凭证，据以登记入账，以补记少记的金额，并在摘要栏注明："补记第 × 号凭证少计数"。

［例 3-4］某仓库收到材料一批，计 10 000 元，已验收入库，货款未付。填制记账凭证时，将金额误记为 1 000 元，并已登记入账。

错误凭证如图 3-10 所示。

记 账 凭 证

年　　月　　日　　　　　　　编号 34

| 摘要 | 一级科目 | 二级或明细科目 | 借方金额 | 贷方金额 | 记账 |
|---|---|---|---|---|---|
| 仓库收到材料，货款未付 | 物资采购 | | 1 000 | | √ |
| 仓库收到材料，货款未付 | 应付账款 | | | 1 000 | √ |
| 合计 | | | | | |

附件　张

会计主管　　记账　　审核　　出纳　　制单

图 3-10　错误凭证

补充登记的凭证如图 3-11 所示。

记 账 凭 证

年　　月　　日　　　　　　　编号 38

| 摘要 | 一级科目 | 二级或明细科目 | 借方金额 | 贷方金额 | 记账 |
|---|---|---|---|---|---|
| 补记第 34 号凭证少计数 | 物资采购 | | 9 000 | | √ |
| | 应付账款 | | | 9 000 | √ |
| 合计 | | | | | |

附件　张

会计主管　　记账　　审核　　出纳　　制单

图 3-11　补充登记的凭证

## 任务四　账簿的电算化处理

### 一、期末结转

（一）结转制造费用

（1）依次单击“总账”→“期末”→“转账定义”→“自定义转账”，弹出“自动转账设置”对话框，点击“增加”按钮，录入转账序号和转账说明，如图 3-12 所示。

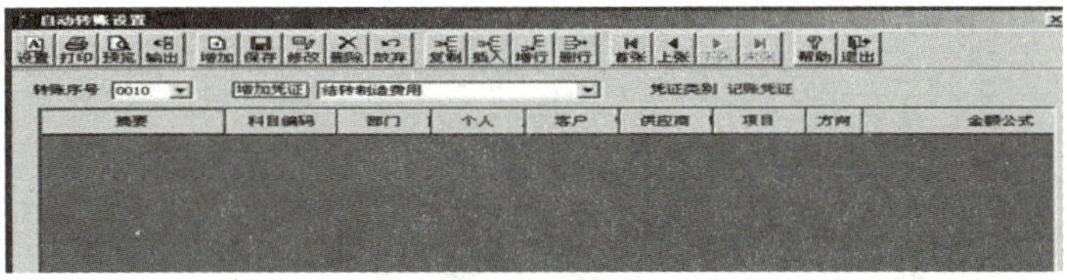


图 3-12　结转制造费用

（2）单击“增行”按钮，弹出定义转账凭证样式窗口，按照填制凭证的习惯，先录入借方分录，科目“41010104 生产成本－基本生产成本－制造费用”，方向“借”（这里的方向指的是在新的凭证中的方向）；单击金额公式一栏右侧的放大镜，在此处由于 41010104 科目是转入方，取数是取得借贷平衡差额，所以可以用 CE（ ）函数，如图 3-13 所示。

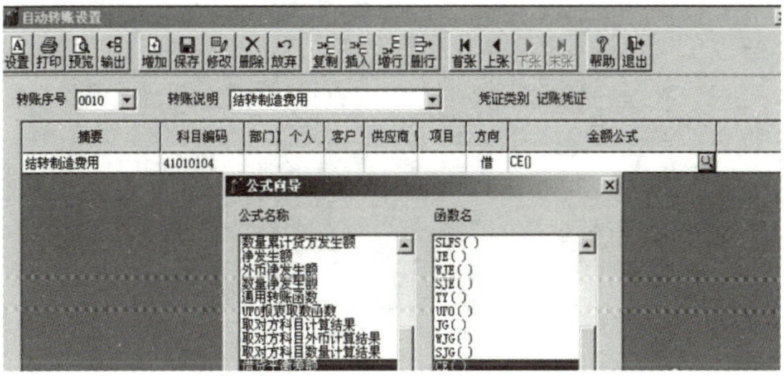


图 3-13　结转制造费用—函数

（3）单击“增行”按钮，继续输入分录，输入相关科目编码、方向、取数公式，如图 3-14 所示。

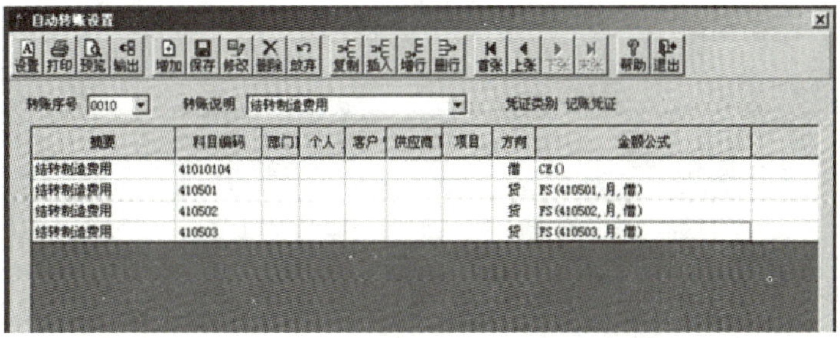


图 3-14　结转制造费用—生成

（4）由于 410501、410502 和 410503 科目发生时一般放在借方核算，所以转出的时候要从借方转出，且取数公式为科目的借方发生数，如图 3-15 和图 3-16 所示。

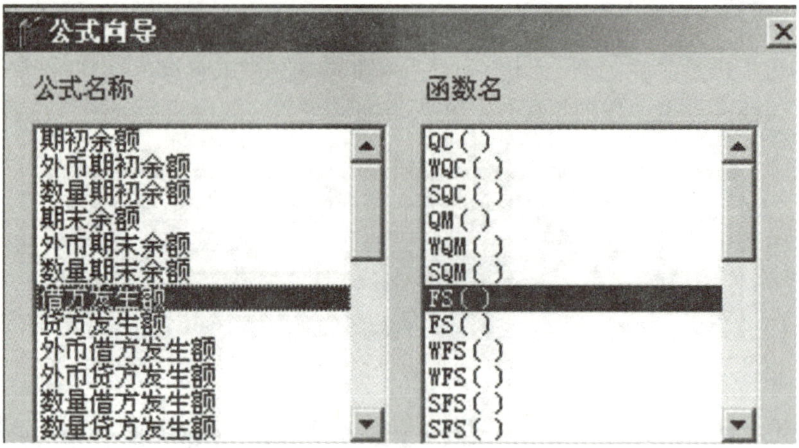


图 3-15　结转制造费用—取数公式

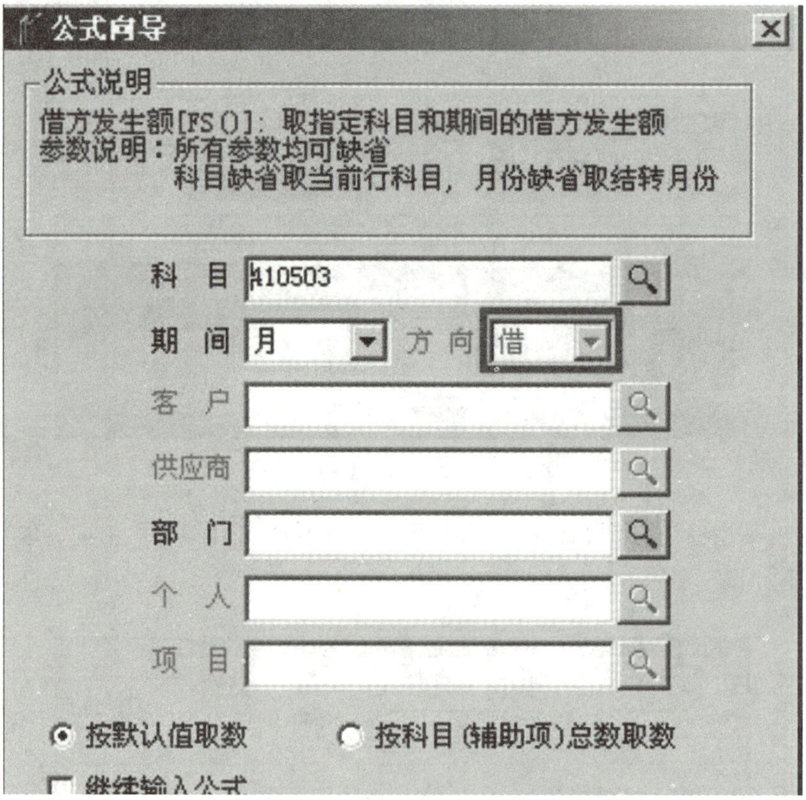


图 3-16　结转制造费用—科目

（5）依次单击“总账”→“期末”→“转账生成”，选择“自定义转账”，选择需要结转的项目（结转制造费用），如图 3-17 所示。

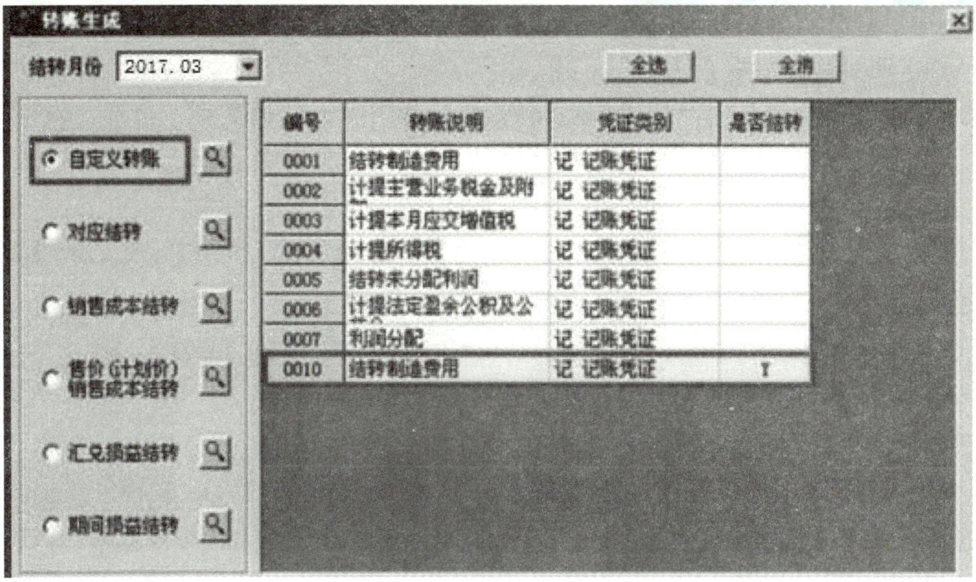


图 3-17　结转制造费用—自定义转账

（6）单击“确定”按钮，生成转账凭证后，保存即可。

（二）期间损益结转

单击“总账”→“期末”→“转账定义”→“期间损益结转”，选择“本年利润”科目，鼠标单击损益类科目编码处，让所有收入、支出科目都对应有“本年利润”科目，再单击“确定”按钮。

**二、月末自动转账生成凭证**

（一）自定义结转

单击“月末转账”→“自定义结转”，左上角选择结转月份，再选择需要结转的记录，单击“确定”按钮出现凭证后检查数据是否正确，然后单击“保存”→“退出”。

（二）对应结转

单击“月末转账”→“对应结转”，左上角选择结转月份，单击“全选”→“确定”，出现凭证后检查数据是否正确，然后单击“保存”→“退出”。

（三）销售成本结转

单击“月末转账”→“销售成本结转”，选择开始月份、结束月份，单击“确定”按钮，出现凭证后检查数据是否正确，然后单击“保存”→“退出”。

（四）售价（计划价）销售成本结转

单击“月末转账”→“售价（计划价）销售成本结转”，选择开始月份、结束月份，单击“确定”按钮，出现凭证后检查数据是否正确，然后单击“保存”→“退出”。

（五）汇兑损益结转

单击“月末转账”→“汇兑损益结转”，选择月份，选择外币，再选择是否结转，单击“确定”按钮，出现凭证后检查数据是否正确，然后单击“保存”→“退出”。

（六）期间损益结转

单击“月末结转”→“期间损益结转”，选择月份，选择类型（全部、收入、支出），单击“全选”→“确定”按钮，出现凭证后检查数据是否正确，然后单击“保存”→“退出”。

注意:（1）类型为全部是将收入、支出都结转生成一份凭证；类型为收入时，将收入结转生成一份凭证；类型为支出时，将支出结转生成一份凭证。

（2）所有自动生成的凭证都需要审核、记账、签字。

**三、账簿查询**

（一）总账的查询

单击“总账”→“账表”→“科目账”→“总账”，选择对应科目，选择包含未记账凭证，单击“确认”按钮完成所需查询。

（二）余额表的查询

单击“总账”→“账表”→“科目账”，选择月份，选择科目（若查询所有科目时则不选科目），选择科目级次（系统默认为查询一级科目），再选择包含未记账凭证，单击“确认”按钮完成所需查询。

（三）明细账的查询

单击“总账”→“账表”→“科目账”→“明细账”，选择科目（若不选科目时，可查询所有科目），选择月份，选择包含未记账凭证，单击“确认”按钮完成所需查询。

（四）多栏账查询

1. 定义多栏账

单击“总账”→“账表”→“科目账”→“多栏账”→“增加”，选择核算科目，修改多栏账名称（不修改也可），单击“自动编制”按钮，将分析方式的金额分析双击改为余额分析，再单击“确定”按钮完成多栏账的定义。

2. 查询多栏账

单击“总账”→“账表”→“科目账”→“多栏账”，选择多栏账名称，单击“查询”按钮，选择月份，选择包含未记账凭证，单击“确认”按钮完成所需查询。

（五）往来账查询

单击“往来管理”按钮，选择查询的账表，选择科目，选择月份，单击“确定”按钮即可完成查询。

（六）现金银行查询

单击“现金银行”按钮，选择日记账（库存现金、银行存款），选择科目，选择月份，单击“确定”按钮完成查询。

（七）其他账表的查询

根据账表的性质查询，其他账表的查询方法大同小异。

**四、账簿打印**

（一）打印格式设置

1. 选择纸型

单击“总账”→“设置”→“选项”→“账簿”，在右上方选择“按月排页”→“凭证、账簿套打”，选择打印纸型，单击“确定”按钮。

2. 总账套打开过程

依次单击“总账”→“设置”→“总账套”→“凭证”→“保存”→“确定”→“记账”→“保存”→“确定”→“退出”。

（二）打印

1. 凭证打印

单击“总账”→“凭证”→“打印凭证”，若只打印第 1 号凭证，则请在凭证范围内写上 1-1，若本月份全部打印，则打印范围不选，单击“预览”→“打印”→“确定”。

2. 总账打印

单击“总账”→“账表”→“账簿打印”→“科目账簿打印”→“总账”，选择科目，选择“年初有余额，但本年无发生也打印”，再单击“预览”→“打印”→“确定”。

3. 明细账打印

（1）“库存现金”“银行存款”科目打印。单击“总账”→“账表”→“账簿打印”→“科目账簿打印”→“明细账”→“账本”，选择“库存现金”或“银行存款”科目，选择月份。

（2）其他科目打印。

单击“总账”→“账表”→“账簿打印”→“科目账簿打印”→“明细账”→“账簿”，选择打印科目，选择月份。

注意：打印总账、明细账时，若需要打印全部科目，则不需要选择任何科目，直接单击“打印”按钮。

4. 多栏账打印

单击“总账”→“账表”→“账簿打印”→“科目账簿打印”→“多栏账打印”，选择需要打印的科目，选择月份，选择有期初余额但本期无发生也打印，单击“预览”→“打印”。

注意：多栏账打印分主页、辅页打印，打印预览时，单击“是”为预览主页数据，单击“否”为预览辅页数据。

## 项目测评

账簿管理测评表如表 3-17 所示。

**表 3-17 账簿管理测评表**

| 序号 | 考核内容 | 考核要点 | 配分 | 考核标准 | 扣分 | 得分 |
|---|---|---|---|---|---|---|
| 1 | 课前准备 | （1）实训材料准备齐全<br>（2）正确进入 T3 账簿 | 4 | （1）实训材料缺一项扣 1 分<br>（2）未正确进入 T3 账套扣 2 分 | | |
| 2 | 实训实际操作 | （1）账簿启用表填写<br>（2）各类账簿的登记<br>（3）结账处理<br>（4）错账的查找<br>（5）错账的更正<br>（6）系统期末结转<br>（7）期末凭证的生成<br>（8）账簿的查询和打印 | 8 | （1）账簿启用表填写错误扣 1 分<br>（2）各类账簿的登记错误扣 1 分<br>（3）结账处理错误扣 1 分<br>（4）错账的查找错误扣 0.5 分<br>（5）错账的更正错误扣 0.5 分<br>（6）系统期末结转错误扣 1 分<br>（7）期末凭证的生成错误 1 分<br>（8）账簿的查询和打印错误 2 分 | | |
| 3 | 整体效果 | （1）各项操作娴熟<br>（2）登账规范<br>（3）账簿打印归档完美 | 3 | （1）各项操作不娴熟扣 1 分<br>（2）登账不规范扣 1 分<br>（3）账簿打印归档不规范扣 1 分 | | |
| 4 | 时间定额 | 测评时间：此项账套设置累计 90 分钟，初始化 45 分钟，基础档案设置 45 分钟 | | 每超过 1 分钟从总分中扣除 1 分，超过 10 分钟停止操作 | | |
| 合计 | | | 15 | | | |
| 否定项 | | | | | | |

## 复习巩固

### 一、单项选择题

1. 登记账簿的依据是（　　）。

A. 经济合同　　B. 会计分录　　C. 记账凭证　　D. 有关文件

2. 下列账户的明细分类账采用三栏式账页的是（　　）。

A. 管理费用　　B. 销售费用　　C. 库存商品　　D. 应收账款

3. 从银行提取库存现金，登记库存现金日记账的依据是（　　）。

A. 库存现金收款凭证　　B. 银行存款付款凭证

C. 银行存款收款凭证　　D. 备查账

4. 生产成本明细分类账一般采用（　　）明细分类账。

A. 三栏式　　B. 多栏式　　C. 数量金额式　　D. 任意格式

5. 若记账凭证上的会计科目和应借应贷方向未错，但所记金额大于应记金额，并据以登记入账，应采用的更正方法是（　）。

A. 画线更正法　　B. 红字更正法

C. 补充登记法　　D. 编制相反分录冲减

## 二、多项选择题

1. 登记明细分类账的依据可以有（　　）。

A. 原始凭证　　B. 汇总原始凭证

C. 记账凭证　　D. 经济合同

2. 数量金额式明细分类账的账页格式一般适用于（　　）。

A. 库存商品明细分类账　　B. 应交税金明细分类账

C. 应付账款明细分类账　　D. 原材料明细分类账

3. 账簿记录发生错误时，应根据错账的具体情况，按规定的方法进行更正，不得（　　）。

A. 涂改　　B. 挖补

C. 用褪色药水消除字迹　　D. 撕去错页重新抄写

4. 会计账簿按其用途的不同，可以分为（　　）。

A. 序时账簿　　B. 分类账簿　　C. 备查账簿　　D. 数量金额式账簿

5. 下列关于会计账簿启用的说法中，正确的有（　　）。

A. 启用会计账簿时，应在账簿封面上写明单位名称和账簿名称

B. 启用会计账簿时，应在账簿扉页上附启用表

C. 启用订本式账簿时应当从第一页到最后一页顺序编定页数，不得跳页、缺号

D. 在年度开始，启用新账簿时，应把上年度的年末余额记入新账的第一行

## 三、实操题

根据项目二复习巩固部分实操题中百益集团有限公司 2017 年 5 月发生的相关经济事项，做相关账簿练习。

（1）总账。5 月 31 日，班旦将本期已审核凭证全部记账。

（2）账簿查询

1）班旦查询“1002 银行存款”总账，然后联查明细账。

2）查询明细账。班旦按科目范围查询“主营业务收入”明细账，然后联查总账和 5 月 6 日凭证。

3）查询日记账。班旦按科目范围查询相关日记账。

（3）结账。班旦进行 5 月份本账套的结账工作。

# 项目四

# 财务模块经济业务处理

## 项目导入

本项目主要针对企业日常发生的几种经济业务过程进行教学，如企业薪资管理，应收、应付款管理，固定资产管理。

薪资管理是现行财务软件常用的一个模块，其主要功能是实现对企业薪资的核算和管理。

应收、应付款管理系统，主要用于核算和管理客户往来款项。通过发票，其他应收、应付单等单据的录入，记录销售业务及其他业务所形成的企业的往来账款。

固定资产管理是企业日常管理的重要组成部分，是保障各项工作顺利开展的重要物质基础。

## 项目框架

- 财务模块经济业务处理
  - 薪资管理模块的应用
    - 薪资管理初始化设置
    - 薪资管理日常处理
    - 薪资管理期末处理
    - 实操步骤
  - 应收、应付款管理模块的应用
    - 应收、应付账款账务管理
    - 操作步骤
  - 固定资产管理模块的应用
    - 固定资产管理账务处理
    - 实操步骤

# 技能训练

## 任务一　薪资管理模块的应用

### 一、薪资管理初始化设置

初始化是每一个模块第一次使用都必须做的工作，它的本质是将“通用”系统“专用”化的一个过程，也是保证系统正常运行的基础，薪资系统也不例外，在这个过程中，容易出现以下几方面问题：

（一）人员档案设置

薪资系统中除了对薪资数据进行管理，还用于对企业人事档案信息进行管理，在系统中除了能增加员工基本信息，还可以自定义附加信息。薪资系统在设置人员档案时的常见问题有：

1. 无法批增人员信息或批增后不显示

薪资系统中人员档案数据全部来自基础档案中的人员档案，是从基础档案中复制过来的。问题在于薪资系统中批增人员后，列表中却未出现已选择人员。其原因有：①部门没有设置，也就是在薪资系统中工资类别对应的部门档案没有勾选，因此无法选择该部门下的人员，解决办法是重新设置部门档案。②在选择部门时，没有选择到最末级部门，如部门档案下车间一级部门下分了一车间、二车间两个二级部门，若要选择二车间下人员，则要先选择二车间，解决办法是勾选部门档案的最末级。

2. 批增后的信息中人员类别或薪资部门名称错误

其原因是在薪资系统中复制人员档案后，在基础档案处又修改了。解决办法是到薪资系统人员档案处，选择“同步”，将薪资系统中的人员信息与基础档案处的人员信息保持一致。

（二）工资类别设置

工资类别的运用主要因为企业中有不同类型的员工，他们在计算工资时有很大的差别，或者企业每月分多次发工资，就可以用多个工资类别。不同工资

**知识链接**

工资类型一般分为：

（1）固定月薪：工作不能以时间或数量计算，计算单位为月；不享有加班费；适用于办公室人员及部门高层，如办公室主任。

（2）月薪：工作以时间计算，计算单位为月；享有加班费；适用于车间各岗位，如收发员、班组长等。

（3）日薪：工作以时间计算，计算单位为日；享有加班费；适用于普通员工或临时雇工，如水泥工。

（4）时薪：工作以时间计算，计算单位为小时；享有加班费；适用于普通员工或临时雇工，如锈花工。

（5）计件：工作以数量质量计算，计算单位为件；不享有加班费，但加班工价应相对提高；适用于普通员工或临时雇工，如制衣厂烫工。

（6）年薪：工作不能以时间或数量计算，计算单位为年；不享有加班费；适用于企业少数高层管理者，如总经理。

类别内数据完全独立，但到期末可将不同工资类别数据进行汇总，生成“汇总工资类别”。

设置工资类别时会出现以下问题：建立账套后无“工资类别”管理选项，无法新建、打开、删除工资类别。其原因主要是建立工资账套时在“参数设置”中工资类别没勾选“多个”，解决办法是修改工资账套参数，选择“设置”→“选项”→“参数设置”，单击“编辑”按钮，重新勾选工资类别个数为“多个”便可解决。

（三）工资项目设置

企业员工工资由很多不同的项目构成，企业可根据实际情况进行设置。

**二、薪资管理日常处理**

（一）个人所得税计算

为方便企业代扣代缴个人所得税，系统中设置了代扣税功能，运用此功能必须在建立工资账套时选择参数“代扣税”。

（二）银行代发

相对于现金发工资而言，银行代发在安全性、保密性上要好得多。企业在使用银行代发方法时，关键问题在于代发文件的生成。

（三）计件工资

在T3系统中，计件工资模块已经独立出来，并且它也与成本核算系统进行了更有效的衔接。

**三、薪资管理期末处理**

（一）薪资分摊

工资分摊实质是按受益对象，将工资以及工资的附加费用分配到不同会计科目的过程。一般而言，按人员类别和部门进行分配，如行政管理人员记入“管理费用”科目，车间管理人员记入“制造费用”科目，车间生产人员记入“生产成本”科目。在分摊前要进行分摊设置，本质就是将前面计算的工资数据进行分类汇总。

（二）凭证生成

工资系统中生成的工资费用分配的记账凭证会传递到总账中。但处理时会遇到以下问题：①凭证无法生成。若分配表是用绿色标识的，则无法生成的原因是已经生成，不能重复生成，若要重新生成则必须将已生成的凭证删除。若分配表是白色的，但还是无法生成，则可能是已经结账，无法再进行当月业务处理，解决方法是取消工资系统结账，再重新生成凭证。②生成凭证有很多行。生成的记账凭证有很多行，有一些是相同的科目没有合并，解决方法是生成凭证之前选择“合并科目相同、辅助项相同的科目”。

（三）月末处理

月末处理实际是给工资系统数据打上标记，表示本期数据已处理完毕。常见问题如下：①月末处理不成功。出现此问题的原因有：a. 工资数据没有汇总，表明本月业务没处理完毕，解决方法是对工资数据进行汇总；b. 没有打开工资类别，工资系统中每一工资类别都需月结，结账时要先打开该工资类别。c. 汇总工资类别不用月末处理。②无法反结账。出现此问题的原因有：a. 需要到下月反结上月；b. 已经汇总工资类别，需要删除汇总工资类别后再反结。

**四、实操步骤**

（一）建立工资账套

调用 T3 系统“工资”启动程序，进入注册登录界面。由于所选账套是首次使用，系统自动进入工资账套向导状态。在向导状态下，完成如下参数设置：

工资类别：单类别；核算币种：人民币 RMB；扣税设置：代扣个人所得税；扣零设置：不进行扣零处理；人员编码长度：3，如图 4-1 和图 4-2 所示。

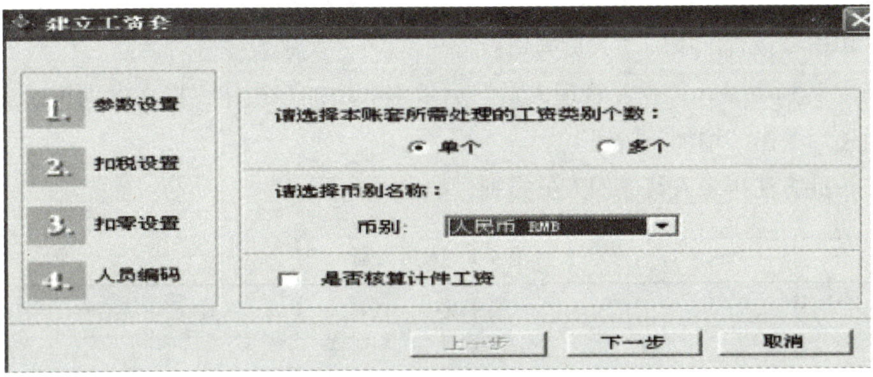


图 4-1　工资类别参数设置

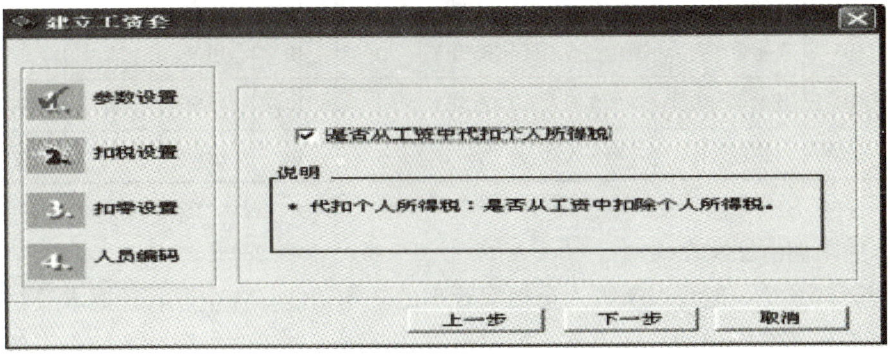


图 4-2　工资类别参数设置

关于工资类别设置需要注意：如果企业中所有员工的工资发放项目都相同、工资计算方法也相同，那么可以对全部员工进行统一的工资核算方案，对应地选择系统提供的单工资类别应用方案；如果企业存在下列情况之一，则需要选择系统提供的多工资类别应用方案：①企业存在不同类别的人员，不同类别的人员工资发放项目不同、计算公式也不同，但需要进行统一的工资核算管理，如企业需要分别对在职人员、退休人员等进行工资核算等情况。②企业每月进行多次工资发放，月末需要进行统一核算。③企业在不同地区设有分支机构，而工资核算由总部统一管理或工资发放使用多种货币。

如果在建账过程中选择进行多工资类别核算，则系统会提示建立相关工资类别。完成后会出现“打开工资类别”选项，通过该选项可以对各工资类别基础信息分别进行设置。

（二）基础档案设置

建立工资账套后，要对整个系统运行所需的一些基础信息进行设置，包括人员类别设置、人员附加信息设置、工资项目设置、银行名称设置、人员档案设置等，可以由企业自行设计工资项目及计算公式。

1. 人员类别设置

人员类别包括企业管理人员、基本生产人员、车间管理人员、辅助车间人员、销售人员5类。

（1）单击“设置”中的“人员类别设置”，打开“类别设置”对话框。

（2）在类别栏录入“企业管理人员”后单击“增加”按钮，再在类别栏录入“基本生产人员”后单击“增加”按钮。

（3）依此方法再录入其他的人员类别，如表4-1所示。

**表4-1　人员类别**

| 序号 | 档案编码 | 档案名称 | 档案简称 | 档案简拼 | 档案级别 | 上级代码 | 是否自定义 | 是否有下级 | 是否显示 | 备注 |
|---|---|---|---|---|---|---|---|---|---|---|
| 1 | 101 | 企业管理人员 | 企业管理人员 | | 1 | 10 | 用户 | 否 | 是 | |
| 2 | 102 | 车间管理人员 | 车间管理人员 | CJGLRY | 1 | 10 | 用户 | 否 | 是 | |
| 3 | 103 | 基本生产人员 | 基本生产人员 | JBSCRY | 1 | 10 | 用户 | 否 | 是 | |
| 4 | 104 | 辅助车间人员 | 辅助车间人员 | FZCJRY | 1 | 10 | 用户 | 否 | 是 | |
| 5 | 105 | 销售人员 | 销售人员 | XSRY | 1 | 10 | 用户 | 否 | 是 | |

2. 人员附加信息设置

工资管理系统一般可以兼顾人员档案管理的基本功能。各企业管理要求及精细程度不同，对人员档案管理的具体内容、项目也有所区别。对于非工资款项的个人信息，可以在该选项中进行设置。本书中未涉及该项内容。

3. 工资项目设置

根据资料提供的工资项目表进行工资项目设置。其中绝大多数项目为系统预设项目，如“基本工资”等项目，可在名称参照一栏中引入；对于某些企业自定义项目，如“代扣税”等项目，可双击“工资项目名称”栏自行键入。

（1）单击“设置”中的“工资项目设置”，打开“工资项目设置”对话框。

（2）单击“增加”按钮，单击“名称参照”下拉列表按钮，从中选择“基本工资”，或直接在工资项目名称栏录入“基本工资”，选择“数字”，双击长度栏选择“10”，双击小数栏选择“2”，双击“增减项”选择“增项”。

（3）依此方法继续增加其他的工资项目。

（4）单击“确定”按钮，出现提示“工资项目已经改变，请确认各工资类别的公式是否正确，否则计算结果可能不正确”，如图 4-3 所示。

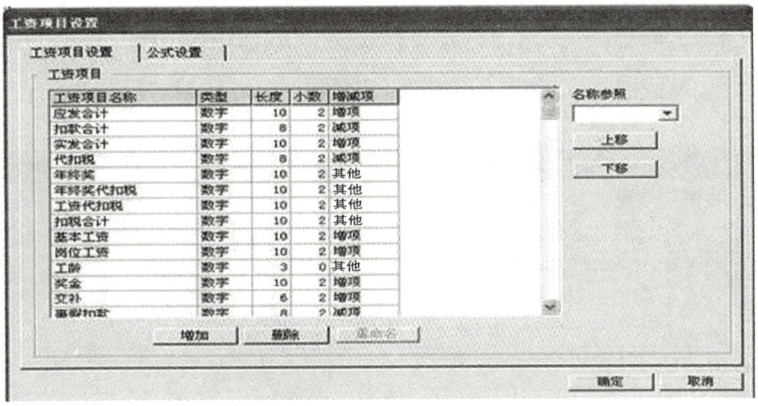


图 4-3　工资项目设置

4. 银行名称设置

本书中，所有员工工资均通过中国工商银行代发，账号长度为 11 位。

（1）单击“设置”中的“银行名称设置”，打开“银行名称设置”对话框。

（2）单击选中银行名称栏的“中国工商银行”，其他选项直接采用系统默认设置，如图 4-4 所示。

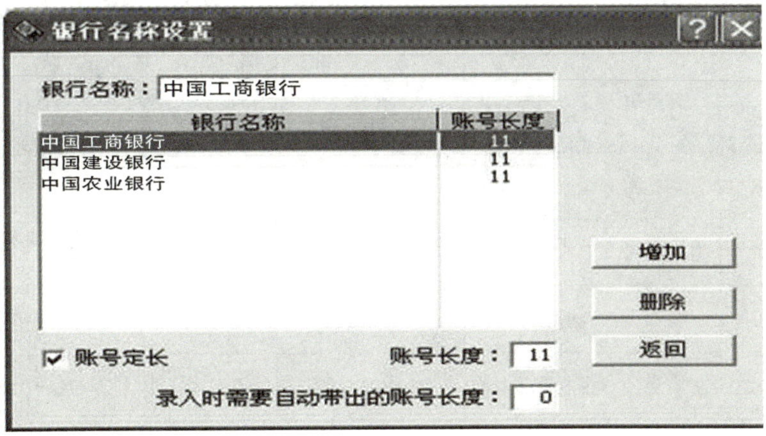


图 4-4　银行名称设置

5. 人员档案设置

根据资料提供的职员档案表建立职员档案，包括职员编号、职员姓名、所属部门、职员属性、职员类别、工龄、基本工资等。由于之前已经录入相关人员资料，此处可直接将该信息引入，此时只需设置代发银行、银行账号。

（1）单击“设置”中的“人员档案”，打开“人员档案”窗口。

（2）在“人员档案”窗口中，单击“增加”按钮，打开“人员档案”对话框。

（3）在“基本信息”页签中，录入人员编号“101”，单击人员姓名栏参照按钮，选择“尼玛扎西”，单击薪资部门编码栏下三角按钮，选择“101”，单击银行名称栏下三角按钮，选择中国“工商银行”，在银行账号栏录入“20020101101”，单击“确认”按钮。

（4）依此方法继续录入其他的人员档案，如图 4-5 和表 4-2 所示。

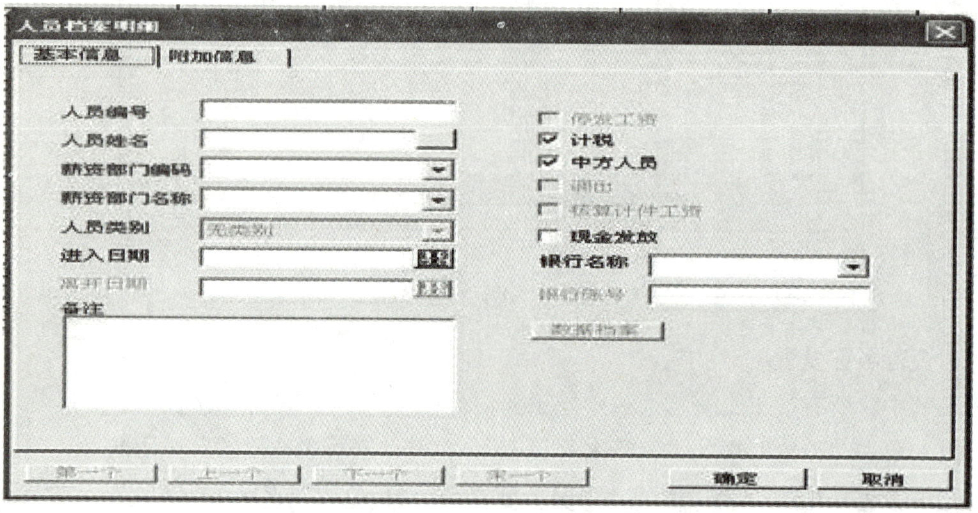


图 4-5　人员档案设置

**表 4-2　人员档案设置**

| 薪资部门名称 | 人员编号 | 人员姓名 | 人员类别 | 账号 | 中方人员 | 是否计税 | 工资停发 | 核算计件工资 | 现金发放 |
|---|---|---|---|---|---|---|---|---|---|
| 总办 | 101 | 尼玛扎西 | 企业管理人员 | 20020101101 | 是 | 是 | 否 | 否 | 否 |
| 总办 | 102 | 扎西尼玛 | 企业管理人员 | 20020101102 | 是 | 是 | 否 | 否 | 否 |
| 财务室 | 103 | 顿珠 | 企业管理人员 | 20020101103 | 是 | 是 | 否 | 否 | 否 |
| 财务室 | 104 | 吉吉 | 企业管理人员 | 20020101104 | 是 | 是 | 否 | 否 | 否 |
| 总务 | 105 | 次仁 | 企业管理人员 | 20020101105 | 是 | 是 | 否 | 否 | 否 |
| 金装车间 | 201 | 格桑卓玛 | 车间管理人员 | 20020101106 | 是 | 是 | 否 | 否 | 否 |

（续）

| 薪资部门名称 | 人员编号 | 人员姓名 | 人员类别 | 账号 | 中方人员 | 是否计税 | 工资停发 | 核算计件工资 | 现金发放 |
|---|---|---|---|---|---|---|---|---|---|
| 金装车间 | 202 | 格桑措姆 | 基本生产人员 | 20020101107 | 是 | 是 | 否 | 否 | 否 |
| 金装车间 | 203 | 白吉 | 基本生产人员 | 20020101108 | 是 | 是 | 否 | 否 | 否 |
| 金装车间 | 204 | 旦增拉姆 | 基本生产人员 | 20020101109 | 是 | 是 | 否 | 否 | 否 |
| 金装车间 | 205 | 尼玛普次 | 基本生产人员 | 20020101110 | 是 | 是 | 否 | 否 | 否 |
| 金装车间 | 206 | 贡觉次仁 | 基本生产人员 | 20020101111 | 是 | 是 | 否 | 否 | 否 |
| 辅助车间 | 207 | 白玛罗布 | 基本生产人员 | 20020101112 | 是 | 是 | 否 | 否 | 否 |
| 辅助车间 | 208 | 白马贡觉 | 基本生产人员 | 20020101113 | 是 | 是 | 否 | 否 | 否 |
| 销售组 | 301 | 赤列顿住 | 销售人员 | 20020101114 | 是 | 是 | 否 | 否 | 否 |
| 供应组 | 302 | 达瓦次仁 | 企业管理人员 | 20020101115 | 是 | 是 | 否 | 否 | 否 |

6. 工资计算公式设置

人员档案建好之后，就可以重新返回“工资项目设置”模块定义各工资项目的计算公式以及工资项目之间的运算关系。定义计算公式可通过选择工资项目、运算符、关系符以及函数等组合完成，也可以直接在公式编辑框中输入。

（1）单击“设置”中的“工资项目设置”，打开“工资项目设置——工资项目设置”对话框。

（2）在“工资项目设置——工资项目设置”对话框中，单击“公式设置”页签，打开“工资项目设置——公式设置”对话框。

（3）单击“工资项目”区域中的“增加”按钮，选择“岗位工资”。

（4）在“公式定义”一栏输入计算公式：iff（人员类别 = “企业管理人员”，800，iff（人员类别 = “辅助车间人员”，700，750））。

（5）单击“公式确认”按钮，再单击“确认”按钮。

（6）依此方法设置其他的工资计算公式，如图 4-6 所示。

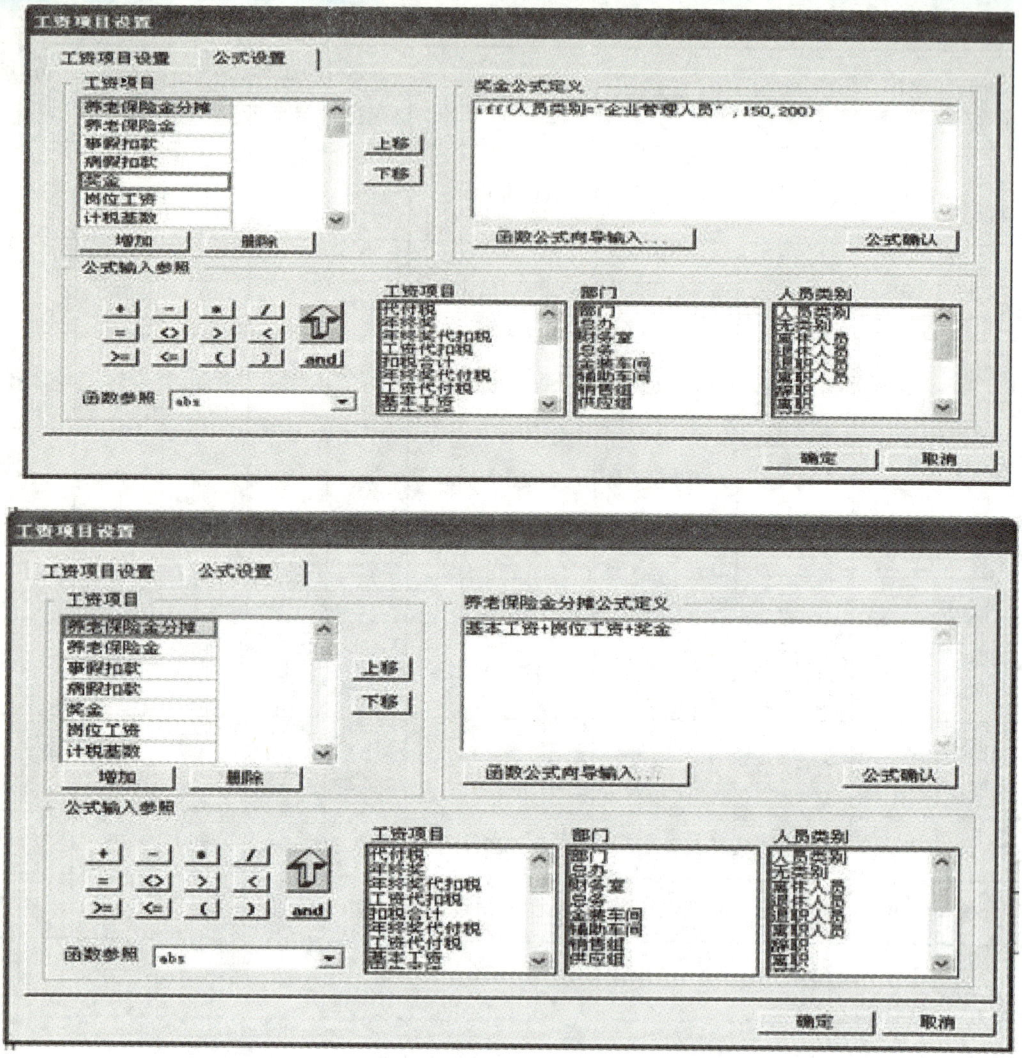


图 4-6　工资计算公式设置

7. 工资变动

调用“业务处理”菜单下的“工资变动”模块便可以对职工每月的工资款项数据进行管理，内容一般涉及第一期的工资款项数据的输入、以后各期数据的变动调整、工资计算与汇总等。

（1）单击“业务处理”中的“工资变动”，打开“工资变动”窗口。

（2）在“工资变动”窗口中，根据资料分别录入各人员的工龄、基本工资等工资项目内容。

（3）单击工具栏中的“计算”按钮，计算全部工资项目内容。

（4）单击“退出”按钮，系统提示“数据发生变动后尚未进行汇总，是否进行汇总？”，单击“是”按钮，结果如表 4-3 所示。

**表 4-3　工资变动设置**

过滤器　　　　单位：元　所有项目

| 人员姓名 | 薪资部门名称 | 人员类别 | 应发合计 | 扣款合计 | 实发合计 | 代扣税 |
|---|---|---|---|---|---|---|
| 尼玛扎西 | 总办 | 企业管理人员 | 5 600.00 | 252.15 | 5 347.85 | 88.65 |
| 扎西尼玛 | 总办 | 企业管理人员 | 5 500.00 | 466.90 | 5 033.10 | 53.68 |
| 顿珠 | 财务室 | 企业管理人员 | 5 500.00 | 239.45 | 5 260.55 | 78.95 |
| 吉吉 | 财务室 | 企业管理人员 | 5 450.00 | 233.10 | 5 216.90 | 74.10 |
| 次仁 | 总务 | 企业管理人员 | 5 400.00 | 226.75 | 5 173.25 | 69.25 |
| 格桑卓玛 | 金装车间 | 车间管理人员 | 5 500.00 | 239.45 | 5 260.55 | 78.95 |
| 格桑措姆 | 金装车间 | 基本生产人员 | 5 400.00 | 226.75 | 5 173.25 | 69.25 |
| 白吉 | 金装车间 | 基本生产人员 | 5 400.00 | 226.75 | 5 173.25 | 69.25 |
| 旦增拉姆 | 金装车间 | 基本生产人员 | 5 400.00 | 226.75 | 5 173.25 | 69.25 |
| 尼玛普次 | 金装车间 | 基本生产人员 | 5 400.00 | 226.75 | 5 173.25 | 69.25 |
| 贡觉次仁 | 金装车间 | 基本生产人员 | 5 400.00 | 570.61 | 4 829.39 | 41.12 |
| 白玛罗布 | 辅助车间 | 辅助车间人员 | 5 450.00 | 233.10 | 5 216.90 | 74.10 |
| 白马贡觉 | 辅助车间 | 辅助车间人员 | 5 350.00 | 220.40 | 5 129.60 | 64.40 |
| 赤列顿住 | 销售组 | 销售人员 | 5 550.00 | 244.45 | 5 305.55 | 83.95 |
| 达瓦次仁 | 供应组 | 企业管理人员 | 5 500.00 | 239.45 | 5 260.55 | 78.95 |
| 合计 | | | 81 800.00 | 4 072.81 | 77 727.19 | 1 063.10 |

注：1. 在“工资变动”窗口的左上方“过滤器”下拉菜单中可进行过滤项目设置，本系统中默认为所有项目。
2. 扣款合计包括代扣个人所得税和五险一金合计数。

8. 代扣个人所得税

T3 系统工资管理子系统中提供的个人所得税计算预申报实际上只是一个查询功能，所有计算均由计算机完成。

本书中，所得税项目为工资；对应工资项目为计税基数。税率设置时，基数为 3 500 元。

注意：个人所得税申报表栏目只能选择系统提供的项目，不提供由用户自定义的项目。系统默认以“实发合计”作为扣税基数。如果想以其他工资项目作为扣税标准，则需要在定

**知识链接**

个人所得税税率是个人所得税税额与应纳税所得额之间的比例。个人所得税税率是由国家相应的法律法规规定的，根据个人的收入计算。缴纳个人所得税是收入达到缴纳标准的公民应尽的义务。2011 年 6 月 30 日，第十一届全国人民代表大会常务委员会第二十一次会议表决通过了《中华人民共和国个人所得税法》修正案，将个人所得税起征点由 2 000 元提高到 3 500 元，适用超额累进税率为 3%~45%，自 2011 年 9 月 1 日起实施。

义工资项目时单独为应税所得设置一个工资项目。如果单位的扣除费用及税率与国家规定的不一致，则可以在个人所得税申报表中单击“税率”按钮进行修改。

（1）单击“业务处理”中的“扣缴所得税”，打开“栏目选择”对话框。

（2）单击“确认”按钮，打开“个人所得税申报表”窗口，如图 4-7 和表 4-4 所示。

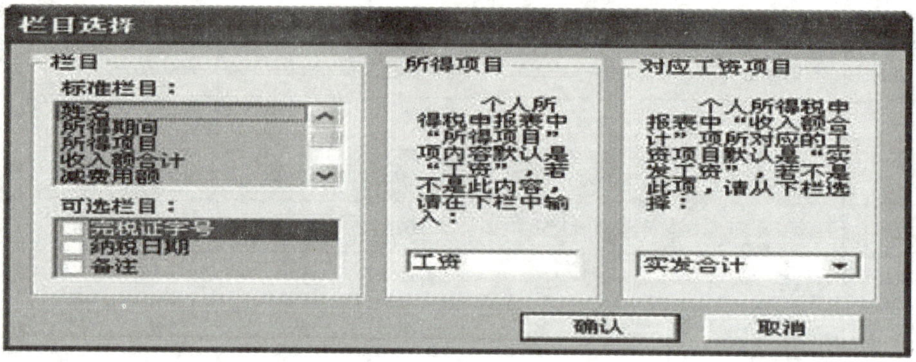


图 4-7　个人所得税申报表

**表 4-4　个人所得税申报表**

2017 年 2 月～2017 年 3 月　　单位：元

| 序号 | 人员姓名 | 身份证件 | 项目 | 期间 | 收入额 | 扣除额 | 应纳税所得额 | 税率（%） | 应扣税额 | 已扣税额 | 备注 |
|---|---|---|---|---|---|---|---|---|---|---|---|
| 1 | 尼玛扎西 | 身份证 | 工资 | 11 | 5 600.00 | 3 500.00 | 1 936.50 | 10 | 88.65 | 88.65 | |
| 2 | 扎西尼玛 | 身份证 | 工资 | 11 | 5 500.00 | 3 500.00 | 1 586.78 | 10 | 53.68 | 53.68 | |
| 3 | 顿珠 | 身份证 | 工资 | 11 | 5 500.00 | 3 500.00 | 1 639.50 | 10 | 78.95 | 78.95 | |
| 4 | 吉吉 | 身份证 | 工资 | 11 | 5 450.00 | 3 500.00 | 1 791.00 | 10 | 74.10 | 74.10 | |
| 5 | 次仁 | 身份证 | 工资 | 11 | 5 400.00 | 3 500.00 | 1 742.50 | 10 | 69.25 | 69.25 | |
| 6 | 格桑卓玛 | 身份证 | 工资 | 11 | 5 500.00 | 3 500.00 | 1 639.50 | 10 | 78.95 | 78.95 | |
| 7 | 格桑措姆 | 身份证 | 工资 | 11 | 5 400.00 | 3 500.00 | 1 742.50 | 10 | 69.25 | 69.25 | |
| 8 | 白吉 | 身份证 | 工资 | 11 | 5 400.00 | 3 500.00 | 1 742.50 | 10 | 69.25 | 69.25 | |
| 9 | 旦增拉姆 | 身份证 | 工资 | 11 | 5 400.00 | 3 500.00 | 1 742.50 | 10 | 69.25 | 69.25 | |
| 10 | 尼玛普次 | 身份证 | 工资 | 11 | 5 400.00 | 3 500.00 | 1 742.50 | 10 | 69.25 | 69.25 | |
| 11 | 贡觉次仁 | 身份证 | 工资 | 11 | 5 400.00 | 3 500.00 | 1 770.51 | 10 | 41.12 | 41.12 | |
| 12 | 白玛罗布 | 身份证 | 工资 | 11 | 5 450.00 | 3 500.00 | 1 791.00 | 10 | 74.10 | 74.10 | |
| 13 | 白马贡觉 | 身份证 | 工资 | 11 | 5 350.00 | 3 500.00 | 1 694.00 | 10 | 64.40 | 64.40 | |
| 14 | 赤列顿住 | 身份证 | 工资 | 11 | 5 550.00 | 3 500.00 | 1 889.50 | 10 | 83.95 | 83.95 | |
| 15 | 达瓦次仁 | 身份证 | 工资 | 11 | 5 500.00 | 3 500.00 | 1 839.50 | 10 | 78.95 | 78.95 | |
| 合计 | | | | | 81 800.00 | 52 500.00 | 26 290.29 | | 1 063.10 | 1 063.10 | |

注：1. 应纳税所得额为应发工资扣除五险一金、个人所得税基数 3 500 之后的金额。

2. 表中个人所得税是参考全国个人所得税标准进行计算的。

9. 银行代发工资

本书中，所有员工工资均通过中国工商银行代发，单位编号为 888888。录入日期为 2017 年 2 月 28 日。

（1）单击“业务处理”中的“银行代发”，打开“银行文件格式”窗口。

（2）单击“确认”按钮，系统提示“确认设置的银行文件格式？”。

（3）单击“是”按钮，打开“银行发放一览表”窗口。

（4）单击工具栏“格式”按钮可对其格式进行设置，本实验要求标志行在首行，在标志行反映合计人数和实发合计。

（5）在银行代发一览表界面单击“输出”→“传输”，可选择其输出文件路径、名称和格式，如图 4-8 和表 4-5 所示。

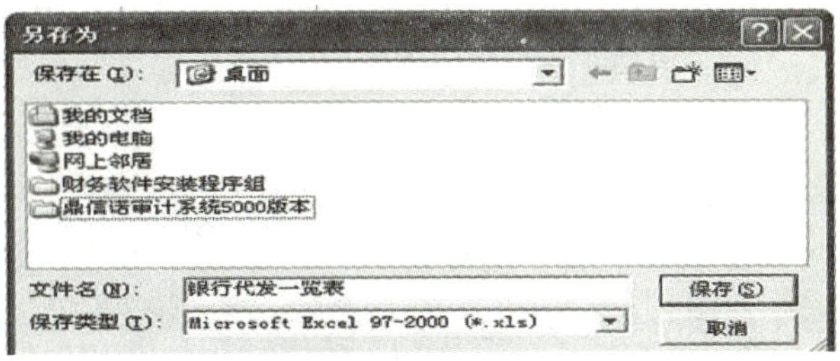


图 4-8　银行代发工资设置

**表 4-5　中国工商银行工资代发一览表**

单位：元

| 人员编号 | 单位编号 | 账号 | 金额 | 录入日期 |
|---|---|---|---|---|
| 101 | 888888 | 20020101101 | 5 347.85 | 20170228 |
| 102 | 888888 | 20020101102 | 5 033.10 | 20170228 |
| 103 | 888888 | 20020101103 | 5 260.55 | 20170228 |
| 104 | 888888 | 20020101104 | 5 216.90 | 20170228 |
| 105 | 888888 | 20020101105 | 5 173.25 | 20170228 |
| 201 | 888888 | 20020101106 | 5 260.55 | 20170228 |
| 202 | 888888 | 20020101107 | 5 173.25 | 20170228 |
| 203 | 888888 | 20020101108 | 5 173.25 | 20170228 |
| 204 | 888888 | 20020101109 | 5 173.25 | 20170228 |
| 205 | 888888 | 20020101110 | 5 173.25 | 20170228 |
| 206 | 888888 | 20020101111 | 4 829.39 | 20170228 |
| 207 | 888888 | 20020101112 | 5 216.90 | 20170228 |
| 208 | 888888 | 20020101113 | 5 129.60 | 20170228 |
| 301 | 888888 | 20020101114 | 5 305.55 | 20170228 |
| 302 | 888888 | 20020101115 | 5 260.55 | 20170228 |
| 合计 | | | 77 727.19 | |

10. 工资分摊

本书中，工资分摊共5种类型，即应付工资总额、应付福利费、工会经费、职工教育经费、养老保险金。

（1）单击“业务处理”中的“工资分摊”，打开“工资分摊”窗口。

（2）单击“工资分摊设置…”按钮，打开“分摊类型设置”对话框。

（3）单击“增加”按钮，打开“分摊计提比例设置”窗口。

（4）在计提类型名称栏录入“应付工资总额”，分摊比例为100%。

（5）单击“下一步”按钮，打开“工资分摊构成”对话框。

（6）在“工资分摊构成”对话框中，单击“部门名称”栏，选择“行政科”，“人员类别”栏选择“企业管理人员”，单击“项目”栏选择“计税基数”，单击借方科目栏输入“660203”，即“管理费用——工资”，单击“贷方科目”栏输入“221101”，即“应付职工薪酬——工资”。依此方法继续录入生产科、销售组各人员类别的应付工资分摊。

（7）单击“完成”按钮，返回到“分摊类型设置”对话框。

（8）依此方法继续设置“工会经费”的分摊设置，如图4-9所示。

11. 分摊工资并生成转账凭证

（1）选择“业务处理”中的“工资分摊”，打开“工资分摊”窗口。

（2）分别单击“应付工资总额”“应付福利费”“工会经费”“教育经费”“养老保险金”前的复选框，并单击选中各个部门。

（3）单击“明细到工资项目”前的复选框，再单击“确定”按钮，打开“应付工资一栏表”。

（4）单击“制单”按钮，打开“填制凭证”对话框，选择凭证类型为“转账凭证”，单击“保存”按钮。

（5）单击“制单”按钮，生成凭证。

（6）进入总账系统进行审核、记账，如图4-10所示。

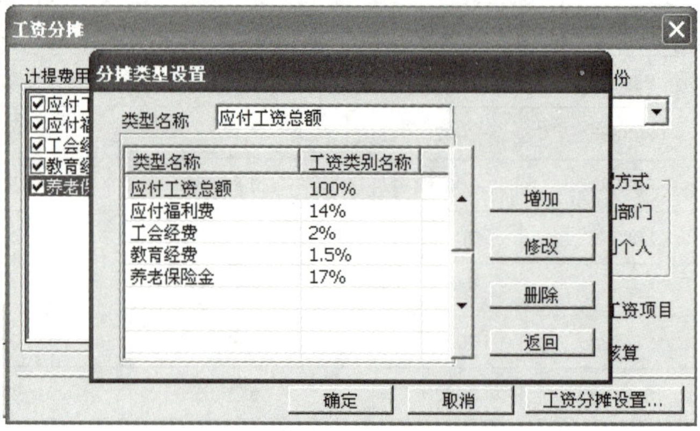


图4-9　分摊类型设置

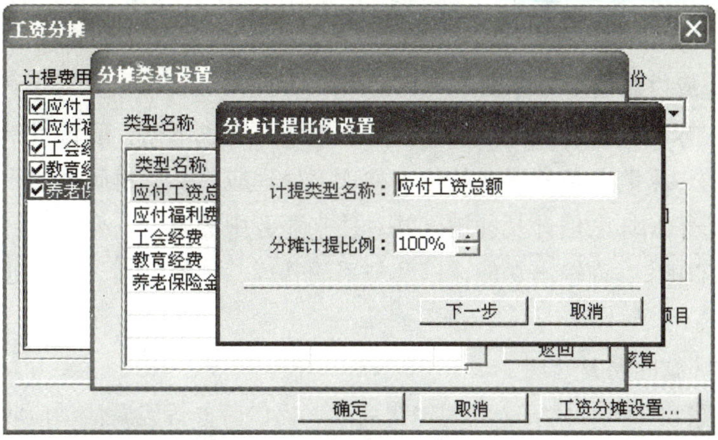


分摊构成设置

| 部门名称 | 人员类别 | 工资项目 | 借方科目 | 借方项目大类 | 借方项目 | 贷方科目 | 贷方项目大类 |
|---|---|---|---|---|---|---|---|
| 总办,财务室,总... | 企业管理人员 | 计税基数 | 660203 | | | 221101 | |
| 金装车间 | 车间管理人员 | 计税基数 | 510102 | | | 221101 | |
| 金装车间 | 基本生产人员 | 计税基数 | 500101 | | | 221101 | |
| 辅助车间 | 辅助车间人员 | 计税基数 | 500102 | | | 221101 | |
| 销售组 | 销售人员 | 计税基数 | 6601 | | | 221101 | |

上一步　完成　取消

| 部门名称 | 人员类别 | 计税基数 | | |
|---|---|---|---|---|
| | | 分配金额 | 借方科目 | 贷方科目 |
| 总办 | 企业管理人员 | 10547.28 | 660203 | 221101 |
| 财务室 | | 10650.00 | 660203 | 221101 |
| 总务 | | 5250.00 | 660203 | 221101 |
| 金装车间 | 车间管理人员 | 5350.00 | 510102 | 221101 |
| | 基本生产人员 | 25878.01 | 500101 | 221101 |
| 辅助车间 | 辅助车间人员 | 10500.00 | 500102 | 221101 |
| 销售组 | 销售人员 | 5350.00 | 6601 | 221101 |
| 供应组 | 企业管理人员 | 5350.00 | 660203 | 221101 |

图 4-9　分摊类型设置（续）

凭证查询

删除　冲销　单据　凭证　退出

| 业务日期 | 业务类型 | 业务号 | 制单人 | 凭证日期 | 凭证号 | 标志 |
|---|---|---|---|---|---|---|
| 2017-2-28 | 养老保险金 | 1 | 魏晓墨 | 2017-2-28 | 转-2 | 记账 |
| 2017-2-28 | 教育经费 | 2 | 魏晓墨 | 2017-2-28 | 转-3 | 记账 |
| 2017-2-28 | 工会经费 | 3 | 魏晓墨 | 2017-2-28 | 转-4 | 记账 |
| 2017-2-28 | 应付福利费 | 4 | 魏晓墨 | 2017-2-28 | 转-5 | 记账 |
| 2017-2-28 | 应付工资总额 | 5 | 魏晓墨 | 2017-2-28 | 转-6 | 记账 |

图 4-10　凭证生成处理

## 任务二 应收、应付款管理模块的应用

### 一、应收、应付账款账务管理

应收、应付账款账务管理是以发票、费用单据、应收单据、应付单据等原始单据为依据，记录销售、采购业务所形成的往来款项，处理应收、应付款项的收回、支付和转账，进行账龄分析和坏账估计及冲销，并对往来业务中的票据、合同进行管理，同时提供统计分析、打印和查询输出功能，以及与采购管理、销售管理、账务处理等模块进行数据传递的功能。

（一）应收账款的财务处理

（1）“应收账款”科目核算企业因销售商品、提供劳务等经营活动应收取的款项，不包括各种非经营活动发生的应收款项。因销售商品、提供劳务等，采用递延方式收取价款、实质上是具有融资性质的，在“长期应收款”科目核算。

（2）企业发生的应收账款，按应收金额，借记本科目。按确认的营业收入，贷记“主营业务收入”“手续费及佣金收入”“保费收入”等科目。收回应收账款时，借记“银行存款”等科目，贷记本科目。涉及增值税销项税额的，还应进行相应的会计处理。代购货方垫付的包装费、运杂费等，借记本科目，贷记“银行存款”等科目。收回代垫费用时做相反分录。

（二）应付账款的财务处理

“应付账款”科目核算企业因购买材料、商品和接受劳务供应等经营活动应支付的款项。

（1）企业购入材料、商品等验收入库，但货款尚未支付，根据有关凭证（发票账单、随货同行发票上记载的实际价款或暂估价值），借记“材料采购”“在途物资”等科目。按可抵扣的增值税额，借记“应交税费——应交增值税（进项税额）”等科目。按应付的价款，贷记本科目。

（2）接受供应单位提供劳务而发生的应付未付款项，根据供应单位的发票账单，借记“生产成本”“管理费用”等科目，贷记本科目。支付时，借记本科目，贷记“银行存款”等科目。

（3）采用售后回购方式融资的，在发出商品等资产时，应按实际收到或应收的金额，借记“银行存款”“应收账款”等科目。按增值税专用发票上注明的增值税额，贷记“应交税费——应交增值税（销项税额）”科目。按其差额，贷记本科目。回购价格与原销售价格之间的差额，应在售后回购期间内按期计提利息费用，借记“财务费用”科目，贷记本科目。购回该项商品时，应按回购商品等的价款，借记本科目。按可抵扣的增值税额，借记“应交税费——应交增值税（进项税额）”科目。按实际支付的金额，贷记“银行存款”科目。

（4）企业如将应付账款划转出去或者确实无法支付的应付账款，应按其账面余额，

借记本科目，贷记“营业外收入”科目。本科目期末贷方余额，反映企业尚未支付的应付账款。本科目期末余额也可以在借方，反映预付的款项。

（三）应收应付表格模板

应收与应付实现的方式是一样的，只是应收是针对客户进行管理，应付是针对供应商进行管理。应收汇总表描述的是手工操作的模式，根据发票与收款记录编制应收账款明细账、应收汇总表。应收应付表格模板如表 4-6~ 表 4-10 所示。

**表 4-6 应收应付统计表**

单位名称：× × 公司　　统计时间：20× × 年 × 月 × 日　　单位：元

| 序号 | 应收账款 | | | | | | | 应付账款 | | | | | | |
|---|---|---|---|---|---|---|---|---|---|---|---|---|---|---|
| | 客户名称 | 销售款 | 尚欠款 | 欠款比例 | 账龄 | 欠款原因 | 销售员 | 供应商名称 | 购货款 | 尚欠款 | 欠款比例 | 账龄 | 欠款原因 | 采购员 |
| | | | | | | | | | | | | | | |
| | | | | | | | | | | | | | | |
| | 合计： | | | | | | | 合计： | | | | | | |

**表 4-7 应收账款催款通知单**

20× × 年 × 月 × 日

| 户名 | 结欠 | | 结欠期间 | | | | 对策 | 备注 |
|---|---|---|---|---|---|---|---|---|
| | 日期 | 金额 | 2 个月 | 3~6 个月 | 6~12 个月 | 一年以上 | | |
| | | | | | | | | |
| 合计 | | | | | | | | |

以上应收账款均已结欠超过 2 个月以上，请加速催收。

此致

财务部

20× × 年 × 月 × 日

填写说明：本表由财务部填写两份，一份备查、一份送业务部门。

**表 4-8 应收账款变动表**

20× × 年 × 月 × 日　　单位：元

| 客户名称 | 上期余额（A） | 本期增加 | | | 本期减少 | | | | 本期余额（A+B-C） | 备注 |
|---|---|---|---|---|---|---|---|---|---|---|
| | | 销货额 | 销货税额 | 合计（B） | 收款 | 折让 | 退货 | 合计（C） | | |
| | | | | | | | | | | |
| | | | | | | | | | | |
| | | | | | | | | | | |

核准：　　主管：　　制表：

表 4-9 问题账款报告书

<table>
<tr><td rowspan="7">基本资料栏</td><td>客户名称</td><td colspan="3"></td></tr>
<tr><td>公司地址</td><td></td><td>电话</td><td></td></tr>
<tr><td>工厂地址</td><td></td><td>电话</td><td></td></tr>
<tr><td>负责人</td><td></td><td>联系人</td><td></td></tr>
<tr><td>开始往来时间</td><td></td><td>交易项目</td><td></td></tr>
<tr><td>平均每月交易额</td><td></td><td>授信额度</td><td></td></tr>
<tr><td>问题账金额</td><td></td><td></td><td></td></tr>
<tr><td>问题账形成原因</td><td colspan="4"></td></tr>
<tr><td>处理意见</td><td colspan="4"></td></tr>
<tr><td>附件明细</td><td colspan="4"></td></tr>
</table>

批准人： 审核人： 编制人：

表 4-10 应收账款登记表

年度

<table>
<tr><td colspan="2">日期</td><td rowspan="2">科目</td><td rowspan="2">厂商名称</td><td rowspan="2">摘要</td><td rowspan="2">金额</td><td colspan="2">冲转日期</td><td rowspan="2">采购单号码</td><td rowspan="2">进库单号码</td><td rowspan="2">备注</td></tr>
<tr><td>月</td><td>日</td><td>月</td><td>日</td></tr>
<tr><td></td><td></td><td></td><td></td><td></td><td></td><td></td><td></td><td></td><td></td><td></td></tr>
<tr><td></td><td></td><td></td><td></td><td></td><td></td><td></td><td></td><td></td><td></td><td></td></tr>
</table>

核准： 主管： 制表：

## 二、操作步骤

### （一）应收账款管理模块

1. 选项设置

应收款系统的业务控制参数如下：

应收款核销方式：按单据。

单据审核日期依据：单据日期。

汇兑损益方式：月末处理。

坏账处理方式：应收余额百分比。

代垫费用类型：其他应收单。

应收账款核算类型：详细核算。

是否自动计算现金折扣：√。

是否登记支票：√。

核销是否生成凭证：√。

操作提示：执行“业务”→“财务会计”→“应收款管理”→“设置”→“选项”命令，单击“编辑”按钮，然后按要求设置即可。

2. 初始设置

（1）应收款系统的常用科目如下：

1122（应收账款）。

2203（预收账款）。

222101（应交税费——应交增值税）。

1121（应收票据）。

6603（财务费用）。

操作提示：执行“业务”→“财务会计”→“应收款管理”→“设置”→“初始设置”→“基本科目设置”命令。

（2）应收款系统的结算方式科目设置如表 4-11 所示。

**表 4-11　结算方式科目设置一览表**

| 结算方式 | 币种 | 科目 |
|---|---|---|
| 现金结算 | 人民币 | 1001（库存现金） |
| 现金支票 | 人民币 | 1001（库存现金） |
| 转账支票 | 人民币 | 100201（银行存款——人民币户） |
| 银行汇票 | 人民币 | 100201（银行存款——人民币户） |

操作提示：执行“业务”→“财务会计”→“应收款管理”→“设置”→“初始设置”→“结算方式科目设置”命令。

（3）应收款系统的坏账准备相关参数如下：

提取比率：0.5%。

坏账准备期初余额：800 元。

“坏账准备”科目：1231（坏账准备）。

对方科目：670101（资产减值损失——计提的坏账准备）。

操作提示：执行“业务”→“财务会计”→“应收款管理”→“设置”→“初始设置”→“坏账准备设置”命令。

（4）应收款系统的账龄区间如表 4-12 所示。

**表 4-12　账龄区间一览表**

| 序号 | 起止天数 / 天 | 总天数 / 天 |
|---|---|---|
| 01 | 0~30 | 30 |
| 02 | 31~60 | 60 |
| 03 | 61~90 | 90 |
| 04 | 91~120 | 120 |
| 05 | 121 天以上 | |

操作提示：执行“业务”→“财务会计”→“应收款管理”→“设置”→“初始设置”→“账龄区间设置”命令。

（5）应收款系统的报警级别如表 4-13 所示。

**表 4-13　报警级别一览表**

| 序号 | 起止比率 | 总比率 | 级别名称 |
|---|---|---|---|
| 01 | 0 以上 | 10% | A |
| 02 | 10%~30% | 30% | B |
| 03 | 30%~50% | 50% | C |
| 04 | 50%~100% | 100% | D |
| 05 | 100% 以上 | | E |

操作提示：执行“业务”→“财务会计”→“应收款管理”→“设置”→“初始设置”→“报警级别设置”命令。

（6）发生销售业务，录入应收单据并进行审核。

［例 4-1］12 日，市场部付海涛向翰博书店售出电子商务讲座光盘 600 套，单价 25 元，开具增值税专用发票，货款和税款尚未收到（开户银行：中国工商银行支行，账号 345678），税率 17%。

操作提示：执行“业务”→“财务会计”→“应收款管理”→“日常处理”→“应收单据处理”→“应收单据录入”命令。按业务情况输入完成后，单击“保存”→“审核”，系统提示“是否立即制单”，选择“是”，即可生成一张记账凭证，对应本题对凭证进行修改，保存凭证即可。

注意：税率 17%，直接输入 17 即可。备注要写上，生成凭证时摘要即是备注的内容。

对以上应收单据进行审核，并立即生成如下凭证：

借：应收账款　　　　17 550

　　贷：主管业务收入——电子商务讲座　　　　15 000

应交税费——应交增值税（销项税额）　　　　2 550

（7）手工核销业务。操作提示：执行“业务”→“财务会计”→“应收款管理”→“核销处理”→“手工核销”命令，输入应收单据的结算金额，保存即可。

（8）进行月末结账处理。操作提示：执行“业务”→“财务会计”→“应收款管理”→“月末处理”→“月末结账”命令。

（二）应付账款管理模块

1. 选项设置应付款系统的业务控制参数，如图 4-11 所示。

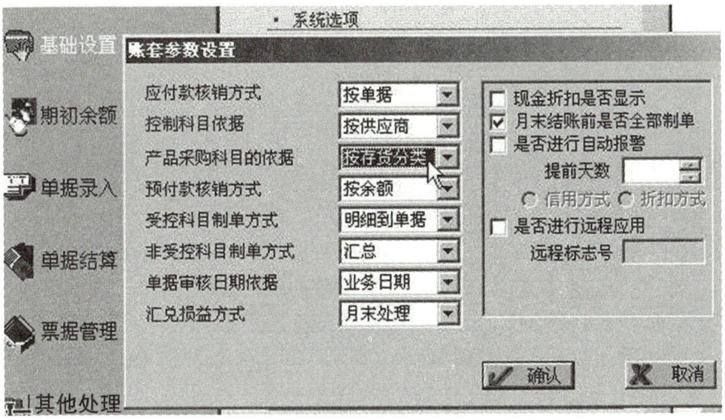


图 4-11　账套参数设置

操作提示：执行“业务”→“财务会计”→“应付款管理”→“设置”→“选项命令”。

2. 初始设置

（1）产品科目设置，如图 4 12 所示。

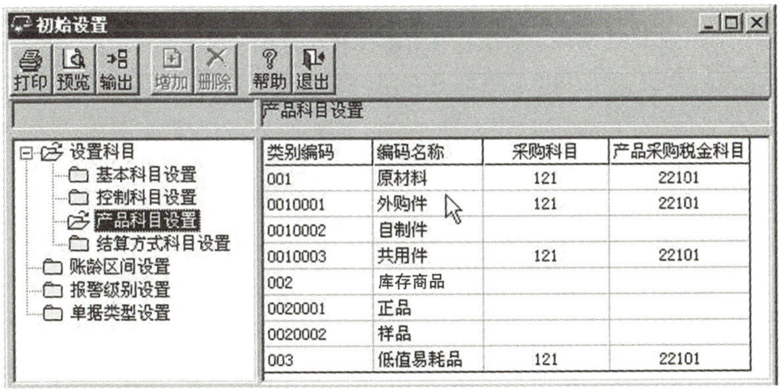


图 4-12　产品科目设置

操作提示：执行“业务”→“财务会计”→“应付款管理”→“设置”→“初始设置”→“产品科目设置”命令。

（2）应付款系统的结算方式科目设置，如表 4-14 所示。

**表 4-14　结算方式科目设置一览表**

| 结算方式 | 币种 | 科目 |
|---|---|---|
| 现金结算 | 人民币 | 1001（库存现金） |
| 现金支票 | 人民币 | 1001（库存现金） |
| 转账支票 | 人民币 | 100201（银行存款——人民币户） |
| 商业承兑汇票 | 人民币 | 1401（材料采购） |
| 银行承兑汇票 | 人民币 | 1401（材料采购） |

操作提示：执行“业务”→“财务会计”→“应付款管理”→“设置”→“初始设置”→“结算方式科目设置”命令。

（3）应付款系统的账龄区间，如表 4-15 所示。

**表 4-15　应付款系统的账龄区间**

| 序号 | 起止天数 / 天 | 总天数 / 天 |
|---|---|---|
| 01 | 0~30 | 30 |
| 02 | 31~60 | 60 |
| 03 | 61~90 | 90 |
| 04 | 91~120 | 120 |
| 05 | 121 天以上 | |

（4）应付款系统的报警级别，如表 4-16 所示。

**表 4-16　报警级别一览表**

| 序号 | 起止比率 | 总比率 | 级别名称 |
|---|---|---|---|
| 01 | 0 以上 | 10% | A |
| 02 | 10%~30% | 30% | B |
| 03 | 30%~50% | 50% | C |
| 04 | 50%~100% | 100% | D |
| 05 | 100% 以上 | | E |

（5）发生购买业务，录入应付单据并进行审核。

[例 4-2] 18 日，市场部李斯奇从光明出版社购入电子商务讲座光盘 1 000 套，单价 20 元，对方开具增值税专用发票，货款和税款暂未支付，商品已验收入库。

操作提示：执行“业务”→“财务会计”→“应付款管理”→“日常处理”→“付款单据处理”→“付款单据录入”命令。第一张为样本，先单击“增加”按钮，按要求输入即可。输入完成后，单击“保存”→“审核”，系统提示“是否立即制单”，选择“是”，即可生成一张记账凭证，对应本例对凭证进行修改，保存凭证即可。

对以上应付单据进行审核，并立即生成如下凭证：

借：库存商品——电子商务讲座光盘　　20 000
　　应交税费——应交增值税（进项税额）　　3 400
　　贷：应付账款　　23 400

（6）支付应付账款，录入付款单据并进行审核。

［例 4-3］19 日，市场部李斯奇归还前欠萤火虫软件货款 38 025 元，以转账支票支付，票据号为 1237。

对以上付款单据进行审核，并立即生成如下凭证：

借：应付账款　　38 025
　　贷：银行存款——人民币户　　38 025

## 任务三　固定资产管理模块的应用

### 一、固定资产管理账务处理

（一）固定资产管理

所谓固定资产管理，是指对固定资产的计划、购置、验收、登记、领用、使用、维修、报废等全过程的管理。

固定资产是企业的劳动手段，也是企业赖以生产经营的主要资产。从会计的角度来划分，固定资产一般分为生产用固定资产、非生产用固定资产、租出固定资产、未使用固定资产、不需用固定资产、融资租赁固定资产、接受捐赠固定资产等。

（二）固定资产的功能特征

（1）固定资产编码是区分每一项固定资产的唯一标识。

（2）固定资产增加的方式主要有购入、接受投资、接受捐赠、融资租入、自建、盘盈、在建工程转入、其他增加等。固定资产减少的方式主要有出售、盘亏、报废等。

（3）固定资产使用状况包括在用、经营性出租、季节性停用、大修理停用、不需要和未使用。

（4）固定资产卡片是固定资产核算和管理的数据基础。

（5）固定资产的日常处理，一般包括固定资产

**知识链接**

固定资产管理的要求如下：

（1）保护固定资产的完整无缺。

（2）提高固定资产的完好程度和利用效果。

（3）正确核定固定资产需用量。

（4）正确计算固定资产折旧额，有计划地计提固定资产折旧。

5. 要进行固定资产投资的预测。

的增加、减少、变动等，不包括固定资产的折旧。

（6）固定资产减少业务的核算不是直接减少固定资产的价值，而是输入资产减少卡片。

（7）固定资产非价值信息变更包括固定资产的使用部门变动、使用状况变动、存放地点变动等。

（8）固定资产管理模块对账功能主要是指与账务处理模块进行对账。

（三）固定资产的确认条件

一项资产如要作为固定资产加以确认，首先要符合固定资产的定义，其次还要符合固定资产的确认条件，即与该固定资产有关的经济利益很可能流入企业。同时，该固定资产的成本能够可靠地计量。

（1）与该固定资产有关的经济利益很可能流入企业。企业在确认固定资产时，需要判断与该项固定资产有关的经济利益是否很可能流入企业。实务中，主要是通过判断与该固定资产所有权相关的风险和报酬是否转移到了企业来确定。

（2）该固定资产的成本能够可靠地计量。成本能够可靠地计量是资产确认的一项基本条件。要确认固定资产，则企业取得该固定资产所发生的支出必须能够可靠地计量。企业在确定固定资产成本时，有时需要根据所获得的最新资料，对固定资产的成本进行合理的估计。如果企业能够合理地估计固定资产的成本，则视同固定资产的成本能够可靠地计量。

## 二、实操步骤

（一）固定资产管理模块初始化工作

固定资产管理模块初始化工作的内容，如表 4-17 所示。

**表 4-17　固定资产管理初始化工作**

<table>
<tr><td rowspan="3">设置控制参数</td><td colspan="2">设置启用会计期间：不得早于系统中该账套建立的期间</td></tr>
<tr><td colspan="2">设置折旧相关内容</td></tr>
<tr><td colspan="2">设置固定资产编码：区分每一项固定资产的唯一标识</td></tr>
<tr><td rowspan="6">设置基础信息</td><td colspan="2">设置折旧对应科目：便于系统根据部门生成折旧凭证</td></tr>
<tr><td rowspan="2">设置增减方式</td><td>增加方式：直接购买、投资者投入、接受捐赠、盘盈、在建工程转入、融资租入等</td></tr>
<tr><td>减少方式：出售、投资投出、报废、盘亏、捐赠转出、融资租出等</td></tr>
<tr><td colspan="2">设置使用状况：在用、经营性出租、大修理停用、不需要和未使用</td></tr>
<tr><td colspan="2">设置折旧方法：不计提折旧、平均年限法、工作量法、年数总和法和双倍余额递减法</td></tr>
<tr><td colspan="2">设置固定资产类别</td></tr>
<tr><td>录入原始卡片</td><td colspan="2">在初始使用固定资产模块时，应该录入当期期初的固定资产数据，作为后续固定资产核算和管理的起始数据</td></tr>
</table>

（二）固定资产管理模块日常处理

企业日常运营中，会发生固定资产相关业务，一般包括固定资产的增加、减少和变动等，具体内容如表 4-18 所示。

**表 4-18　固定资产管理模块日常处理**

<table>
<tr><td>固定资产增加</td><td colspan="2">为增加的固定资产建立一张固定资产卡片，录入增加的固定资产的相关信息、数据</td></tr>
<tr><td>固定资产减少</td><td colspan="2">输入资产减少卡片，说明减少原因，记录业务的具体信息和过程，保留审计线索</td></tr>
<tr><td rowspan="2">固定资产变动</td><td>价值信息变更</td><td>（1）原值变动<br>（2）折旧要素变更</td></tr>
<tr><td>非价值信息变更</td><td>（1）使用部门变动<br>（2）使用状况变动<br>（3）存放地点变动</td></tr>
<tr><td>生成记账凭证</td><td colspan="2">对需要填制记账凭证的业务能够自动完成记账凭证填制工作，并传递给账务处理模块</td></tr>
</table>

（三）固定资产管理模块期末处理

固定资产管理模块期末处理的内容，如表 4-19 所示。

**表 4-19　固定资产管理模块期末处理**

| | |
|---|---|
| 计提折旧 | 系统利用自动计提折旧功能，对各项固定资产按照定义的折旧方法计提折旧，并将当期的折旧额自动累计到每项资产的累计折旧中，减少固定资产账面价值；系统计提折旧会产生相应的记账凭证并传递到账务处理模块 |
| 对账 | 与账务处理模块进行对账，为了保证固定资产管理模块的资产价值、折旧、减值准备等与账务处理模块中对应科目的金额相一致 |
| 月末结账 | 对账正确后，可以进行月末结账 |
| 相关数据查询 | 可以对固定资产相关信息按照不同标准进行分类、汇总、分析和输出 |

（四）具体实操步骤

1. 初始化设置

启用月份：20×× 年 ×× 月。

折旧计算方法：平均年限法（一），分配周期为 1 个月

固定资产类别编码方式为 2-1-1-2，按“类别编码 + 序号”自动编码；序号长度为 3。

与总账系统进行对账，固定资产对账科目为“1601，固定资产”，累计折旧对账科目为“1602，累计折旧”；并且在对账不平衡的情况不允许月末结账。

2. 相关核算规则的初始设置

（1）设置部门及对应折旧科目如表 4-20 所示。

表 4-20　部门及对应折旧科目

| 部门 | 对应折旧科目 | 备注 |
|---|---|---|
| 企划部 | 660202 | |
| 制作部 | 510102 | |
| 市场部 | 660102 | |

操作提示：执行“业务”→“财务会计”→“固定资产”→“设置”→“部门”→“对应折旧”命令，选择要设置折旧科目的部门。

设置固定资产类别，如表 4-21 所示。

表 4-21　固定资产类别

| 编码 | 类别名称 | 计提属性 | 净残值率 | 折旧方法 | 卡片式样 |
|---|---|---|---|---|---|
| 01 | 交通运输设备 | 正常计提 | 5% | 平均年限法（一） | 通用 |
| 011 | 经营用 | 正常计提 | 5% | 平均年限法（一） | 通用 |
| 012 | 非经营用 | 正常计提 | 5% | 平均年限法（一） | 通用 |
| 02 | 电子设备及其他通信设备 | 正常计提 | 4% | 平均年限法（一） | 通用 |
| 021 | 经营用 | 正常计提 | 4% | 平均年限法（一） | 通用 |
| 022 | 非经营用 | 正常计提 | 4% | 平均年限法（一） | 通用 |

操作提示：执行“业务”→“财务会计”→“固定资产”→“设置”→“资产类别”命令。

（2）设置增减方式对应科目如表 4-22 所示。

表 4-22　增减方式对应科目

| 增减方式目录 | 对应入账科目 | 备注 |
|---|---|---|
| 增加方式：直接购入 | 100201 | |
| 减少方式：毁损 | 1606 | |

操作提示：执行“业务”→“财务会计”→“固定资产”→“设置”→“增减方式”命令。

（3）输入固定资产原始卡片，如表 4-23 所示。

**表 4-23　20×× 年 1 月份固定资产原始卡片资料**

| 固定资产名称 | 类别编号 | 所在部门 | 增加方式 | 可使用年限 / 年 | 开始使用日期 | 原值 / 元 | 累计折旧 / 元 | 对应折旧科目名称 |
|---|---|---|---|---|---|---|---|---|
| 轿车 | 012 | 企划部 | 直接购入 | 6 | 20××.9.1 | 189 330 | 7 153.28 | 管理费用 |
| 便携式计算机 | 022 | 企划部 | 直接购入 | 5 | 20××.2.1 | 28 900 | 4 624.00 | 管理费用 |
| 传真机 | 022 | 企划部 | 直接购入 | 5 | 20××.10.1 | 3 510 | 112.32 | 管理费用 |
| 计算机 01 | 021 | 制作部 | 直接购入 | 5 | 20××.11.1 | 6 490 | 103.84 | 制造费用 |
| 计算机 02 | 021 | 制作部 | 直接购入 | 5 | 20××.11.1 | 6 490 | 103.84 | 制造费用 |
| 计算机 03 | 021 | 制作部 | 直接购入 | 5 | 20××.11.1 | 6 490 | 103.84 | 制造费用 |
| 计算机 04 | 021 | 制作部 | 直接购入 | 5 | 20××.11.1 | 6 490 | 103.84 | 制造费用 |
| 计算机 05 | 021 | 制作部 | 直接购入 | 5 | 20××.11.1 | 6 490 | 103.84 | 制造费用 |
| 计算机 06 | 021 | 制作部 | 直接购入 | 5 | 20××.11.1 | 6 490 | 103.84 | 制造费用 |

使用状况均为在用。

操作提示：执行“业务”→“财务会计”→“固定资产”→“卡片”→“录入原始卡片”命令。

注意：开始使用日期需严格按照 20××-××-×× 的格式。

如果录入有错，可以先取消当前录入的卡片，进入查看状态，单击“编辑”按钮，通过“上一个 / 下一个”来查找有错误的卡片，单击“修改”按钮进行更正（复制也要采用这种方法）。

（4）计提本月折旧。操作提示：执行“业务”→“财务会计”→“固定资产”→“处理”→“计提本月折旧”命令，系统提示“计提折旧后是否查看折旧清单”，选择“否”，在“折旧分配表”中单击“凭证”按钮，将凭证设置完成后保存即可。

注意：当月增加的资产不提折旧，当月减少的资产照提折旧，不提取折旧不能减少资产。

（5）固定资产增加。

［例 4-4］3 月 19 日，市场部因业务需要，经申请获得批准后购买客货两用汽车一辆，全部价值支出 160 000 元，预计使用年限为 6 年；便携式计算机一台，全部价值支出 18 900 元，预计使用 5 年。

操作提示：执行“业务”→“财务会计”→“固定资产”→“卡片”→“资产增加”命令。

（6）固定资产减少。

［例 4-5］3 月 20 日，制作部 04 号计算机遭遇病毒，整机毁损，其零件残值变价收入为 500 元现金。

操作提示：执行“业务”→“财务会计”→“固定资产”→“卡片”→“资产减少”命令。

（7）对本月发生的固定资产相关业务进行批量制单。操作提示：执行“业务”→“财务会计”→“固定资产”→“处理”→“批量制单”命令。先单击“制单选择”→“全选”，再单击“制单设置”按钮将所有业务需要设置的会计科目设置好，单击“制单”按钮即可自动生成凭证。

（8）固定资产变更。

［例 4-6］3 月 26 日，因市场推广需要，企划部的传真机调拨到市场部使用。

操作提示：执行“业务”→“财务会计”→“固定资产”→“卡片”→“变动单”→“部门转移”命令。

注意：当月录入或者增加的资产不得进行变更，故此练习只是为了提醒之用。可以不进行操作。

（9）月末结账。操作提示：执行“业务”→“财务会计”→“固定资产”→“处理”→“月末结账”命令。

注意：因为固定资产发生业务所填制的凭证，在总账模块中没有进行记账处理，故固定资产与总账模块对账不平衡，无法结账。可以先到总账模块对固定资产模块中生成的凭证进行记账，然后再返回固定资产模块进行结账处理。

（五）固定资产核算

固定资产是企业正常生产经营的必要条件，正确管理和核算企业的固定资产，对于保护企业资产完整、保证企业再生产资金来源具有重要意义。固定资产核算模块可以帮助企业进行固定资产日常业务的核算和管理，生成固定资产卡片，按月反映固定资产的增加、减少、原值变化及其他变动并输出相应的增减变动明细账，按月自动计提折旧，生成折旧分配凭证，同时输出相关报表和账簿。

1. 初始设置

（1）设置固定资产类别。例如，设置固定资产类别：编码：04；名称：房屋类；净残值率：5%；折旧方法：平均年限法（二）。

（2）操作步骤如下：

1）执行“固定资产”→“设置”→“资产类别”命令，进入“类别编码表”窗口。

2）单击“单张视图”选项卡，单击“增加”按钮。

3）输入类别名称“房屋类”，净残值率“5%”；选择计提属性为“正常计提”，折旧方法为“平均年限法（二）”，卡片样式为“通用样式”，如图 4-13 所示。

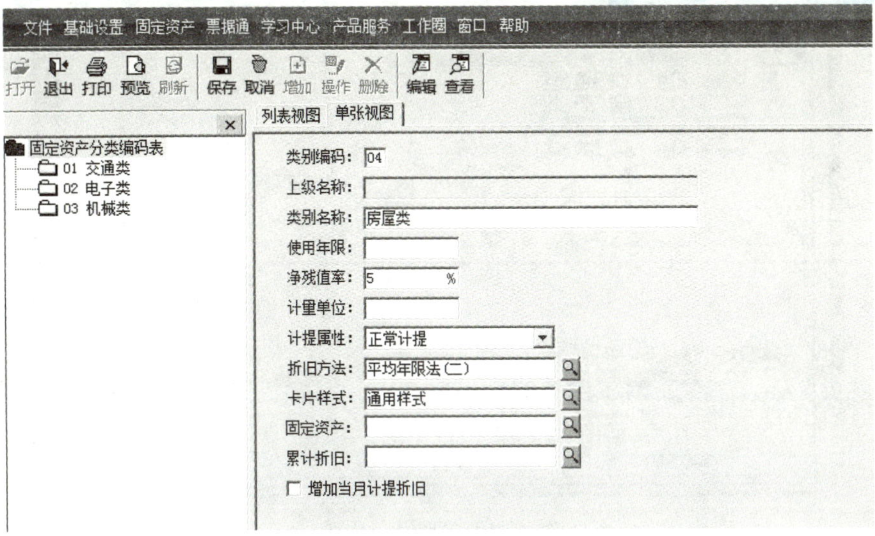


图 4-13　设置固定资产类别

输入后单击“保存”按钮。

2. 设置部门档案

建立部门档案就是输入企业各部门的部门编码和部门名称等信息，以便可以按部门进行折旧费用分配。部门档案的设置在基础设置中完成。

3. 输入固定资产原始卡片

例如，输入固定资产原始卡片，如表 4-24 所示。

**表 4-24　固定资产原始资料**

| 资产类别 | 资产名称 | 部门 | 增加方式 | 使用状况 | 开始日期 | 原值 / 元 | 累计折旧 / 元 | 使用年限 / 年 | 折旧方法 |
|---|---|---|---|---|---|---|---|---|---|
| 机械类 | 生产设备 B | 生产部 | 直接购入 | 在用 | 2012-03-01 | 1 200 000 | 600 000 | 20 | 平均年限法（二） |

操作步骤如下：

（1）执行“固定资产”→“卡片”→“录入原始卡片”命令，进入“资产类别参照”窗口。

（2）选择固定资产类别“03 机械类”，如图 4-14 所示。

（3）单击“确认”按钮，进入“固定资产卡片录入”窗口。

（4）输入固定资产名称“生产设备 B”；双击部门名称选择“生产部”，双击增加方式选择“直接购入”，双击使用状况选择“在用”；输入开始使用日期“2012-03-01”；输入原值“1 200 000”，累计折旧“600 000”；输入使用年限“20 年”，如图 4-15 所示。

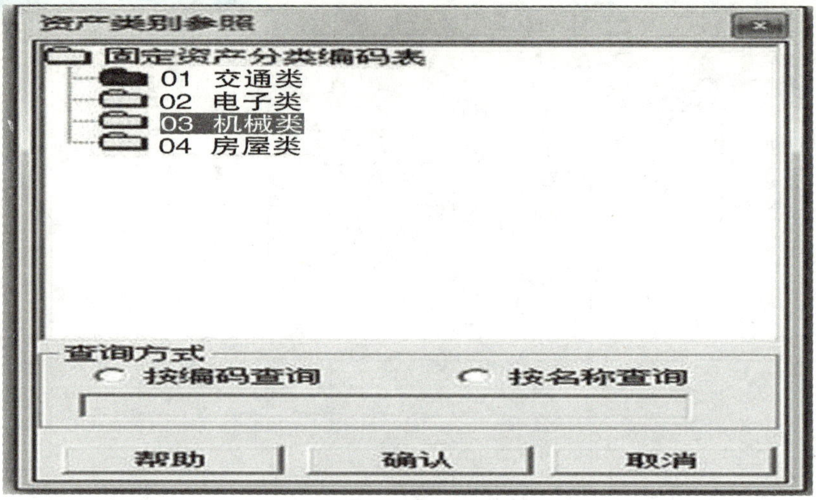


图 4-14　选择资产类别

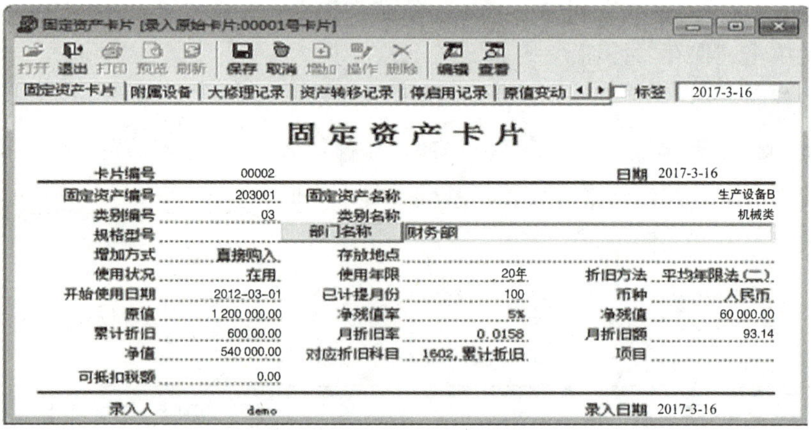


图 4-15　输入固定资产原始卡片

（5）单击“保存”按钮，弹出“数据成功保存”信息提示框。

（6）单击“确定”按钮。

4. 日常业务

（1）资产增减。

［例 4-7］2017 年 1 月 5 日，企业购买了一台打印机。打印机的原始资料如表 4-25 所示。

**表 4-25　打印机的原始资料**

| 资产类别 | 资产名称 | 部门 | 增加方式 | 使用状况 | 开始日期 | 原值 / 元 | 使用年限 / 年 | 折旧方法 |
|---|---|---|---|---|---|---|---|---|
| 电子类 | 打印机 | 财务部 | 直接购入 | 在用 | 2017-01-05 | 5 000 | 5 | 平均年限法（二） |

（2）操作步骤如下：

1）执行“固定资产”→“卡片”→“资产增加”命令，进入“资产类别参照”窗口。

2）选择资产类别“02 电子类”。

3）单击“确认”按钮，进入“固定资产卡片新增”窗口。

4）输入固定资产名称“打印机”；双击使用部门选择“财务部”，双击增加方式选择“直接购入”，双击使用状况选择“在用”；输入原值“5 000”，使用年限“5 年”，开始使用日期“2017-01-05”，如图 4-16 所示。

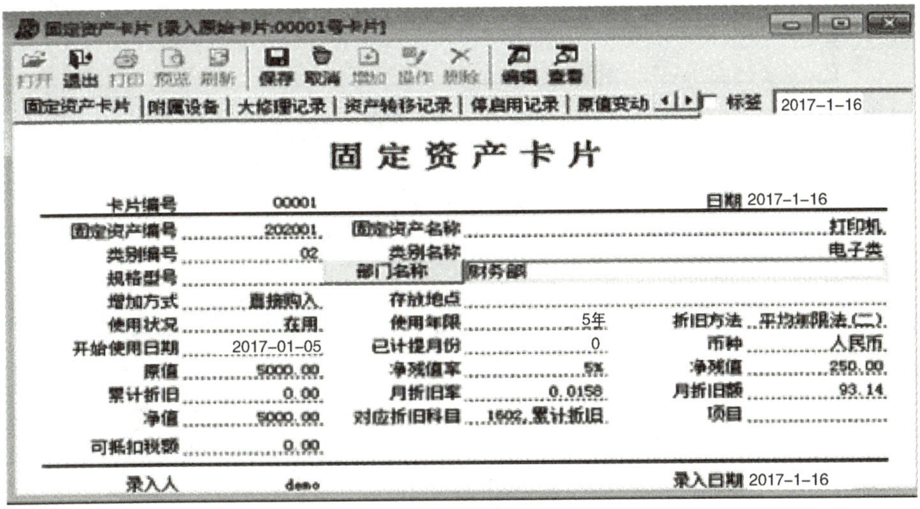


图 4-16　新增固定资产

5）单击“保存”按钮。

5. 计提折旧

计提本月固定资产折旧，生成记账凭证的操作步骤如下：

（1）执行“固定资产”→“处理”→“计提本月折旧”命令，弹出“本操作将计提本月折旧，并花费一定时间，是否要继续？”提示框。

（2）单击“是”按钮，弹出“是否要查看折旧清单？”提示框。

（3）单击“是”按钮，进入“折旧清单”窗口，如图 4-17 所示。（4）单击“退出”按钮，进入“折旧分配表”窗口。

（5）单击“凭证”按钮，进入“凭证填制”窗口。

（6）选择凭证类型“转账凭证”。

**知识链接**

计提折旧遵循以下原则：

（1）在一个期间内可以多次计提折旧，每次计提折旧后，只将计提的折旧累加到月初的累计折旧上，不会重复累计。

（2）若上次计提折旧已制单并传递到总账系统，则必须删除该凭证才能重新计提折旧。

（3）计提折旧后又对账套进行了影响折旧计算分配的操作，则必须重新计提折旧，否则系统不允许结账。

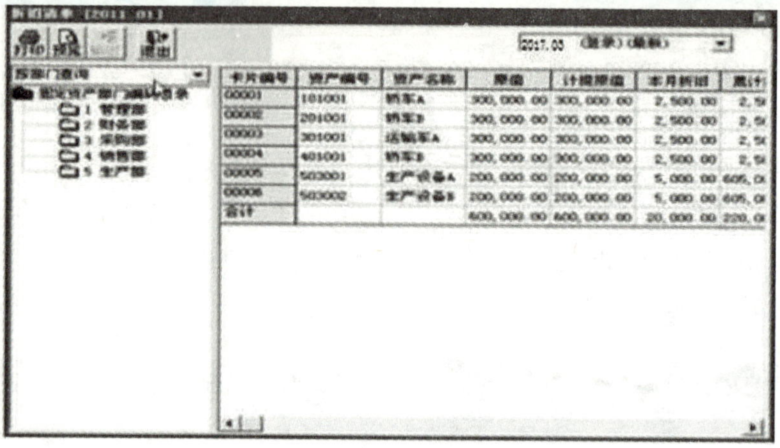

图 4-17 折旧清单

6. 资产变动

［例 4-8］2017 年 3 月 25 日，财务部的打印机转入管理部使用，变动原因为调拨。

操作步骤如下：

（1）执行“固定资产”→“卡片”→“变动单”→“部门转移”命令，进入“固定资产变动单”窗口。

（2）选择卡片编号“00001”；双击变动后部门选择“管理部”；输入变动原因“调拨”，如图 4-18 所示。

（3）单击“保存”按钮。

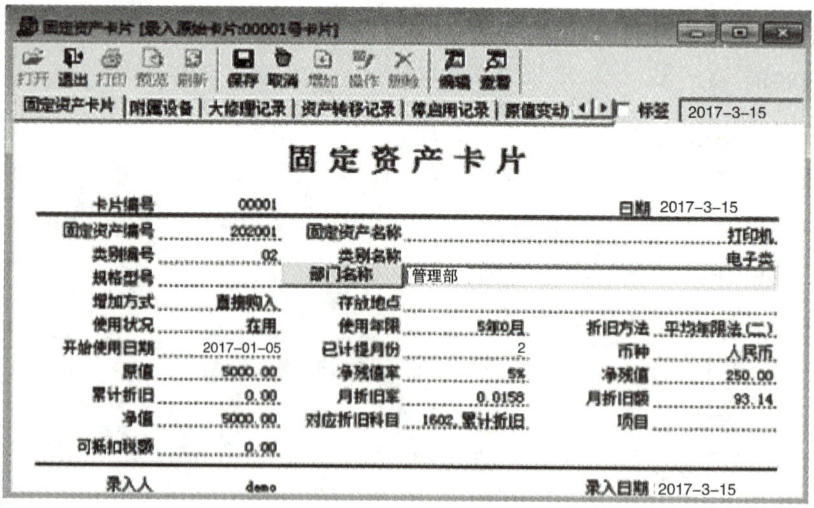


图 4-18 固定资产部门变动

7. 固定资产账表查询

查询固定资产使用状况分析表的操作步骤如下：

（1）执行“固定资产”→“报表”→“账表管理”命令，进入“固定资产报表”窗口。

（2）单击“分析表”，选择“固定资产使用状况分析表”。

（3）单击“打开”按钮，打开“条件”对话框。

（4）选择期间“2017. 03”，单击“确定”按钮，如图 4-19 所示。

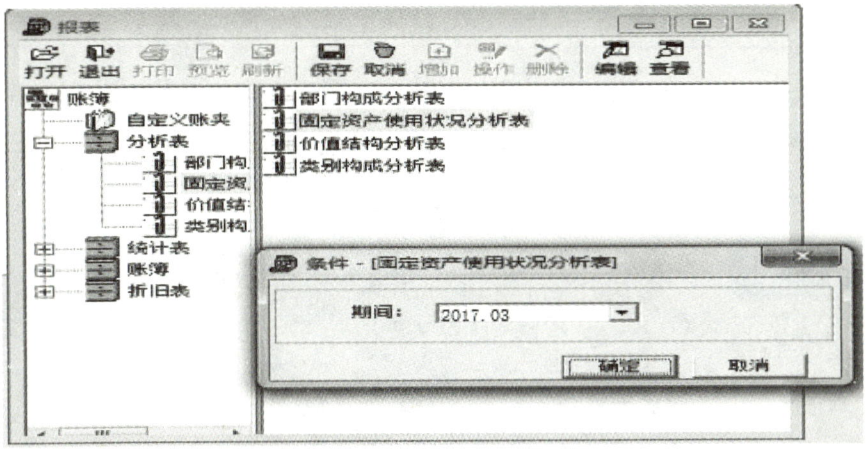


图 4-19　查询固定资产使用状况分析表

## 项目测评

财务模块经济业务处理测评表如表 4-26 所示。

**表 4-26　财务模块经济业务处理测评表**

| 序号 | 考核内容 | 考核要点 | 配分 | 考核标准 | 扣分 | 得分 |
|---|---|---|---|---|---|---|
| 1 | 课前准备 | （1）实训材料准备齐全<br>（2）正确进入 T3 账套 | 4 | （1）实训材料缺一项扣 1 分<br>（2）未正确进入 T3 账套扣 2 分 | | |
| 2 | 实训实际操作 | （1）薪资系统初始化信息填写<br>（2）薪资期末业务处理<br>（3）应收账款业务处理<br>（4）应付账款业务处理<br>（5）固定资产管理初始化信息填写<br>（6）固定资产管理日常处理<br>（7）固定资产管理期末处理<br>（8）期末凭证的生成 | 8 | （1）薪资初始信息填写错误扣 1 分<br>（2）薪资期末业务处理错误扣 1 分<br>（3）应收账款业务处理错误扣 1 分<br>（4）应付账款业务处理错误扣 1 分<br>（5）固定资产管理初始化信息填写错误扣 1 分<br>（6）固定资产管理日常处理错误扣 1 分<br>（7）固定资产管理期末处理错误扣 1 分<br>（8）期末凭证的生成错误扣 1 分 | | |
| 3 | 整体效果 | （1）各项操作娴熟<br>（2）登账规范<br>（3）账簿打印归档完美 | 3 | （1）各项操作不娴熟扣 1 分<br>（2）登账不规范扣 1 分<br>（3）账簿打印归档不规范扣 1 分 | | |

（续）

| 序号 | 考核内容 | 考核要点 | 配分 | 考核标准 | 扣分 | 得分 |
|---|---|---|---|---|---|---|
| 4 | 时间定额 | 测评时间：此项账套设置累计 90 分钟，初始化 45 分钟，基础档案设置 45 分钟 | | 每超过 1 分钟从总分中扣除 1 分，超过 10 分钟停止操作 | | |
| 合计 | | | 15 | | | |
| 否定项 | | | | | | |

## 复习巩固

### 一、单项选择题

1. 下列有关自定义报表的叙述中错误的是（　　）。

A. 由用户自己定义报表的格式、数据来源以及计算方法

B. 使用时系统按规定的途径取得数据并输出由系统设定格式的报表

C. 编制自定义报表必须使用通用报表系统提供的功能

D. 改变报表格式时用户只需修改原先的定义，而不必修改系统程序

2. 应收账款核算系统中录入的销售发票的发票号在本年内（　　）。

A. 不能跳号　　B. 不能重复

C. 不能跳号或重复　　D. 可跳号重复

3. 在应收账款核算系统初始化中，需要录入（　　）往来业务单据。

A. 未核销的　　B. 已发生的　　C. 将要发生的　　D. 所有的

4. 月末结转时将要生成新月份的工资数据表，在该表中需要清零的是（　　）。

A. 变动数据项　　B. 固定数据项　　C. 字符数据项　　D. 数值数据项

5. 通过工资分摊生成的会计凭证，将传递到（　　）。

A. 销售模块　　B. 固定资产模块　　C. 报表模块　　D. 账务处理管理模块

### 二、多项选择题

1. 应付款管理模块日常业务处理主要完成（　　）。

A. 采购发票的录入与审核　　B. 付款单的录入

C. 核销处理　　D. 转账处理

2. 在应收款管理模块中，下列属于其转账处理的有（　　）。

A. 预收冲应收　　B. 应收冲应付　　C. 应付冲应付　　D. 预付冲应付

3. 工资费用分摊项目一般包括（　　）。

A. 应付工资　　B. 应付福利费　　C. 职工教育经费　　D. 工会经费

4. 属于工资核算模块初始化设置的有（　　）。

A. 部门设置　　B. 工资项目设置　　C. 工资计算公式定义　　D. 客户设置

5. 固定资产核算系统除了具有系统初始化、维护、输出功能之外，还必须具有（　　）等功能。

A. 科目汇总并输出总账　　B. 处理固定资产的增减变动

C. 固定资产的库存管理　　D. 计提固定资产折旧并分配

## 三、实操题

1. 根据以下资料，使用 T3 软件进行工资变动处理：

在“正式人员 1”工资类别下，录入工资变动数据；姓名：米顿；事假天数：3。

2. 根据以下资料，使用 T3 软件设置工资项目：

项目名称：奖励工资；类型：数字；长度：8；小数位数：2；增减项：增项。

3. 根据以下资料，使用 T3 软件输入期初采购专用发票：2017 年 5 月 26 日，采购部收到冲赛康有限公司开具的增值税专用发票一张，发票号为 A007，商品为打印机，数量 20 台，每台无税单价 1 000 元，增值税税率 17%，货物在途。

4. 根据以下资料，使用 T3 软件进行固定资产增加处理：固定资产编号：008；资产类别：01；资产名称：北京汽车；所在部门：财务部；增加方式：直接购入；使用状况：在用；开始使用日期：2017—05—10；使用年限：5 年；原值：70 000 元。

# 项目五

# 财 务 报 表

## 项目导入

财务报表是以会计准则为规范编制的，向所有者、债权人、政府及其他有关各方及社会公众等信息使用者反映企业财务状况和经营情况的报表。

财务报表包括资产负债表、利润表、现金流量表、所有者权益变动表和附注。

学习本项目内容，学生能够编制财务报表和读懂财务报表。

## 项目框架

- 财务报表
  - 资产负债表
    - 资产负债表概述
    - 资产负债表的结构
    - 资产负债表的编制
    - 实操编制过程
  - 利润表
    - 利润表概述
    - 利润表的结构
    - 利润表的编制
    - 实操编制过程
  - 现金流量表
    - 现金流量表概述
    - 现金流量表的结构
    - 现金流量表的编制
  - 所有者权益变动表
    - 所有者权益变动表概述
    - 所有者权益变动表的结构
    - 所有者权益变动表的编制

# 技能训练

## 任务一　资产负债表

### 一、资产负债表概述

资产负债表是指反映企业在某一特定日期的财务状况的报表。资产负债表主要反映资产、负债和所有者权益三方面的内容，并满足“资产 = 负债 + 所有者权益”平衡式。

（一）资产

资产，反映由过去的交易或事项形成并由企业在某一特定日期所拥有或控制的，预期会给企业带来经济利益的资源。资产应当按照流动资产和非流动资产两大类别在资产负债表中列示，在流动资产和非流动资产类别下进一步按性质分项列示。

流动资产是指预计在一个正常营业周期中变现、出售或耗用，或者主要为交易目的而持有，或者预计在资产负债表日起一年内（含一年）变现的资产，又或者自资产负债表日起一年内交换其他资产或清偿负债的能力不受限制的现金或现金等价物。资产负债表中所列示的流动资产通常包括货币资金、以公允价值计量且其变动计入当期损益的金融资产、应收票据、预付款项、应收利息、应收股利、其他应收款、存货和一年内到期的非流动资产等。

非流动资产是指流动资产以外的资产。资产负债表中列示的非流动资产项目通常包括长期股权投资、固定资产、在建工程、工程物资、固定资产清理、无形资产、开发支出、长期待摊费用以及其他非流动资产等。

（二）负债

负债，反映在某一特定日期企业所承担、预期会导致经济利益流出企业的现时义务。负债应当按照流动负债和非流动负债在资产负债表中进行列示，在流动负债和非流动负债类别下再进一步按性质分项列示。

流动负债是指在一个营业周期中偿还，或者主要为交易目的而持有的，或者自资产负债表日起一年内（含一年）到期应予以清偿，或者企业无权自主地将清偿推迟至资产负债表日后一年以上的负债。资产负债表中所列示的流动负债项目通常包括短期借款、应付票据、应付账款、应付职工薪酬、应交税费、应付股利、应付利息、其他应付款、一年内到期的非流动负债等。

非流动负债是指流动负债以外的负债。非流动负债项目通常包括长期借款、应付债券和其他非流动负债等。

（三）所有者权益

所有者权益是企业资产扣除负债后的剩余权益，反映企业在某一特定日期股东（投资者）拥有的净资产的总额。所有者权益一般按照实收资本、资本公积、其他综合收益、盈余公积和未分配利润分项列示。

**二、资产负债表的结构**

我国企业的资产负债表采用账户式结构。账户式资产负债表分左右两方，左方为资产项目，大体按照资产的流动性大小排列，流动性大的资产如“货币资金”“以公允价值计量且其变动计入当期损益的金融资产”等排列在前面，流动性小的资产如“长期股权投资”“固定资产”等排列在后面。右方为负债及所有者权益项目，一般按照要求清偿时间的先后顺序排列，“短期借款”“应付票据”“应付账款”等需要在一年以内或者长于一年的一个正常营业周期内偿还的流动负债排在前面，“长期借款”等在一年以上才需偿还的非流动负债排在中间，在企业清算之前不需要偿还的所有者权益项目排在后面。

账户式资产负债表中资产各项目的合计等于负债和所有者权益各项目的合计，即资产负债表左方和右方平衡。因此，通过账户式资产负债表，可以反映资产、负债、所有者权益之间的内在关系，即“资产 = 负债 + 所有者权益”。我国企业资产负债表的格式如表 5-1 所示。

**表 5-1　资产负债表**

（适用执行企业会计准则的一般企业）

| 资产 | 行次 | 期末余额 | 年初余额 | 负债和所有者权益（或股东权益） | 行次 | 期末余额 | 年初余额 |
|---|---|---|---|---|---|---|---|
| 流动资产： | | | | 流动负债： | | | |
| 货币资金 | 1 | | | 短期借款 | 32 | | |
| 以公允价值计量且其变动计入当期损益的金融资产 | 2 | | | 以公允价值计量且其变动计入当期损益的金融负债 | 33 | | |
| 应收票据 | 3 | | | 应付票据 | 34 | | |
| 应收账款 | 4 | | | 应付账款 | 35 | | |
| 预付款项 | 5 | | | 预收款项 | 36 | | |
| 应收利息 | 6 | | | 应付职工薪酬 | 37 | | |
| 应收股利 | 7 | | | 应交税费 | 38 | | |
| 其他应收款 | 8 | | | 应付利息 | 39 | | |
| 存货 | 9 | | | 应付股利 | 40 | | |
| 一年内到期的非流动资产 | 10 | | | 其他应付款 | 41 | | |
| 其他流动资产 | 11 | | | 一年内到期的非流动负债 | 42 | | |
| 流动资产合计 | 12 | | | 其他流动负债 | 43 | | |
| 非流动资产： | | | | 流动负债合计 | 44 | | |
| 可供出售金融资产 | 13 | | | 非流动负债： | | | |

（续）

| 资产 | 行次 | 期末余额 | 年初余额 | 负债和所有者权益（或股东权益） | 行次 | 期末余额 | 年初余额 |
|---|---|---|---|---|---|---|---|
| 持有至到期投资 | 14 | | | 长期借款 | 45 | | |
| 长期应收款 | 15 | | | 应付债券 | 46 | | |
| 长期股权投资 | 16 | | | 长期应付款 | 47 | | |
| 投资性房地产 | 17 | | | 专项应付款 | 48 | | |
| 固定资产 | 18 | | | 预计负债 | 49 | | |
| 在建工程 | 19 | | | 递延收益 | 50 | | |
| 工程物资 | 20 | | | 递延所得税负债 | 51 | | |
| 固定资产清理 | 21 | | | 其他非流动负债 | 52 | | |
| 生产性生物资产 | 22 | | | 非流动负债合计 | 53 | | |
| 油气资产 | 23 | | | 负债合计 | 54 | | |
| 无形资产 | 24 | | | 所有者权益（或股东权益） | | | |
| 开发支出 | 25 | | | 实收资本（或股本） | 55 | | |
| 商誉 | 26 | | | 资本公积 | 56 | | |
| 长期待摊费用 | 27 | | | 减：库存股 | 57 | | |
| 递延所得税资产 | 28 | | | 其他综合收益 | 58 | | |
| 其他非流动资产 | 29 | | | 盈余公积 | 59 | | |
| 非流动资产合计 | 30 | | | 未分配利润 | 60 | | |
| | | | | 所有者权益（或股东权益）合计 | 61 | | |
| 资产合计 | 31 | | | 负债和所有者权益（或股东权益）总计 | 62 | | |

### 三、资产负债表的编制

（一）资产负债表项目的填列方法

资产负债表各项目均需填列“年初余额”和“期末余额”两栏。其中“年初余额”栏内各项数字，应根据上年年末资产负债表的“期末余额”栏内所列数字填列。“期末余额”栏主要有以下几种填列方法：

（1）根据总账科目余额填列。如“以公允价值计量且其变动计入当期损益的金融资产”“短期借款”“应付票据”等项目，根据“交易性金融资产”“短期借款”“应付票据”各总账科目的余额直接填列；有些项目则需根据几个总账科目的期末余额计算填列，如

“货币资金”项目，需根据“库存现金”“银行存款”“其他货币资金”三个总账科目的期末余额合计数填列。

（2）根据明细账科目余额填列。如“应付账款”项目，应根据“应付账款”和“预付款项”两个科目所属的相关明细余额的期末贷方余额计算填列；“应收账款”项目，需要根据“应收账款”和“预收款项”两个科目所属的相关明细科目的期末借方余额计算填列。

（3）根据总账科目和明细科目余额分析计算填列。如“长期借款”项目，需要根据“长期借款”总账科目余额扣除“长期借款”科目所属的明细科目中将在一年内到期且企业不能自主地将清偿义务展期的长期借款后的金额计算填列。

（4）根据有关科目余额减去其备抵科目余额后的净额填列。如资产负债表中“应收票据”“应收账款”“长期股权投资”“在建工程”等项目，应当根据“应收票据”“应收账款”“长期股权投资”“在建工程”等项目的期末余额减去“坏账准备”“长期股权投资减值准备”“在建工程减值准备”等科目余额后的净额填列。“投资性房地产”“固定资产”项目，应当根据“投资性房地产”“固定资产”科目的期末余额减去“投资性房地产累计折旧”“累计折旧”“投资性房地产减值准备”“固定资产减值准备”等科目余额后的净额填列；“无形资产”项目，应当根据“无形资产”科目的期末余额，减去“累计摊销”“无形资产减值准备”等科目余额后的净额填列。

（5）综合运用上述填列方法分析填列。如资产负债表中的“存货”项目，需要根据“原材料”“委托加工物资”“周转材料”“材料采购”“在途物资”“发出商品”“材料成本差异”等总账科目余额的分析汇总数，再减去“存货跌价准备”科目余额后的净额填列。

（二）资产负债表项目的填列说明

资产负债表中资产、负债和所有者权益主要项目的填列说明如下：

1. 资产项目的填列说明

（1）“货币资金”项目，反映企业库存现金、银行结算户存款、外埠存款、银行汇票存款、银行本票存款、信用卡存款、信用证保证金存款等的合计数。本项目应根据“库存现金”“银行存款”“其他货币资金”科目期末余额的合计数填列。

（2）“以公允价值计量且其变动计入当期损益的金融资产”项目，反映企业持有的以公允价值计量且其变动计入当期损益的、为交易目的所持有的债券投资、股票投资、基金投资、权证投资等金融资产。本项目应当根据“交易性金融资产”科目和在初始确认时指定为以公允价值计量且其变动计入当期损益的金融资产科目的余额填列。

（3）“应收票据”项目，反映企业因销售商品、提供劳务等而收到的商业汇票，包括银行承兑汇票和商业承兑汇票。本项目应根据“应收票据”科目的余额，减去“坏账准备”科目中有关应收票据计提的坏账准备期末余额后的净额填列。

（4）“应收账款”项目，反映企业因销售商品、提供劳务等经营活动应收取的款项。

本项目应根据“应收账款”和“预收账款”科目所属各明细科目的期末借方余额合计数，减去“坏账准备”科目中有关应收账款计提的坏账准备期末余额后的净额填列。如“应收账款”科目所属明细科目期末有贷方余额的，应在资产负债表“预收款项”项目内填列。

（5）“预付款项”项目，反映企业按照购货合同规定支付给供应单位的款项等。本项目应根据“预付账款”和“应付账款”科目所属各明细科目的期末借方余额合计数，减去“坏账准备”科目中有关预付账款计提的坏账准备期末余额后的净额填列。如“预付账款”科目所属明细科目期末有贷方余额的，应在资产负债表“应付账款”项目内填列。

（6）“应收利息”项目，反映企业应收取的债券投资等的利息。本项目应根据“应收利息”科目的期末余额，减去“坏账准备”科目中有关利息计提的坏账准备期末余额后的净额填列。

（7）“应收股利”项目，反映企业应收取的现金股利和应收取其他单位分配的利润。本项目应根据“应收股利”科目的期末余额，减去“坏账准备”科目中有关应收股利计提的坏账准备期末余额后的净额填列。

（8）“其他应收款”项目，反映企业除应收票据、应收账款、预付账款、应收股利、应收利息等经营活动以外的其他各种应收、暂付的款项。本项目应根据“其他应收款”科目的期末余额，减去“坏账准备”科目中有关其他应收款计提的坏账准备期末余额后的净额填列。

（9）“存货”项目，反映企业期末在库、在途和在加工中的各种存货的可变现净值。存货包括各种材料、商品、在产品、半成品、包装物、低值易耗品、委托代销商品等。本项目应根据“材料采购”“原材料”“库存商品”“周转材料”“委托加工物资”“委托代销商品”“生产成本”等科目的期末余额合计数，减去“代销商品款”“存货跌价准备”科目期末余额后的净额填列。材料采用计划成本核算，以及库存商品采用计划成本核算或售价核算的企业，还应按加或减材料成本差异、商品进销差价后的金额填列。

（10）“一年内到期的非流动资产”项目，反映企业将于一年内到期的非流动资产项目金额。本项目应根据有关科目的期末余额分析填列。

（11）“长期股权投资”项目，反映投资方对被投资单位实施控制、重大影响的权益性投资，以及对其合营企业的权益性投资。本项目应根据“长期股权投资”科目的期末余额，减去“长期股权投资减值准备”科目的期末余额后的净额填列。

（12）“固定资产”项目，反映企业各种固定资产原价减去累计折旧和减值准备后的净值。本项目应根据“固定资产”科目的期末余额，减去“累计折旧”和“固定资产减值准备”科目余额后的净额填列。

（13）“在建工程”项目，反映企业期末各项未完工程的实际支出，包括交付安装的设备价值、未完建筑安装工程已经耗用材料、工资和费用支出等项目的可收回资金。本项目应根据“在建工程”科目的期末余额，减去“在建工程减值准备”科目期末余额后的净额。

（14）“工程物资”项目，反映企业尚未使用的各项工程物资的实际成本。本项目应根据“工程物资”科目的期末余额填列。

（15）“固定资产清理”项目，反映企业因出售、毁损、报废等原因转入清理但尚未清理完毕的固定资产的净值，以及固定资产清理过程中所发生的清理费用和变价收入的各项金额的差额。本项目应根据“固定资产清理”科目的期末借方余额填列，如“固定资产清理”科目期末为贷方余额，以“-”号填列。

（16）“无形资产”项目，反映企业持有的专利权、非专利技术、商标权、著作权、土地使用权等无形资产的成本减去累计摊销和减值准备后的净值。本项目应根据“无形资产”科目的期末余额，减去“累计摊销”和“无形资产减值准备”科目期末余额后的净额填列。

（17）“开发支出”项目，反映企业开发无形资产的过程中能够资本化形成无形资产成本的支出部分。本项目应当根据“研发支出”科目中所属的“资本化支出”明细科目期末余额填列。

（18）“长期待摊费用”项目，反映企业已经发生但应由本期和以后各期负担的分摊期限在一年以上的各种费用。长期待摊费用中在一年内（含一年）摊销的部分，在资产负债表“一年内到期的非流动资产”项目填列。本项目应根据“长期待摊费用”科目的期末余额减去将于一年内（含一年）摊销的数额后的金额分析填列。

（19）“其他非流动资产”项目，反映企业除长期股权投资、固定资产、在建工程、工程物资、无形资产等以外的其他非流动资产。本项目应根据有关科目的期末余额填列。

2. 负债项目的填列说明

（1）“短期借款”项目，反映企业向银行或其他金融机构等借入的期限在一年以下（含一年）的各种借款。本项目应根据“短期借款”科目的期末余额填列。

（2）“应付票据”项目，反映企业因购买材料、商品和接受劳务供应等而开出、承兑的商业汇票，包括银行承兑汇票和商业承兑汇票。本项目应根据“应付票据”科目的期末余额填列。

（3）“应付账款”项目，反映企业因购买材料、商品和接受劳务供应等经营活动应支付款项。本项目应根据“应付账款”和“预付账款”科目所属各明细科目的期末贷方余额合计数填列。如“应付账款”科目所属明细科目期末有借方余额的，应在资产负债表“预付款项”项目内填列。

（4）“预收款项”项目，反映企业按照购货合同规定预收供应单位的款项。本项目应根据“预收账款”和“应收账款”科目所属各明细科目的期末贷方余额合计数填列。如“预收账款”科目所属明细科目期末有借方余额的，应在资产负债表“应收账款”项目内填列。

（5）“应付职工薪酬”项目，反映企业为获得职工的服务或解除劳动关系而给予的各种形式的报酬或补偿。企业提供给职工配偶、子女、受赡养人、已故员工遗属及其他受益人等的福利，也属于职工薪酬。职工薪酬主要包括短期薪酬、离职后福利、辞退福利和其他长期职工福利。

（6）“应交税费”项目，反映企业按照税法规定计算应缴纳的各种税费，包括增值税、消费税、所得税、资源税、土地增值税、城市维护建设税、房产税、土地使用税、车船税、教育费附加等。企业代扣代缴的个人所得税，也通过本项目列示。企业所缴纳的税金不需要预计应缴数的，如印花税、耕地占用税等，不在本项目列示。本项目应根据“应交税费”科目的期末贷方余额填列，如“应交税费”科目期末为借方余额，应以“–”号填列。

（7）“应付利息”项目，反映企业按照规定应当支付的利息，包括分期付息到期还本的长期借款应支付的利息、企业发行的企业债券应支付的利息等。本项目应根据“应付利息”科目的期末余额填列。

（8）“应付股利”项目，反映企业应付未付的现金股利或利润。企业分配的股票股利，不通过本项目列示。本项目应根据“应付股利”科目的期末余额填列。

（9）“其他应付款”项目，反映企业除应付票据、应付账款、预收账款、应付职工薪酬、应付股利、应付利息、应交税费等经营活动以外的其他各项应付、暂付的款项。本项目应根据“其他应付款”科目的期末余额填列。

（10）“一年内到期的非流动负债”项目，反映企业非流动负债中将于资产负债表日后一年内到期部分的金额，如将于一年内偿还的长期借款。本项目应根据有关科目的期末余额分析填列。

（11）“长期借款”项目，反映企业向银行或其他金融机构借入的期限在一年以上（不含一年）的各项借款。本项目应根据“长期借款”科目的期末余额填列。

（12）“应付债券”项目，反映企业为筹集长期资金而发行的债券本金（和利息）。本项目应根据“应付债券”科目的期末余额填列。

（13）“其他非流动负债”项目，反映企业除长期借款、应付债券等项目以外的其他非流动负债。本项目应根据有关科目的期末余额填列。其他非流动负债项目应根据有关科目期末余额减去将于一年内（含一年）到期偿还数后的余额分析填列。非流动负债将于一年内（含一年）到期的非流动负债，应在“一年内到期的非流动负债”项目内反映。

3. 所有者权益项目的填列说明

（1）“实收资本（或股本）”项目，反映企业各投资者实际投入的资本（或股本）总额。本项目应根据“实收资本（或股本）”科目的期末余额填列。

（2）“资本公积”项目，反映企业资本公积的期末余额。本项目应根据“资本公积”科目的期末余额填列。

（3）“其他综合收益”项目，反映企业其他综合收益的期末余额。本项目应根据“其他综合收益”科目的期末余额填列。

（4）“盈余公积”项目，反映企业盈余公积的期末余额。本项目应根据“盈余公积”科目的期末余额填列。

（5）“未分配利润”项目，反映企业尚未分配的利润。本项目应根据“本年利润”科目和“利润分配”科目的余额计算填列。未弥补的亏损在本项目内以“–”号填列。

## 四、实操编制过程

在本月凭证填制完成之后，结转期间损益，并且把所有凭证记账之后方可生成本月报表。

（一）进入财务报表

（1）单击“财务报表”模块，如图 5-1 所示。

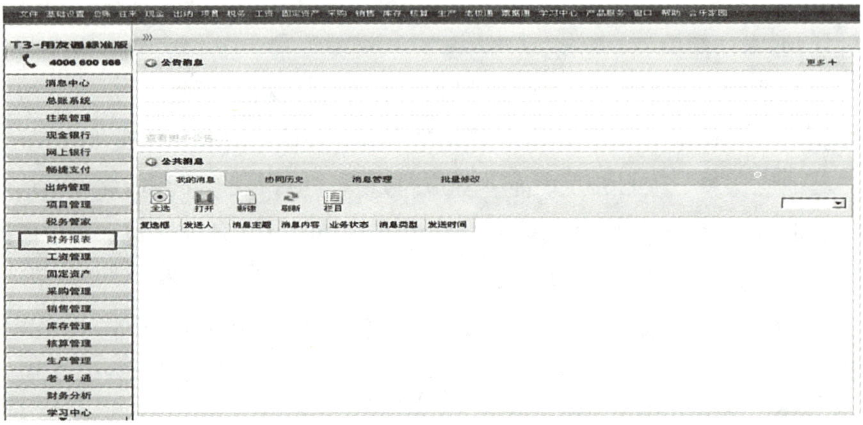


图 5-1　财务报表—进入

（2）如果出现“日积月累”对话框，则直接单击“关闭”按钮即可，如图 5-2 所示。

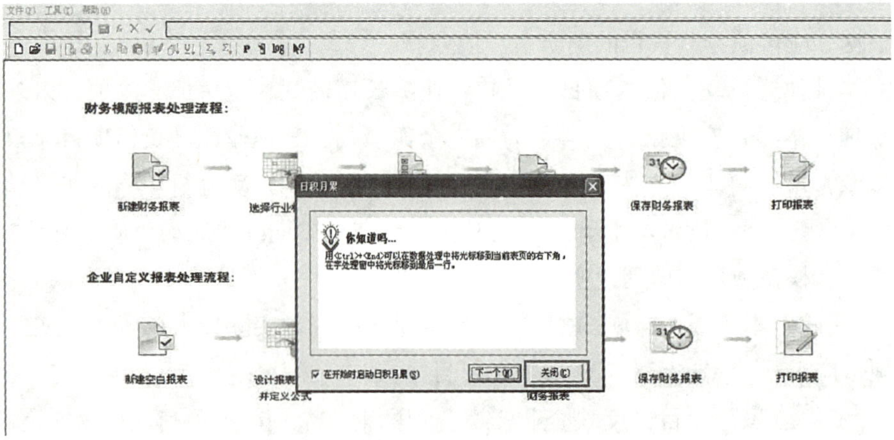


图 5-2　财务报表—时间设置

（二）选择报表模块

（1）如果没有报表模块，则单击“文件”→“新建”，选择与总账相对应的行业性质相关的报表如图 5-3 和图 5-4 所示。

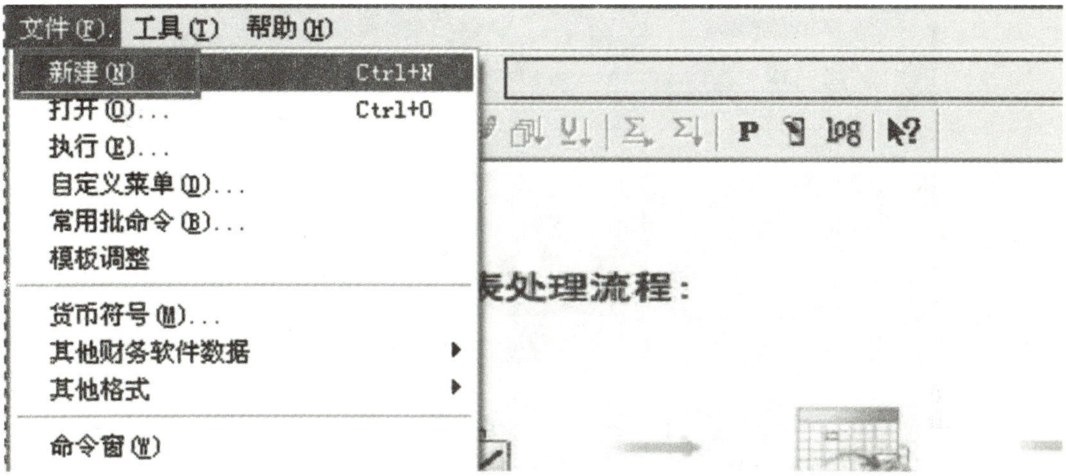


图 5-3　财务报表—新建

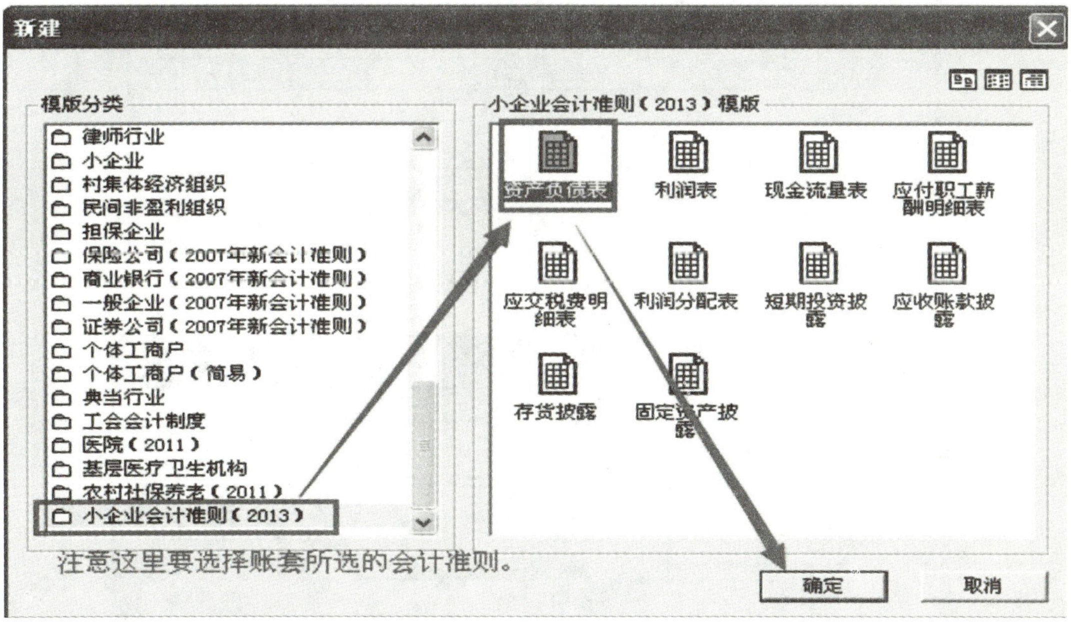


图 5-4　财务报表—选择

（2）打开报表模板之后，单击左下角的“格式”，切换成“数据”状态，如图 5-5 所示。

（3）在数据状态下，单击上方“数据”→“关键字”→“录入”，如图 5-6 所示。

（4）输入要生成报表的年月，单击“确认”按钮，报表会自动生成，如图 5-7 所示。

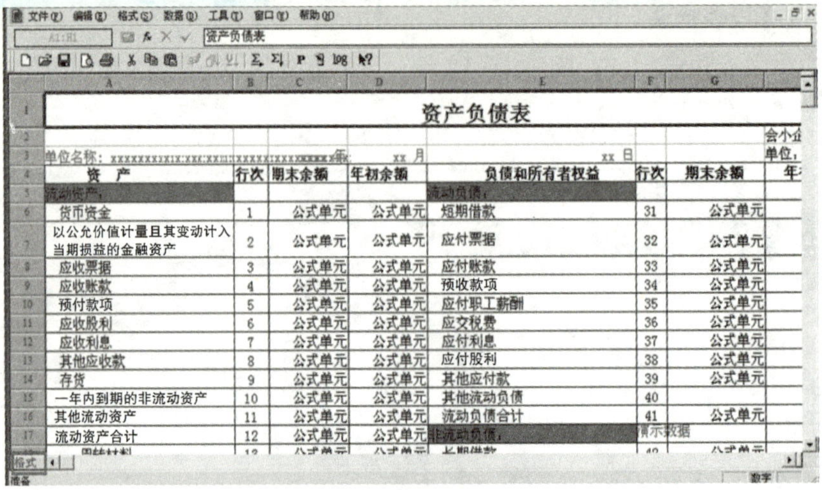


图 5-5　财务报表—切换数据

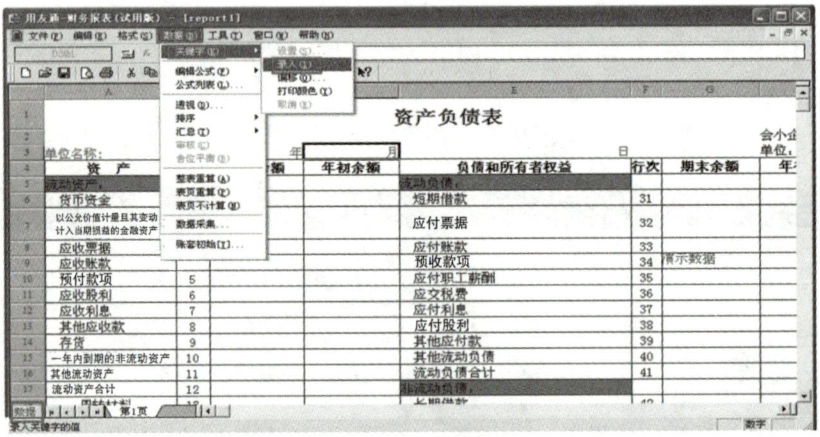


图 5-6　财务报表—数据录入

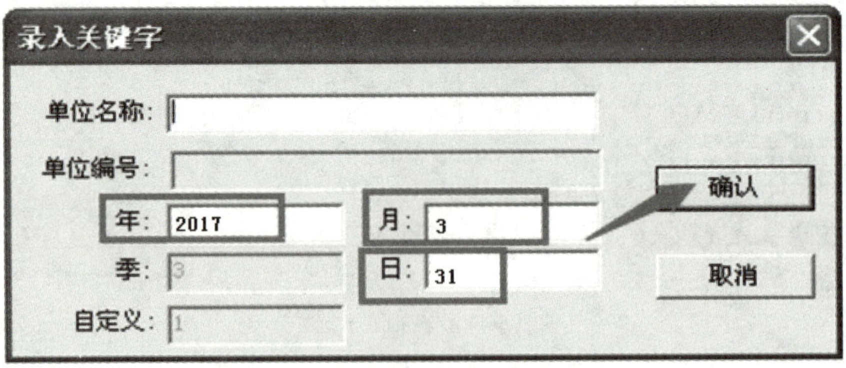


图 5-7　财务报表—时间选择

（5）若是已有报表模板，则在打开报表模块后，直接单击“文件”→“打开”，打开以前的报表模板，如图 5-8 所示。

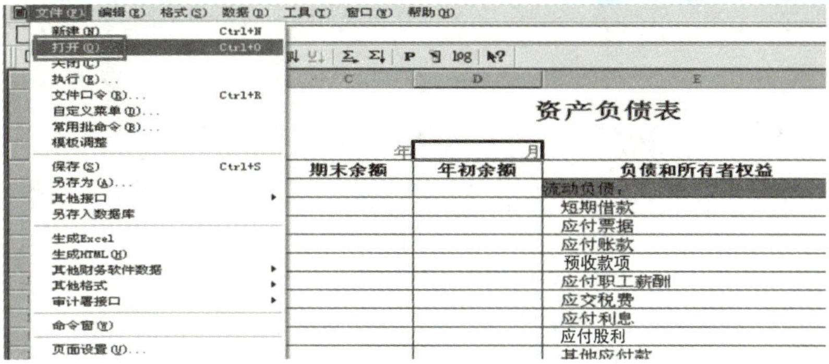


图 5-8　财务报表—报表模板

（6）选择报表模板存放位置并打开相关报表模板，如图 5-9 所示。

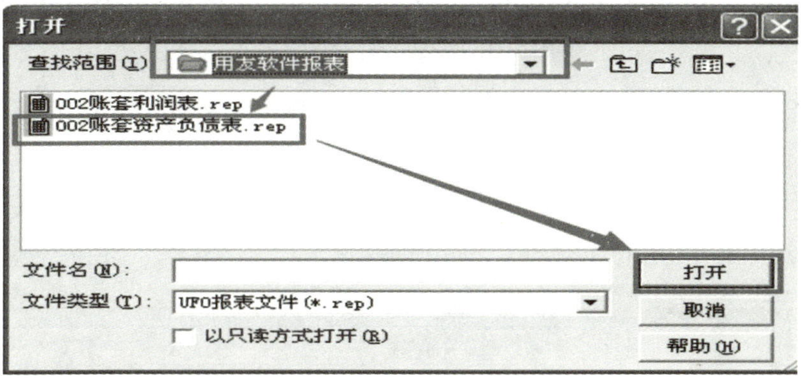


图 5-9　财务报表—账套选择

（7）打开报表之后，单击“编辑”→“追加”→“表页”，追加空白表页，如图 5-10 所示。

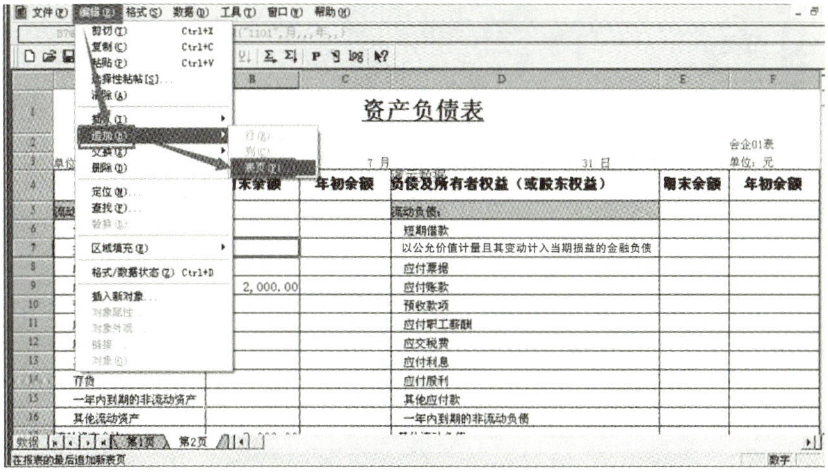


图 5-10　财务报表—账套选择

（8）追加之后，在左下角选择空白表页，然后再单击“数据”→“关键字”→“录入”，如图 5-11 所示。

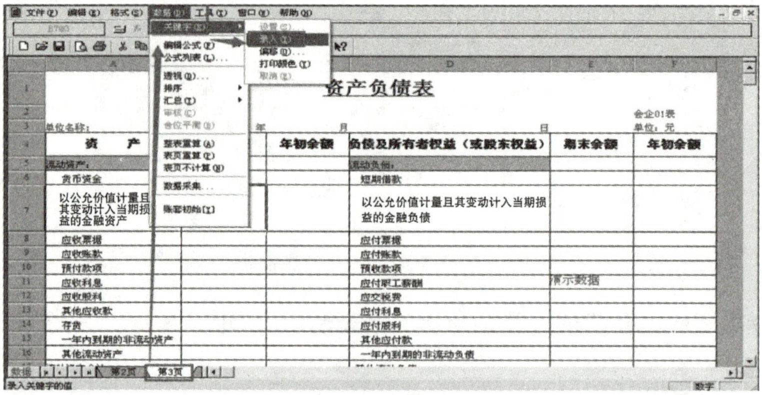


图 5-11　财务报表—数据录入

（三）报表保存及导出

1. 报表保存

（1）如果是新建的报表，则将该报表存放在报表文件夹中，下次就直接打开这个新建的报表，追加表页就可以了，如图 5-12 所示。

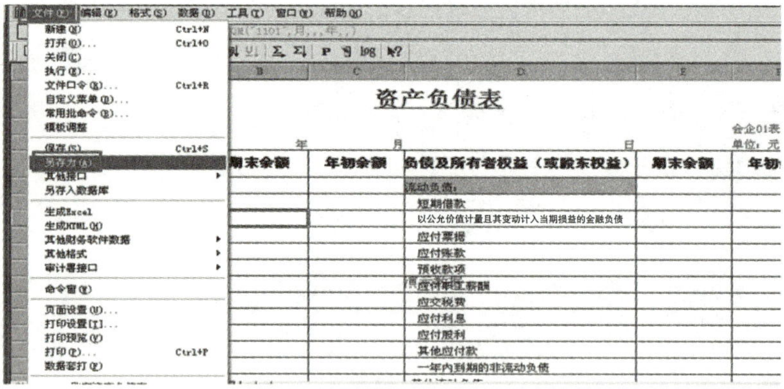


图 5-12　财务报表—数据录入

（2）如果是打开的已有报表，则直接单击“保存”按钮即可，如图 5-13 所示。

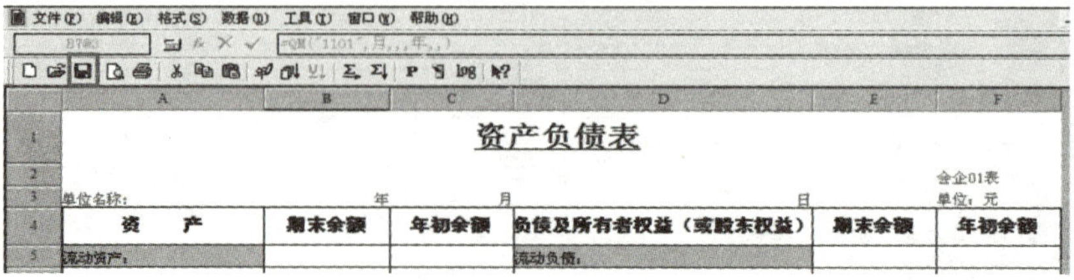


图 5-13　财务报表的保存

2. 报表导出

（1）单击“文件”→“生成 Excel”，可以生成 Excel 格式并保存，如图 5-14 所示。

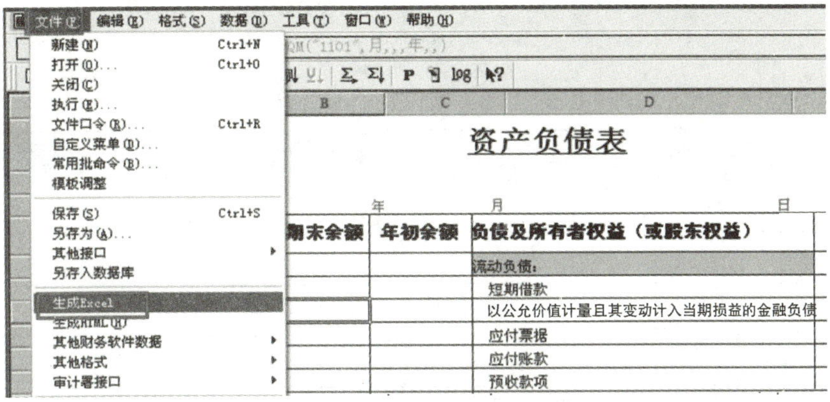

图 5-14　财务报表的生成

（2）单击“文件”，选择“引出”功能，就可以把报表导出为 Excel 表格，如图 5-15 所示。

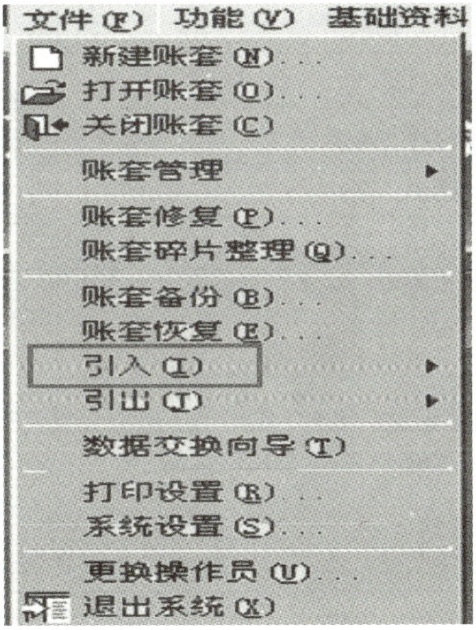


图 5-15　导出财务报表

## 任务二　利润表

### 一、利润表概述

利润表是指反映企业在一定会计期间的经营成果的报表。

通过利润表，可以反映企业在一定会计期间收入、费用、利润（或亏损）的数额和构成情况，帮助财务报告使用者全面了解企业的经营成果，分析企业的获利能力及盈利增长趋势，从而为其做出经济决策提供依据。

## 二、利润表的结构

我国企业的利润表采用多步式格式，如表 5-2 所示。

**表 5-2　利润表**

（适用执行企业会计准则的一般企业）

| 项　　目 | 本期金额 | 上期金额 |
|---|---|---|
| 一、营业收入 | | |
| 减：营业成本 | | |
| 税金及附加 | | |
| 销售费用 | | |
| 管理费用 | | |
| 财务费用 | | |
| 资产减值损失 | | |
| 加：公允价值变动收益（损失以“–”号填列） | | |
| 投资收益（损失以“–”号填列） | | |
| 其中：对联营企业和合营企业的投资收益 | | |
| 二、营业利润（亏损以“–”号填列） | | |
| 加：营业外收入 | | |
| 其中：非流动资产处置利得 | | |
| 减：营业外支出 | | |
| 其中：非流动资产处置损失 | | |
| 三、利润总额（亏损总额以“–”号填列） | | |
| 减：所得税费用 | | |
| 四、净利润（净亏损以“–”号填列） | | |
| 五、其他综合收益的税后净额 | | |
| （一）以后不能重分类进损益的其他综合收益 | | |
| 1. 重新计量设定收益计划净负债或净资产的变动 | | |
| 2. 权益法下在被投资单位不能重分类进损益的其他综合收益中享有的份额 | | |
| （二）以后将重分类进损益的其他综合收益 | | |
| 1. 权益法下在被投资单位以后将重分类进损益的其他综合收益中享有的份额 | | |

（续）

| 项　　目 | 本期金额 | 上期金额 |
|---|---|---|
| 2. 可供出售金融资产公允价值变动损益 | | |
| 3. 将持有至到期投资重分类可供出售金融资产损益 | | |
| 4. 现金流经套期损益的有效部分 | | |
| 5. 外币财务报表折算差额 | | |
| 六、综合收益总额 | | |
| 七、每股收益： | | |
| （一）基本每股收益 | | |
| （二）稀释每股收益 | | |

## 三、利润表的编制

（一）利润表项目的填列方法

我国企业利润表的主要编制步骤和内容如下：

第一步，以营业收入为基础，减去营业成本、税金及附加、销售费用、管理费用、财务费用、资产减值损失，加上公允价值变动收益（减去公允价值变动损失）和投资收益（减去投资损失），计算出营业利润。

第二步，以营业利润为基础，加上营业外收入，减去营业外支出，计算出利润总额。

第三步，以利润总额为基础，减去所得税费用，计算出净利润（或净亏损）。

第四步，以净利润（或净亏损）和其他综合收益为基础，计算综合收益总额。

第五步，以净利润（或净亏损）为基础，计算每股收益。

利润表各项目均需填列“本期金额”和“上期金额”两栏。其中“上期金额”栏内各期数字，除“基本每股收益”和“稀释每股收益”项目外，应当按照相关科目的发生额分析计算填列。如“营业收入”项目，根据“主营业务收入”和“其他业务收入”科目的发生额分析填列；“营业成本”项目，根据“主营业务成本”和“其他业务成本”科目的发生额分析计算填列。

（二）利润表项目的填列说明

（1）“营业收入”项目，反映企业经营主要业务和其他业务所确认的收入总额。本项目应根据“主营业务收入”和“其他业务收入”科目的发生额分析填列。

（2）“营业成本”项目，反映企业经营主要业务和其他业务所发生的成本总额。本项目应根据“主营业务成本”和“其他业务成本”科目的发生额分析填列。

（3）“税金及附加”项目，反映企业经营业务应负担的消费税、城市维护建设税、资源税、土地增值税和教育费附加等。本项目应根据“税金及附加”科目的发生额分析填列。

（4）“销售费用”项目，反映企业在销售产品过程中发生的包装费、广告费等费用和本企业为销售而专设的销售机构的职工薪酬、业务费等经营费用。本项目应根据“销售费用”科目的发生额分析填列。

（5）“管理费用”项目，反映企业为组织和管理生产经营发生的管理费用。本项目应根据“管理费用”科目的发生额分析填列。

（6）“财务费用”项目，反映企业为筹集生产经营所需资金等而发生的筹资费用。本项目应根据“财务费用”科目的发生额分析填列。

（7）“资产减值损失”项目，反映企业各项资产发生的减值损失。本项目应根据“资产减值损失”科目的发生额分析填列。

（8）“公允价值变动收益”项目，反映企业应当计入当期损益的资产或负债公允价值变动收益。本项目应根据“公允价值变动损益”科目的发生额分析填列，如为净损失，本项目以“–”号填列。

（9）“投资收益”项目，反映企业以各种方式对外投资所取得的收益。本项目应根据“投资收益”科目的发生额分析填列。如为投资损失，本项目以“–”号填列。

（10）“营业利润”项目，反映企业实现的营业利润。如为亏损，本项目以“–”号填列。

（11）“营业外收入”项目，反映企业发生的与经营业务无直接关系的各项收入。本项目应根据“营业外收入”科目的发生额分析填列。

（12）“营业外支出”项目，反映企业发生的与经营业务无直接关系的各项支出。本项目应根据“营业外支出”科目的发生额分析填列。

（13）“利润总额”项目，反映企业实现的利润。如为亏损，本项目以“–”号填列。

（14）“所得税费用”项目，反映企业从当期利润总额中扣除的所得税费用。本项目应根据“所得税费用”科目的发生额分析填列。

（15）“净利润”项目，反映企业实现的净利润。如为亏损，本项目以“–”号填列。

（16）“每股收益”项目，包括基本每股收益和稀释每股收益两项指标，反映普通股或潜在普通股已公开交易的企业，以及正处在公开发行普通股或潜在普通股过程中的企业的每股收益信息。

（17）“其他综合收益的税后净额”项目，反映企业根据企业会计准则规定未在损益中确认的各项利得和损失扣除所得税影响后的净额。

（18）“综合收益总额”项目，反映企业净利润与其他综合收益的合计金额。

**四、实操编制过程**

在本月凭证填制完成后，结转期间损益，并把所有凭证记账之后方可生成本月报表。

（一）选择进入财务报表

（1）报表格式状态下，先选中需要出现“季”的单元格，然后依次单击“数据”→“关键字”→“设置”，在设置关键字的界面选中“季”，如图 5-16 所示。

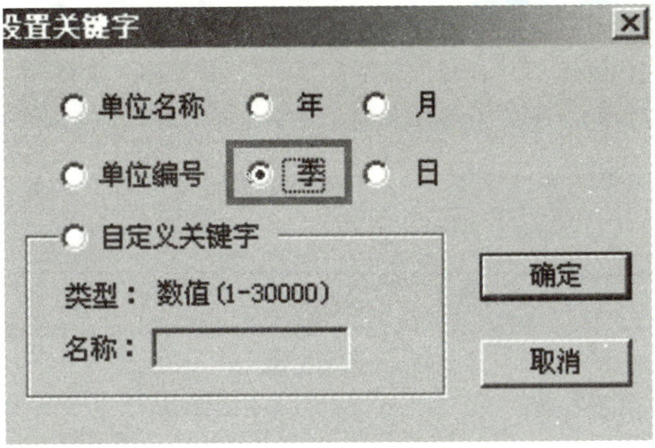


图 5-16 关键字设置

（2）在报表格式状态下依次单击“数据”→“关键字”→“取消”，在取消关键字的界面选中“月”，如图 5-17 所示。

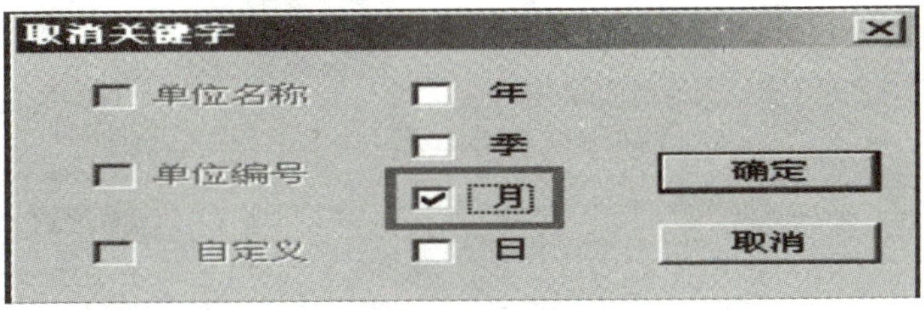


图 5-17 取消关键字

（3）在报表格式状态下选择完毕后，单击“确定”按钮返回，生成报表如图 5-18 所示。

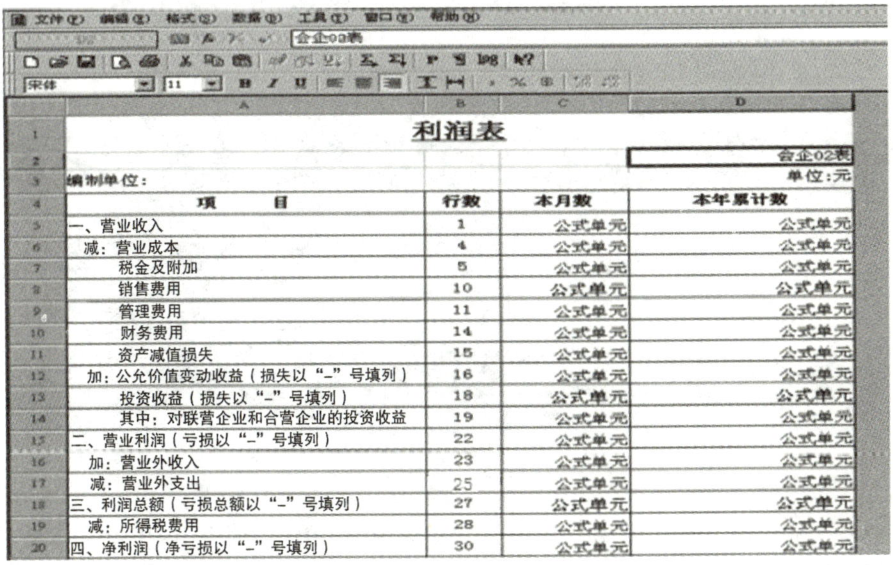

利润表

| | | | |
|---|---|---|---|
| | | | 会企02表 |
| 编制单位： | | | 单位：元 |
| 项　　目 | 行数 | 本月数 | 本年累计数 |
| 一、营业收入 | 1 | 公式单元 | 公式单元 |
| 减：营业成本 | 4 | 公式单元 | 公式单元 |
| 税金及附加 | 5 | 公式单元 | 公式单元 |
| 销售费用 | 10 | 公式单元 | 公式单元 |
| 管理费用 | 11 | 公式单元 | 公式单元 |
| 财务费用 | 14 | 公式单元 | 公式单元 |
| 资产减值损失 | 15 | 公式单元 | 公式单元 |
| 加：公允价值变动收益（损失以“-”号填列） | 16 | 公式单元 | 公式单元 |
| 投资收益（损失以“-”号填列） | 18 | 公式单元 | 公式单元 |
| 其中：对联营企业和合营企业的投资收益 | 19 | 公式单元 | 公式单元 |
| 二、营业利润（亏损以“-”号填列） | 22 | 公式单元 | 公式单元 |
| 加：营业外收入 | 23 | 公式单元 | 公式单元 |
| 减：营业外支出 | 25 | 公式单元 | 公式单元 |
| 三、利润总额（亏损总额以“-”号填列） | 27 | 公式单元 | 公式单元 |
| 减：所得税费用 | 28 | 公式单元 | 公式单元 |
| 四、净利润（净亏损以“-”号填列） | 30 | 公式单元 | 公式单元 |

图 5-18 利润表

（4）在报表格式状态下全部选中“本月数”公式单元，右击鼠标选择“替换”，在替换界面的查找内容中输入“月”，替换为输入“季”，替换内容处选择“公式单元”，替换范围处选择“已选中单元”，如图5-19所示。

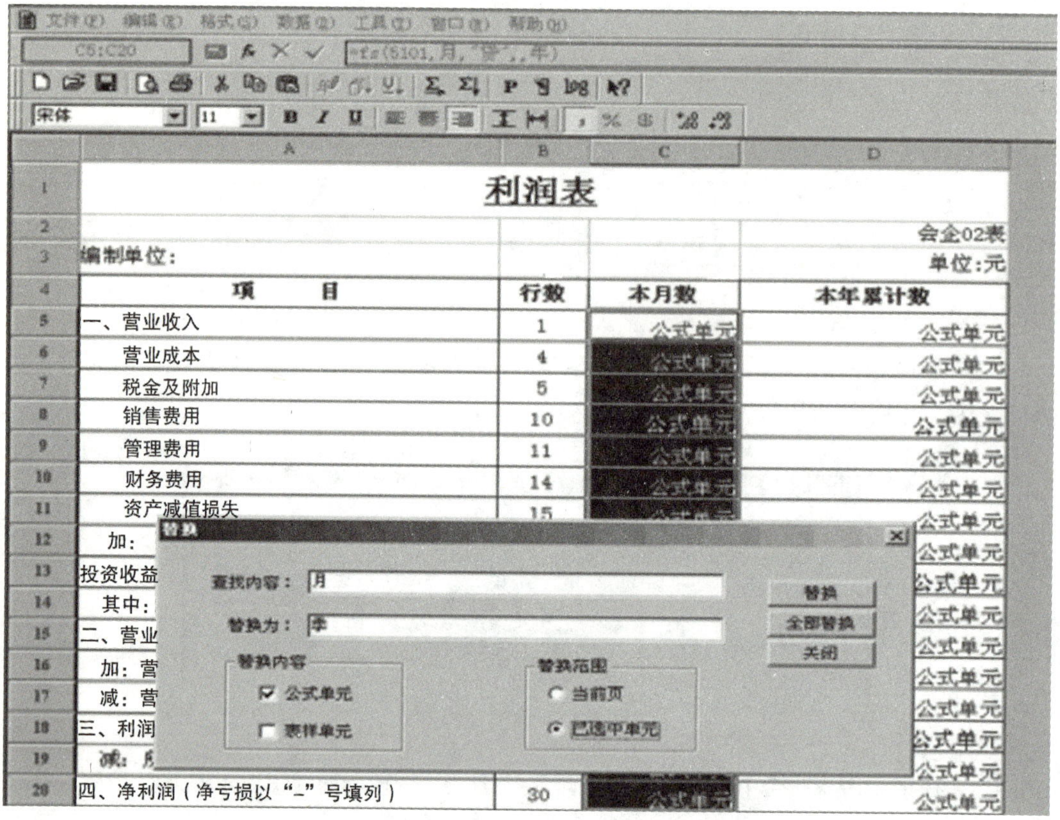

图5-19　利润表替换设置

（5）确定后系统提示“替换完毕！”，如图5-20所示。

图5-20　替换完毕

（6）在数据状态下依次单击“数据”→“关键字”→“录入”，填入年度和季度数，即可输出季度利润表，如图5-21所示。

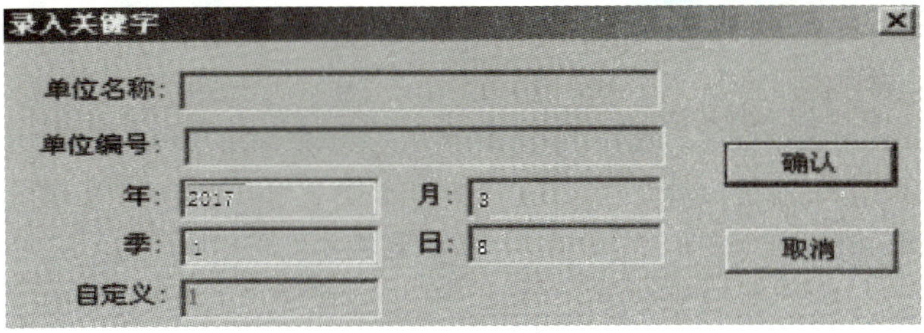


图 5-21　利润表录入关键词

## 任务三　现金流量表

### 一、现金流量表概述

现金流量是反映企业在一定会计期间现金和现金等价物流入和流出的报表。通过现金流量表，可以为报表使用者提供企业一定期间内现金和现金等价物流入和流出的信息，便于使用者了解和评价企业获取现金和现金等价物的能力，据以预测企业未来的现金流量。

现金流量是指一定会计期间内现金和现金等价物的流入和流出。企业从银行提取现金、用现金购买短期到期的国债等现金和现金等价物之间的转换不属于现金流量。

现金是指企业库存现金以及可以随时用以支取的存款，包括库存现金、银行存款和其他货币资金（如外埠存款、银行汇票存款、银行本票存款等）等。不能随时用于支付的存款不属于现金。现金等价物是指企业持有的期限短、流动性强、易于转换为已知金额现金、价值变动风险很小的投资。期限短，一般是指从购买日起三个月内到期。现金等价物通常包括三个月到期的债券投资等。权益性投资变现的金额通常不确定，因而不属于现金等价物。企业应当根据具体情况，确定现金等价物的范围，一经确定不得随意变更。

企业产生的现金流量分为三类：

（一）经营活动产生的现金流量

经营活动是指企业投资活动和筹集活动以外的所有交易和事项。经营活动主要包括销售商品、提供劳务、购买商品、接受劳务、支付工资和缴纳税费等流入和流出现金和现金等价物的活动或事项。

（二）投资活动产生的现金流量

投资活动是指企业长期投资的购建和不包括在现金等价物范围内的投资及其处置活动。投资活动主要包括购建固定资产、处置子公司及其他营业单位等流入和流出现金和现金等价物的活动或事项。

（三）筹资活动产生的现金流量

筹资活动是指导致企业资本及债务规模和构成发生变化的活动。筹资活动主要包括吸收投资、发行债券、分配利润、发行债券、偿还债务等流入和流出现金和现金等价物的活动或事项。偿还应付账款、应付票据等商业应付款属于经营活动，不属于筹资活动。

## 二、现金流量表的结构

我国企业现金流量表采用报告式结构，分类反映经营活动产生的现金流量、投资活动产生的现金流量和筹资活动产生的现金流量，最后汇总反映企业某一期间现金及现金等价物的净增加值。我国企业现金流量表的格式如表 5-3 所示。

**表 5-3　现金流量表**

（适用执行企业会计准则的一般企业）

| 项目 | 本期金额 | 上期金额 |
|---|---|---|
| 一、经营活动产生的现金流量： | | |
| 销售商品、提供劳务收到的现金 | | |
| 收到的税费返还 | | |
| 收到其他与经营活动有关的现金 | | |
| 经营活动现金流入小计 | | |
| 购买商品、接受劳务支付的现金 | | |
| 支付给职工以及为职工支付的现金 | | |
| 支付的各项税费 | | |
| 支付其他与经营活动有关的现金 | | |
| 经营活动现金流出小计 | | |
| 经营活动产生的现金流量净额 | | |
| 二、投资活动产生的现金流量： | | |
| 收回投资收到的现金 | | |
| 取得投资收益收到的现金 | | |
| 处置固定资产、无形资产和其他长期资产收回的现金净额 | | |
| 处置子公司及其他营业单位收到的现金净额 | | |
| 收到其他与投资活动有关的现金 | | |
| 投资活动现金流入小计 | | |
| 购建固定资产、无形资产和其他长期资产支付的现金 | | |
| 投资支付的现金 | | |
| 取得子公司及其他营业单位支付的现金净额 | | |
| 支付其他与投资活动有关的现金 | | |

（续）

| 项目 | 本期金额 | 上期金额 |
|---|---|---|
| 投资活动现金流出小计 | | |
| 投资活动产生的现金流量净额 | | |
| 三、筹资活动产生的现金流量： | | |
| 吸收投资收到的现金 | | |
| 取得借款收到的现金 | | |
| 收到其他与筹资活动有关的现金 | | |
| 筹资活动现金流入小计 | | |
| 偿还债务支付的现金 | | |
| 分配股利、利润或偿付利息支付的现金 | | |
| 支付其他与筹资活动有关的现金 | | |
| 筹资活动现金流出小计 | | |
| 筹资活动产生的现金流量净额 | | |
| 四、汇率变动对现金及现金等价物的影响 | | |
| 五、现金及现金等价物净增加额 | | |
| 加：期初现金及现金等价物余额 | | |
| 六、期末现金及现金等价物余额 | | |

## 三、现金流量表的编制

### （一）现金流量表的编制方法

企业一定期间的现金流量可分三部分，即经营活动现金流量、投资活动现金流量和筹资活动现金流量。编制现金流量表时，经营活动现金流量的编制方法有两种：一是直接法，二是间接法。这两种方法通常也称为编制现金流量表的直接法和间接法。

在直接法下，一般是以利润表中的营业收入为起算点，调节与经营活动有关项目的增减变动，然后计算出经营活动产生的现金流量。在间接法下，则是以净利润为起算点，调整不涉及现金的收入、费用、营业外收支等有关项目，剔除投资活动、筹资活动对现金流量的影响，据以计算出经营活动产生的现金流量。相对而言，采用直接法编制的现金流量表，便于分析企业经营活动产生的现金流量的来源和用途，预测企业现金流量的未来前景，而间接法不易做到这一点。

企业会计准则规定，企业应当采用直接法列示经营活动产生的现金流量。采用直接法具体编制现金流量表时，可以采用工作底稿法或T形账户法，也可以根据有关科目记录分析填列。

工作底稿法是以工作底稿为手段，以利润表和资产负债表数据为基础，结合有关科目的记录，对现金流量表的每一项进行分析并编制调整分录，从而编制出现金流量表的一种方法。第一步，将资产负债表项目的年初余额和期末金额过入工作底稿中与之对应项目期初数栏和期末数栏。第二步，对当期业务进行分析并编制调整分录。在调整分录中，有关现金及现金等价物的事项分别记入“经营活动产生的现金流量”、“投资活动产生的现金流量”“筹资活动产生的现金流量”等项目，借记表明现金流入，贷记表明现金流出。第三步，将调整分录过入工作底稿的相应部分。第四步，核对调整分录，借贷合计应当相等，资产负债表项目期初数加减调整分录中的借贷金额后，应当等于期末数。

现金流量表各项目均需填列“本期金额”和“上期金额”两栏。现金流量表“上期金额”栏内各项数字，应根据上一期间现金流量表“本期金额”栏所列数字填列。

（二）现金流量表主要项目说明

1. 经营活动产生的现金流量

（1）“销售商品、提供劳务收到的现金”项目，反映企业本期销售商品、提供劳务收到的现金，以及前期销售商品、提供劳务本期收到的现金（包括应向购买者收取的增值税销项税额）和本期预收的款项，减去本期销售本期退回商品和前期销售本期退回商品支付的现金。企业销售材料和代购代销业务收到的现金，也是在本项目反映。

（2）“收到的税费返还”项目，反映企业收到返还的所得税、增值税、消费税、关税和教育费附加等各种税费返还款。

（3）“收到其他与经营活动有关的现金”项目，反映企业经营租赁收到的租金等其他与经营活动有关的现金流入，金额较大的应单独列示。

（4）“购买商品、接受劳务支付的现金”项目，反映企业本期购买商品、接受劳务实际支付的现金（包括增值税进项税额），以及本期支付前期购买商品、接受劳务的未付款项和本期预付款项，减去本期发生的购货退回收到的现金。企业购买材料和代购代销业务支付的现金，也在本项目中反映。

（5）“支付给职工以及为职工支付的现金”项目，反映企业实际支付给职工的工资、奖金、各种津贴和补贴等职工薪酬（包括代扣代缴的职工个人所得税）。

（6）“支付的各项税费”项目，反映企业发生并支付、前期发生本期支付以及预交的各种税费，包括所得税、增值税、消费税、印花税、土地增值税、车船税、教育费附加等。

（7）“支付其他与经营活动有关的现金”项目，反映企业经营租赁支付的租金、支付的差旅费、业务招待费、保险费、罚款支出等与经营活动有关的现金流出，金额较大的应单独列示。

2. 投资活动产生的现金流量

（1）“收回投资收到的现金”项目，反映企业出售、转让或到期收回除现金等价物以外的对其他企业长期股权投资等收到的现金，但处置子公司及其他营业单位收到的现金净额除外。

（2）“取得投资收益收到的现金”项目，反映企业除现金等价物以外的对其他企业的长期股权投资等分回的现金股利和利息等。

（3）“处置固定资产、无形资产和其他长期资产收回的现金净额”项目，反映企业出售、报废固定资产、无形资产和其他长期资产所取得的现金（包括因资产毁损而收到的保险赔偿收入），减去为处置这些资产而支付的有关费用后的净额。

（4）“处置子公司及其他营业单位收到的现金净额”项目，反映企业处置子公司及其他营业单位所取得的现金，减去相关处置费用以及子公司及其他营业单位持有的现金和现金等价物后的净额。

（5）“购建固定资产、无形资产和其他长期资产支付的现金”项目，反映企业购买、建造固定资产、取得无形资产和其他长期资产所支付的现金（含增值税款等），以及用现金支付的由在建工程和无形资产负担的职工薪酬。

（6）“投资支付的现金”项目，反映企业取得的除现金等价物以外的对其他企业的长期股权投资等所支付的现金以及支付的佣金、手续费等附加费用，但取得子公司及其他营业单位支付的现金净额除外。

（7）“取得子公司及其他营业单位支付的现金净额”项目，反映企业购买子公司及其他营业单位购买出价中以现金支付的部分，减去子公司及其他营业单位持有的现金和现金等价物后的净额。

（8）“收到其他与投资活动有关的现金”“支付其他与投资活动有关的现金”项目，反映企业除上述（1）~（7）项外收到或者支付的其他与投资活动有关的现金，金额较大的应单独列示。

3. 筹资活动产生的现金流量

（1）“吸收投资收到的现金”项目，反映企业以发行股票、债券等方式筹集资金实际收到的款项（发行收入减去支付的佣金等发行费用后的净额）。

（2）“取得借款收到的现金”项目，反映企业举借各种短期、长期借款而收到的现金。

（3）“偿还债务支付的现金”项目，反映企业为偿还债务本金而支付的现金。

（4）“分配股利、利润或偿付利息支付的现金”项目，反映企业实际支付的现金股利、支付给其他投资单位的利润或用现金支付的借款利息、债券利息等。

（5）“收到其他与筹资活动有关的现金”“支付其他与筹资活动有关的现金”项目，反映企业除上述（1）~（4）项外收到或支付的其他与筹资活动有关的现金，金额较大的应单独列示。

4. 汇率变动对现金及现金等价物的影响

“汇率变动对现金及现金等价物的影响”项目，反映企业下列两个金额之间的差额；

（1）企业外币现金流量折算为记账本位币时，采用现金流量发生日的即期汇率或按照系统合理的方法确定的、与现金流量发生日即期汇率近似的汇率折算的金额（编制合并现金流量表时折算境外子公司的现金流量，应当比照处理）。

（2）企业外币现金及现金等价物净增加额按资产负债表日即期汇率折算的金额。

## 任务四　所有者权益变动表

### 一、所有者权益变动表概述

所有者权益变动表是指反映构成所有者权益各组成部分当期增减变动情况的报表。

通过所有者权益变动表，既可以为报表使用者提供所有者权益总量增减变动的信息，也能为其提供所有者权益增减变动的结构性信息，特别是能够让报表使用者理解所有者权益增减变动的根源。

### 二、所有者权益变动表的结构

在所有者权益变动表上，企业至少应当单独列示反映下列信息的项目：①综合收益总额；②会计政策变更和差错更正的累积影响金额；③所有者投入资本和向所有者分配利润等；④提取的盈余公积；⑤实收资本或资本公积、盈余公积、未分配利润的期初和期末余额及其调节情况。

所有者权益变动表以矩阵的形式列示：一方面，列式导致所有者权益变动的交易或事项，即所有者权益变动的来源，对一定时期所有者权益的变动情况进行全面的反映；另一方面，按照所有者权益各组成部分（即实收资本、资本公积、其他综合收益、盈余公积、未分配利润和库存股）列示交易或事项对所有者权益各部分的影响。

我国企业所有者权益变动表的格式如表5-4所示。

**表5-4　所有者权益变动表**

（适用执行企业会计准则的一般企业）

| 项目 | 本年金额 | | | | | | 上年金额 | | | | | |
|---|---|---|---|---|---|---|---|---|---|---|---|---|
| | 实收资本（或股本） | 资本公积 | 减：库存股 | 盈余公积 | 未分配利润 | 所有者权益合计 | 实收资本（或股本） | 资本公积 | 减：库存股 | 盈余公积 | 未分配利润 | 所有者权益合计 |
| 一、上年年末余额 | | | | | | | | | | | | |
| 加：会计政策变更 | | | | | | | | | | | | |
| 前期差错更正 | | | | | | | | | | | | |
| 二、本年年初余额 | | | | | | | | | | | | |
| 三、本年增减变动金额（减少以“–”号填列） | | | | | | | | | | | | |
| （一）综合收益总额 | | | | | | | | | | | | |
| （二）所有者投入和减少资本 | | | | | | | | | | | | |

（续）

| 项目 | 本年金额 | | | | | | 上年金额 | | | | | |
|---|---|---|---|---|---|---|---|---|---|---|---|---|
| | 实收资本（或股本） | 资本公积 | 减：库存股 | 盈余公积 | 未分配利润 | 所有者权益合计 | 实收资本（或股本） | 资本公积 | 减：库存股 | 盈余公积 | 未分配利润 | 所有者权益合计 |
| 1. 所有者投入资本 | | | | | | | | | | | | |
| 2. 股份支付计入所有者权益的金额 | | | | | | | | | | | | |
| 3. 其他 | | | | | | | | | | | | |
| 上述（一）和（二）小计 | | | | | | | | | | | | |
| （三）利润分配 | | | | | | | | | | | | |
| 1. 提取盈余公积 | | | | | | | | | | | | |
| 2. 对所有者（或股东）的分配 | | | | | | | | | | | | |
| 3. 其他 | | | | | | | | | | | | |
| （四）所有者权益内部结转 | | | | | | | | | | | | |
| 1. 资本公积转增资本（或股本） | | | | | | | | | | | | |
| 2. 盈余公积转增资本（或股本） | | | | | | | | | | | | |
| 3. 盈余公积弥补亏损 | | | | | | | | | | | | |
| 4. 其他 | | | | | | | | | | | | |
| 四、本年年末余额 | | | | | | | | | | | | |

## 三、所有者权益变动表的编制

（一）所有者权益变动表项目的填列方法

所有者权益变动表各项目均需填列“本年金额”和“上年金额”两栏。

所有者权益变动表“上年金额”栏内各项数字，应根据上年度所有者权益变动表“本年金额”栏内所列数字填列。上年度所有者权益变动表规定的各个项目的名称和内容同本年度不一致的，应对上年度所有者权益变动表各项目的名称和数字按照本年度的规定进行调整，填入所有者权益变动表的“上年金额”栏内。

所有者权益变动表“本年金额”栏内各项数字一般是根据“实收资本（或股本）”、“资本公积”“其他综合收益”“盈余公积”“利润分配”“库存股”“以前年度损益调整”科目的发生额分析填列。

企业的净利润及其分配情况作为所有者权益变动的组成部分，不需要单独编制利润分配表列示。

（二）所有者权益变动表主要项目说明

（1）“上年年末余额”项目，反映企业上年资产负债表中实收资本（或股本）、资本公积、库存股、其他综合收益、盈余公积、未分配利润的年末余额。

（2）“会计政策变更”“前期差错更正”项目，分别反映企业采用追溯调整法处理的会计政策变更的累计影响金额和采用追溯重述法处理的会计差错更正的累计影响金额。

（3）“本年增减变动金额”项目

1）“综合收益总额”项目，反映净利润和其他综合收益扣除所得税后的净额相加后的合计金额。

2）“所有者投入和减少资本”项目，反映企业当年所有者投入的资本和减少的资本。

①“所有者投入资本”项目，反映企业接受投资者投入形成的实收资本（或股本）和资本溢价或股本溢价。

②“股份支付计入所有者权益的金额”项目，反映企业处于等待期中的权益结算的股份支付当年计入资本公积的金额。

3）“利润分配”项目，反映企业当年的利润分配金额。

4）“所有者权益内部结转”项目，反映企业构成所有者权益的组成部分之间的增减变动情况。

①“资本公积转增资本（或股本）”项目，反映企业以资本公积转增资本或股本的金额。

②“盈余公积转增资本（或股本）”项目，反映企业以盈余公积转增资本或股本的金额。

③“盈余公积弥补亏损”项目，反映企业以盈余公积弥补亏损的金额。

## 项目测评

财务报表测评表如表 5-5 所示。

**表 5-5　财务报表测评表**

| 序号 | 考核内容 | 考核要点 | 配分 | 考核标准 | 扣分 | 得分 |
|---|---|---|---|---|---|---|
| 1 | 课前准备 | （1）实训材料准备齐全<br>（2）正确进入报表模块 | 4 | （1）实训材料缺一项扣 0.5 分<br>（2）未正确进入报表模块扣 2 分 | | |
| 2 | 实训实际操作 | （1）正确选择报表模块<br>（2）正确打开报表模块<br>（3）正确导入数据<br>（4）正确生成报表<br>（5）正确保存报表<br>（6）正确导出报表 | 8 | （1）未正确选择报表模块扣 2 分<br>（2）未正确打开报表模块扣 1 分<br>（3）未正确导入数据扣 2 分<br>（4）未正确生成报表扣 1 分<br>（5）未正确保存报表扣 1 分<br>（6）未正确导出报表扣 1 分 | | |

（续）

| 序号 | 考核内容 | 考核要点 | 配分 | 考核标准 | 扣分 | 得分 |
|---|---|---|---|---|---|---|
| 3 | 整体效果 | （1）各项操作规范<br>（2）严格遵守操作流程<br>（3）正确分析报表 | 3 | （1）各项操作不规范扣 1 分<br>（2）未严格遵守操作流程扣 1 分<br>（3）未能正确分析报表扣 1 分 | | |
| 4 | 时间定额 | 测评时间：此项操作累计 90 分钟，资产负债表 45 分钟，利润表 45 分钟 | | 每超过 1 分钟从总分中扣除 1 分，超过 10 分钟停止操作。 | | |
| 合计 | | | 15 | | | |
| 否定项 | | | | | | |

## 复习巩固

### 一、单项选择题

1. 下列各项中，（　　）不影响利润表中营业利润金额。

A. 计提存货跌价准备　　B. 出售原材料并结转成本

C. 购买国库券的利息收入　　D. 清理管理用固定资产发生的净损失

2. 下列各项中，（　　）不会影响营业利润金额增减。

A. 资产减值损失　　B. 财务费用　　C. 投资收益　　D. 营业外收入

3. 下列各项中，不会引起利润总额增减变化的是（　　）。

A. 销售费用　　B. 管理费用　　C. 所得税费用　　D. 营业外支出

4. 利润表中的“本期金额”栏内各项数字一般应根据损益类科目的（　　）填列。

A. 本期发生额　　B. 累计发生额　　C. 期初余额　　D. 期末余额

5. 下列各项中，（　　）反映企业在一定会计期间的经营成果。

A. 资产负债表　　B. 利润表

C. 现金流量表　　D. 所有者权益变动表

### 二、多项选择题

1. 以下属于利润表中应当单独列示的项目的有（　　）。

A. 营业收入　　B. 投资收益　　C. 主营业务成本　　D. 税金及附加

2. 下列各项中，（　　）应在年末将余额转入“本年利润”账户。

A. 主营业务收入　　B. 制造费用　　C. 管理费用　　D. 营业外收入

3. 按照我国《企业会计准则》的规定，我国企业的利润表可以反映企业的（　　）等项目。

A. 营业收入　　B. 管理费用　　C. 财务费用　　D. 所得税费用

4. 下列各项中，影响营业利润的账户有（　　）。

A. 主营业务收入　　B. 其他业务成本　　C. 营业外支出　　D. 税金及附加

5. 下列属于利润表基本要素项目的有（　　）。

A. 资产　　B. 收入　　C. 费用　　D. 留存收益

## 三、实操题

西藏XX集团有限公司2017年度有关利润表科目的累计发生额如表5-6所示。

**表5-6　2017年度利润表科目本年累计发生额**

单位：元

| 科目名称 | 借方累计发生额 | 贷方累计发生额 |
|---|---|---|
| 主营业务收入 | | 2 250 000 |
| 投资收益 | | 500 000 |
| 其他业务收入 | | 625 000 |
| 营业外收入 | | 112 500 |
| 主营业务成本 | 1 010 000 | |
| 税金及附加 | 3 377 500 | |
| 营业费用 | 2 250 000 | |
| 管理费用 | 150 000 | |
| 财务费用 | 550 000 | |
| 营业外支出 | 35 000 | |
| 其他业务成本 | 375 000 | |
| 所得税 | 422 400 | |

根据上述资料编制该企业2017年度利润表。

# 项目六

# 手工账实操

## 项目导入

本项目内容以就业为导向，以实训为目标，通过角色模拟的手段，强化学生的实际动手能力，切实提升学生上岗前的实际应用能力。本项目涵盖建账、原始凭证的处理、记账凭证的填写、登账、对账、结账和凭证的装订等会计处理过程，为学生提前上岗实习做准备。

## 项目框架

- 手工账实操
  - 日常业务处理
    - 实操步骤
    - 具体经济业务
    - 编制各种记账凭证
  - 期末账务处理
    - 实操步骤
    - 具体经济业务
    - 编制各种记账凭证
    - 登记日记账
    - 登记明细分类账
    - 编制科目汇总表及登记总账

## 技能训练

### 任务一　日常业务处理

#### 一、实操步骤

会计手工模拟实训是以一个企业（西藏佳福有限公司）发生的经济业务为导向，进行全盘登账，具体操作步骤如下：

第一步：了解企业信息并进行期初建账，期初余额均为 0。

第二步：分析发生的经济业务，利用所学知识根据经济业务填制记账凭证。

第三步：将填制的记账凭证进行审核，即审核记账凭证。

第四步：根据审核的记账凭证登记明细账，与此同时填写 T 形账户，根据 T 形账户编制科目汇总表，再根据科目汇总表登记总账。

第五步：根据明细账和总账编制财务报表（资产负债表、利润表）。

**二、具体经济业务**

西藏佳福有限公司 2017 年 5 月发生如下交易事项（本项目讲解部分由于经济业务详细，省略了原始凭证部分，条件允许的情况下也可以自制原始凭证，暂不考虑增值税）。

（1）5 月 1 日，接受通泰公司追加投资 6 000 000 元，款项已存入银行。

（2）5 月 3 日，从银行取得短期借款 240 000 元。

（3）5 月 3 日，购入新设备 10 台，共计 4 560 000 元，已安装完毕，价款已付。

（4）5 月 6 日，用银行存款 74 400 元缴纳税金 50 400 元，并分配利润 24 000 元。

（5）5 月 6 日，应付账款到期，向银行借入短期借款 49 200 元直接偿还给盘石公司。

（6）5 月 6 日，销售产品取得收入 114 000 元，款项已全部存入银行。

（7）5 月 6 日，接到通知，已用企业存款支付水电费 3 360 元。

（8）5 月 6 日，向华露公司购进甲材料 4 800kg（20 元 /kg）；向天启公司购进乙材料 3 600kg（15 元 /kg）；向新华公司购进丙材料 6 000kg（30 元 /kg）。以银行存款支付甲、乙材料价款，丙材料的价款尚未支付。

（9）5 月 8 日，用银行存款支付甲、乙、丙三种材料的运输费 5 760 元。

（10）5 月 8 日，用现金支付甲、乙、丙三种材料的搬运费 888 元，上述材料已验收入库。

（11）5 月 9 日，企业用银行存款 12 000 元预付给红光公司，用于购买材料。

（12)5 月 10 日，仓库发出甲、乙、丙三种材料用于生产产品和其他一般耗费。其中，用于制造产品的耗费为 210 000 元，用于企业管理部门的耗费为 9 000 元。

（13）5 月 10 日，开出现金支票从银行提取现金 18 000 元，以备发放工资。

（14）5 月 10 日，用现金 18 000 元支付企业职工的工资。

（15）5 月 16 日，按合同向红光公司发出 A 产品 4 台，单价 22 800 元，共计 91 200 元。收回 21 600 元货款存入银行，其余货款未收回。

（16）5 月 16 日，按合同规定预收华兴公司货款 12 000 元，存入银行。

（17）5 月 20 日，用银行存款支付企业管理部门的办公费 3 600 元。

（18）5 月 25 日，用银行存款 1 800 元支付本季度的书报杂志费。

（19）5 月 26 日，按合同规定向华兴公司销售 A 产品 6 台，单价 22 800 元，计 136 800 元。其中，12 000 元为预收货款，其余 124 800 元货款收到存入银行。

（20）5 月 28 日，用银行存款 6 000 元支付 A 产品的销售费用。

（21）5 月 30 日，企业收到预付了货款的材料，并验收入库。该材料的实际买价为 33 600 元，除冲销原预付货款 12 000 元外，用银行存款支付其余的 21 600 元。同时用现金支付采购费用 240 元。

（22）5 月 31 日，结算本月应付职工工资，其中，制造 A 产品的职工工资为 8 400 元，而制造 B 产品的职工工资为 4 560 元，企业行政管理人员工资 5 040 元。

（23）5 月 31 日，按规定计提固定资产折旧额，其中，车间使用固定资产折旧 24 000 元，行政管理部门使用固定资产应提折旧 12 000 元。

（24）5 月 31 日，按规定支付企业行政管理部门使用的固定资产修理费 5 160 元。

（25）5 月 31 日，支付企业行政管理部门租用办公室的租金 1 680 元。

## 三、编制各种记账凭证

（1）收款凭证如表 6-1 所示。

**表 6-1　收款凭证**

借方科目：银行存款　　2017 年 5 月 1 日　　银收第 1 号　　单位：元

| 摘要 | 贷方科目 | 账页 | 金额 | |
|---|---|---|---|---|
| | | | 一级科目 | 明细科目 |
| 追加投资 | 实收资本 | | 6 000 000 | |
| 合计 | | | 6 000 000 | |

（2）收款凭证如表 6-2 所示。

**表 6-2　收款凭证**

借方科目：银行存款　　2017 年 5 月 3 日　　银收第 2 号　　单位：元

| 摘要 | 贷方科目 | 账页 | 金额 | |
|---|---|---|---|---|
| | | | 一级科目 | 明细科目 |
| 取得借款存入银行 | 短期借款 | | 240 000 | |
| 合计 | | | 240 000 | |

（3）付款凭证如表 6-3 所示。

**表 6-3　付款凭证**

贷方科目：银行存款　　2017 年 5 月 3 日　　银付第 1 号　　单位：元

| 摘要 | 借方科目 | 账页 | 金额 | |
|---|---|---|---|---|
| | | | 一级科目 | 明细科目 |
| 购进设备 | 固定资产 | | 4 560 000 | |
| 合计 | | | 4 560 000 | |

（4）付款凭证如表 6-4 所示。

**表 6-4　付款凭证**

贷方科目：银行存款　　2017 年 5 月 6 日　　银付第 2 号　　单位：元

| 摘要 | 借方科目 | 账页 | 金额 | |
|---|---|---|---|---|
| | | | 一级科目 | 明细科目 |
| 上交税费及支付利润 | 应交税费<br>应付股利 | | 50 400<br>24 000 | |
| 合计 | | | 74 400 | |

（5）转账凭证如表 6-5 所示。

**表 6-5　转账凭证**

2017 年 5 月 6 日　　转字第 1 号　　单位：元

| 摘要 | 会计科目 | 账页 | 借方金额 | | 贷方金额 | |
|---|---|---|---|---|---|---|
| | | | 一级科目 | 明细科目 | 一级科目 | 明细科目 |
| 以借款偿还欠债 | 应付账款——盘石公司<br>短期借款 | | 49 200 | 49 200 | 49 200 | |
| 合计 | | | 49 200 | 49 200 | 49 200 | |

（6）收款凭证如表 6-6 所示。

**表 6-6　收款凭证**

借方科目：银行存款　　2017 年 5 月 6 日　　银收第 3 号　　单位：元

| 摘要 | 贷方科目 | 账页 | 金额 | |
|---|---|---|---|---|
| | | | 一级科目 | 明细科目 |
| 销售产品货款存入银行 | 主营业务收入 | | 114 000 | |
| 合计 | | | 114 000 | |

（7）付款凭证如表 6-7 所示。

**表 6-7　付款凭证**

贷方科目：银行存款　　2017 年 5 月 6 日　　银付第 3 号　　单位：元

| 摘要 | 借方科目 | 账页 | 金额 | |
|---|---|---|---|---|
| | | | 一级科目 | 明细科目 |
| 支付水电费 | 管理费用 | | 3 360 | |
| 合计 | | | 3 360 | |

（8）付款凭证如表 6-8 所示。

**表 6-8　付款凭证**

贷方科目：银行存款　　2017 年 5 月 6 日　　银付第 4 号　　单位：元

| 摘要 | 借方科目 | 账页 | 金额 | |
|---|---|---|---|---|
| | | | 一级科目 | 明细科目 |
| 购进材料<br>甲 4 800kg<br>乙 3 600kg | 材料采购<br>材料采购——甲<br>材料采购——乙 | | 150 000 | <br>96 000<br>54 000 |
| 合计 | | | 150 000 | 150 000 |

（9）转账凭证如表 6-9 所示。

**表 6-9　转账凭证**

2017 年 5 月 6 日　　转字第 2 号　　单位：元

| 摘要 | 会计科目 | 账页 | 借方金额 | | 贷方金额 | |
|---|---|---|---|---|---|---|
| | | | 一级科目 | 明细科目 | 一级科目 | 明细科目 |
| 购进丙材料<br>6 000kg | 材料采购——丙<br>应付账款——新华公司 | | 180 000 | 180 000 | <br>180 000 | <br>180 000 |
| 合计 | | | 180 000 | 180 000 | 180 000 | 180 000 |

（10）付款凭证如表 6-10 所示。

**表 6-10　付款凭证**

贷方科目：银行存款　　2017 年 5 月 8 日　　银付第 5 号　　单位：元

| 摘要 | 借方科目 | 账页 | 金额 | |
|---|---|---|---|---|
| | | | 一级科目 | 明细科目 |
| 支付运输费 | 材料采购 | | 5 760 | |
| 合计 | | | 5 760 | |

（11）付款凭证如表 6-11 所示。

**表 6-11　付款凭证**

贷方科目：库存现金　　2017 年 5 月 8 日　　现付第 1 号　　单位：元

| 摘要 | 借方科目 | 账页 | 金额 | |
|---|---|---|---|---|
| | | | 一级科目 | 明细科目 |
| 支付搬运费 | 材料采购 | | 888 | |
| 合计 | | | 888 | |

（12）转账凭证如表 6-12 所示。

**表 6-12　转账凭证**

2017 年 5 月 8 日　　转字第 3 号　　单位：元

| 摘要 | 会计科目 | 账页 | 借方金额 | | 贷方金额 | |
|---|---|---|---|---|---|---|
| | | | 一级科目 | 明细科目 | 一级科目 | 明细科目 |
| 结转材料采购成本 | 原材料<br>材料采购 | | 336 648 | | <br>336 648 | |
| 合计 | | | 336 648 | | 336 648 | |

（13）付款凭证如表 6-13 所示。

**表 6-13　付款凭证**

贷方科目：银行存款　　2017 年 5 月 9 日　　银付第 6 号　　单位：元

| 摘要 | 借方科目 | 账页 | 金 额 | |
|---|---|---|---|---|
| | | | 一级科目 | 明细科目 |
| 预付红光公司材料款 | 预付账款——红光公司 | | 12 000 | 12 000 |
| 合计 | | | 12 000 | 12 000 |

（14）转账凭证如表 6-14 所示。

**表 6-14　转账凭证**

2017 年 5 月 10 日　　转字第 4 号　　单位：元

| 摘要 | 会计科目 | 账页 | 借方金额 | | 贷方金额 | |
|---|---|---|---|---|---|---|
| | | | 一级科目 | 明细科目 | 一级科目 | 明细科目 |
| 仓库发出甲、乙、丙三种材料 | 生产成本<br>管理费用<br>原材料 | | 210 000<br>9 000 | | <br><br>219 000 | |
| 合计 | | | 219 000 | | 219 000 | |

（15）付款凭证如表 6-15 所示。

**表 6-15　付款凭证**

贷方科目：银行存款　　2017 年 5 月 10 日　　银付第 7 号　　单位：元

| 摘要 | 借方科目 | 账页 | 金额 | |
|---|---|---|---|---|
| | | | 一级科目 | 明细科目 |
| 提取现金以备发放工资 | 库存现金 | | 18 000 | |
| 合计 | | | 18 000 | |

（16）付款凭证如表 6-16 所示。

**表 6-16　付款凭证**

贷方科目：库存现金　　2017 年 5 月 10 日　　现付第 2 号　　单位：元

| 摘要 | 借方科目 | 账页 | 金额 | |
|---|---|---|---|---|
| | | | 一级科目 | 明细科目 |
| 发放工资 | 应付职工薪酬 | | 18 000 | |
| 合计 | | | 18 000 | |

（17）收款凭证如表 6-17 所示。

**表 6-17　收款凭证**

借方科目：银行存款　　2017 年 5 月 16 日　　银收第 4 号　　单位：元

| 摘要 | 贷方科目 | 账页 | 金额 | |
|---|---|---|---|---|
| | | | 一级科目 | 明细科目 |
| 销售产品货款存入银行 | 主营业务收入 | | 21 600 | |
| 合计 | | | 21 600 | |

（18）转账凭证如表 6-18 所示。

**表 6-18　转账凭证**

2017 年 5 月 16 日　　转字第 5 号　　单位：元

| 摘要 | 会计科目 | 账页 | 借方金额 | | 贷方金额 | |
|---|---|---|---|---|---|---|
| | | | 一级科目 | 明细科目 | 一级科目 | 明细科目 |
| 销售产品货款未收回 | 应收账款<br>主营业务收入 | | 69 600 | | <br>69 600 | |
| 合计 | | | 69 600 | | 69 600 | |

（19）收款凭证如表 6-19 所示。

**表 6-19　收款凭证**

借方科目：银行存款　　2017 年 5 月 16 日　　银收第 5 号　　单位：元

| 摘要 | 贷方科目 | 账页 | 金额 | |
|---|---|---|---|---|
| | | | 一级科目 | 明细科目 |
| 预收华兴公司货款 | 预收账款——华兴公司 | | 12 000 | 12 000 |
| 合计 | | | 12 000 | 12 000 |

（20）付款凭证如表 6-20 所示。

**表 6-20　付款凭证**

贷方科目：银行存款　　2017 年 5 月 20 日　　银付第 8 号　　单位：元

| 摘要 | 借方科目 | 账页 | 金额 | |
|---|---|---|---|---|
| | | | 一级科目 | 明细科目 |
| 支付办公费 | 管理费用 | | 3 600 | |
| 合计 | | | 3 600 | |

（21）付款凭证如表 6-21 所示。

**表 6-21　付款凭证**

贷方科目：银行存款　　2017 年 5 月 25 日　　银付第 9 号　　单位：元

| 摘要 | 借方科目 | 账页 | 金额 | |
|---|---|---|---|---|
| | | | 一级科目 | 明细科目 |
| 支付报刊费 | 管理费用 | | 1 800 | |
| 合计 | | | 1 800 | |

（22）收款凭证如表 6-22 所示。

**表 6-22　收款凭证**

借方科目：银行存款　　2017 年 5 月 26 日　　银收第 6 号　　单位：元

| 摘要 | 贷方科目 | 账页 | 金额 | |
|---|---|---|---|---|
| | | | 一级科目 | 明细科目 |
| 销售产品货款存入银行 | 主营业务收入 | | 124 800 | |
| 合计 | | | 124 800 | |

（23）转账凭证如表 6-23 所示。

**表 6-23　转账凭证**

2017 年 5 月 26 日　　转字第 6 号　　单位：元

| 摘要 | 会计科目 | 账页 | 借方金额 | | 贷方金额 | |
|---|---|---|---|---|---|---|
| | | | 一级科目 | 明细科目 | 一级科目 | 明细科目 |
| 销售产品货款已预付 | 预收账款——华兴公司 | | 12 000 | 12 000 | | |
| | 主营业务收入 | | | | 12 000 | |
| 合计 | | | 12 000 | 12 000 | 12 000 | |

（24）付款凭证如表 6-24 所示。

**表 6-24　付款凭证**

贷方科目：银行存款　　2017 年 5 月 28 日　　银付第 10 号　　单位：元

| 摘要 | 借方科目 | 账页 | 金额 | |
|---|---|---|---|---|
| | | | 一级科目 | 明细科目 |
| 支付销售费用 | 销售费用 | | 6 000 | |
| 合计 | | | 6 000 | |

（25）付款凭证如表 6-25 所示。

**表 6-25　付款凭证**

贷方科目：银行存款　　2017 年 5 月 30 日　　银付第 11 号　　单位：元

| 摘要 | 借方科目 | 账页 | 金额 | |
|---|---|---|---|---|
| | | | 一级科目 | 明细科目 |
| 购进材料补足货款 | 材料采购 | | 21 600 | |
| 合计 | | | 21 600 | |

（26）转账凭证如表 6-26 所示。

**表 6-26　转账凭证**

2017 年 5 月 30 日　　转字第 7 号　　单位：元

| 摘要 | 会计科目 | 账页 | 借方金额 | | 贷方金额 | |
|---|---|---|---|---|---|---|
| | | | 一级科目 | 明细科目 | 一级科目 | 明细科目 |
| 收到预付货款的材料 | 材料采购 | | 12 000 | | | |
| | 预付账款 | | | | 12 000 | |
| 合计 | | | 12 000 | | 12 000 | |

（27）付款凭证如表 6-27 所示。

**表 6-27　付款凭证**

贷方科目：库存现金　　2017 年 5 月 30 日　　现付第 3 号　　单位：元

| 摘要 | 借方科目 | 账页 | 金额 | |
|---|---|---|---|---|
| | | | 一级科目 | 明细科目 |
| 支付采购费用 | 材料采购 | | 240 | |
| 合计 | | | 240 | |

（28）转账凭证如表 6-28 所示。

**表 6-28 转账凭证**

2017 年 5 月 30 日　　转字第 8 号　　单位：元

| 摘要 | 会计科目 | 账页 | 借方金额 | | 贷方金额 | |
|---|---|---|---|---|---|---|
| | | | 一级科目 | 明细科目 | 一级科目 | 明细科目 |
| 结转材料采购成本 | 原材料<br>材料采购 | | 33 840 | | <br>33 840 | |
| 合计 | | | 33 840 | | 33 840 | |

（29）转账凭证如表 6-29 所示。

**表 6-29 转账凭证**

2017 年 5 月 31 日　　转字第 9 号　　单位：元

| 摘要 | 会计科目 | 账页 | 借方金额 | | 贷方金额 | |
|---|---|---|---|---|---|---|
| | | | 一级科目 | 明细科目 | 一级科目 | 明细科目 |
| 结算本月应付职工薪酬 | 生产成本<br>管理费用<br>应付职工薪酬 | | 12 960<br>5 040 | | <br><br>18 000 | |
| 合计 | | | 18 000 | | 18 000 | |

（30）转账凭证如表 6-30 所示。

**表 6-30 转账凭证**

2017 年 5 月 31 日　　转字第 10 号　　单位：元

| 摘要 | 会计科目 | 账页 | 借方金额 | | 贷方金额 | |
|---|---|---|---|---|---|---|
| | | | 一级科目 | 明细科目 | 一级科目 | 明细科目 |
| 计提折旧 | 制造费用<br>管理费用<br>累计折旧 | | 24 000<br>12 000 | | <br><br>36 000 | |
| 合计 | | | 36 000 | | 36 000 | |

（31）付款凭证如表 6-31 所示。

**表 6-31 付款凭证**

贷方科目：银行存款　　2017 年 5 月 31 日　　银付第 12 号　　单位：元

| 摘要 | 借方科目 | 账页 | 金额 | |
|---|---|---|---|---|
| | | | 一级科目 | 明细科目 |
| 支付修理费用 | 管理费用 | | 5 160 | |
| 合计 | | | 5 160 | |

（32）付款凭证如表 6-32 所示。

表 6-32　付款凭证

贷方科目：银行存款　　2017 年 5 月 31 日　　银付第 13 号　　单位：元

| 摘要 | 借方科目 | 账页 | 金额 | |
|---|---|---|---|---|
| | | | 一级科目 | 明细科目 |
| 支付房租 | 管理费用 | | 1 680 | |
| 合计 | | | 1 680 | |

## 任务二　期末账务处理

### 一、实操步骤

期末计提与结转业务的处理，大部分都应借助于前面登记的明细账、日记账和 T 形账才能完成。因此，本实操将期末计提与结转业务集中到日常业务登记完成后进行处理。期末计提与结转业务处理包括填制凭证和登记账簿两大类。

### 二、具体经济业务

西藏佳福有限公司 2017 年 5 月期末经济业务事项如下：

（1）5 月 31 日，结转全部制造费用 24 000 元。

（2）5 月 31 日，结转已全部制造完成并验收入库 A 产品 133 200 元。

（3）5 月 31 日，结转上述已售 A 产品 15 台的制造成本 180 000 元。

（4）5 月 31 日，按销售收入的 10% 计算 A 产品应缴纳的税金。

（5）5 月 31 日，经批准，没收出租包装物的押金 1 680 元转作营业外收入。

（6）5 月 31 日，企业违反合同，按规定用现金 1 560 元支付罚款。

（7）5 月 31 日，将各收入、费用类账户的余额转入“本年利润”账户。

（8）5 月 31 日，计算结转本月应缴纳所得税 25 200 元。

（9）5 月 31 日，结转应分配的利润 19 200 元。

（10）5 月 31 日，从企业实现的利润中提取盈余公积 19 200 元。

### 三、编制各种记账凭证

（1）转账凭证如表 6-33 所示。

表 6-33　转账凭证

2017 年 5 月 31 日　　转字第 11 号　　单位：元

| 摘要 | 会计科目 | 账页 | 借方金额 | | 贷方金额 | |
|---|---|---|---|---|---|---|
| | | | 一级科目 | 明细科目 | 一级科目 | 明细科目 |
| 结转制造费用 | 生产成本<br>制造费用 | | 24 000 | | <br>24 000 | |
| 合计 | | | 24 000 | | 24 000 | |

（2）转账凭证如表 6-34 所示。

**表 6-34　转账凭证**

2017 年 5 月 31 日　　　　转字第 12 号　　　　单位：元

| 摘要 | 会计科目 | 账页 | 借方金额 | | 贷方金额 | |
|---|---|---|---|---|---|---|
| | | | 一级科目 | 明细科目 | 一级科目 | 明细科目 |
| 结转完工产品成本 | 库存商品<br>生产成本 | | 133 200 | | <br>133 200 | |
| 合计 | | | 133 200 | | 133 200 | |

（3）转账凭证如表 6-35 所示。

**表 6-35　转账凭证**

2017 年 5 月 31 日　　　　转字第 13 号　　　　单位：元

| 摘要 | 会计科目 | 账页 | 借方金额 | | 贷方金额 | |
|---|---|---|---|---|---|---|
| | | | 一级科目 | 明细科目 | 一级科目 | 明细科目 |
| 结转销售产品成本 | 主营业务成本<br>库存商品 | | 180 000 | | <br>180 000 | |
| 合计 | | | 180 000 | | 180 000 | |

（4）转账凭证如表 6-36 所示。

**表 6-36　转账凭证**

2017 年 5 月 31 日　　　　转字第 14 号　　　　单位：元

| 摘要 | 会计科目 | 账页 | 借方金额 | | 贷方金额 | |
|---|---|---|---|---|---|---|
| | | | 一级科目 | 明细科目 | 一级科目 | 明细科目 |
| 计算销售税金 | 税金及附加<br>应交税费 | | 34 200 | | <br>34 200 | |
| 合计 | | | 34 200 | | 34 200 | |

（5）转账凭证如表 6-37 所示。

**表 6-37　转账凭证**

2017 年 5 月 31 日　　　　转字第 15 号　　　　单位：元

| 摘要 | 会计科目 | 账页 | 借方金额 | | 贷方金额 | |
|---|---|---|---|---|---|---|
| | | | 一级科目 | 明细科目 | 一级科目 | 明细科目 |
| 没收押金 | 其他应收款<br>营业外收入 | | 1 680 | | <br>1 680 | |
| 合计 | | | 1 680 | | 1 680 | |

（6）付款凭证如表 6-38 所示。

**表 6-38　付款凭证**

贷方科目：库存现金　　2017 年 5 月 31 日　　现付第 4 号　　单位：元

| 摘要 | 借方科目 | 账页 | 金额 | |
|---|---|---|---|---|
| | | | 一级科目 | 明细科目 |
| 支付罚款 | 营业外支出 | | 1 560 | |
| 合计 | | | 1 560 | |

（7）转账凭证如表 6-39 所示。

**表 6-39　转账凭证**

2017 年 5 月 31 日　　转字第 16 号　　单位：元

| 摘要 | 会计科目 | 账页 | 借方金额 | | 贷方金额 | |
|---|---|---|---|---|---|---|
| | | | 一级科目 | 明细科目 | 一级科目 | 明细科目 |
| 结转损益 | 主营业务收入 | | 342 000 | | | |
| | 营业外收入 | | 1 680 | | | |
| | 本年利润 | | | | 343 680 | |
| 合计 | | | 343 680 | | 343 680 | |

（8）转账凭证如表 6-40 所示。

**表 6-40　转账凭证**

2017 年 5 月 31 日　　转字第 17 号　　单位：元

| 摘要 | 会计科目 | 账页 | 借方金额 | | 贷方金额 | |
|---|---|---|---|---|---|---|
| | | | 一级科目 | 明细科目 | 一级科目 | 明细科目 |
| 结转损益 | 本年利润 | | 263 400 | | | |
| | 主营业务成本 | | | | 180 000 | |
| | 税金及附加 | | | | 34 200 | |
| | 销售费用 | | | | 6 000 | |
| | 管理费用 | | | | 41 640 | |
| | 营业外支出 | | | | 1 560 | |
| 合计 | | | 263 400 | | 263 400 | |

（9）转账凭证如表 6-41 所示。

**表 6-41　转账凭证**

2017 年 5 月 31 日　　转字第 18 号　　单位：元

| 摘要 | 会计科目 | 账页 | 借方金额 | | 贷方金额 | |
|---|---|---|---|---|---|---|
| | | | 一级科目 | 明细科目 | 一级科目 | 明细科目 |
| 计算应交所得税 | 所得税费用<br>应交税费 | | 25 200 | | <br>25 200 | |
| 合计 | | | 25 200 | | 25 200 | |

（10）转账凭证如表 6-42 所示。

**表 6-42　转账凭证**

2017 年 5 月 31 日　　转字第 19 号　　单位：元

| 摘要 | 会计科目 | 账页 | 借方金额 | | 贷方金额 | |
|---|---|---|---|---|---|---|
| | | | 一级科目 | 明细科目 | 一级科目 | 明细科目 |
| 结转所得税 | 本年利润<br>所得税费用 | | 25 200 | | <br>25 200 | |
| 合计 | | | 25 200 | | 25 200 | |

（11）转账凭证如表 6-43 所示。

**表 6-43　转账凭证**

2017 年 5 月 31 日　　转字第 20 号　　单位：元

| 摘要 | 会计科目 | 账页 | 借方金额 | | 贷方金额 | |
|---|---|---|---|---|---|---|
| | | | 一级科目 | 明细科目 | 一级科目 | 明细科目 |
| 计算应分配利润 | 利润分配<br>应付股利 | | 19 200 | | <br>19 200 | |
| 合计 | | | 19 200 | | 19 200 | |

（12）转账凭证如表 6-44 所示。

**表 6-44　转账凭证**

2017 年 5 月 31 日　　转字第 21 号　　单位：元

| 摘要 | 会计科目 | 账页 | 借方金额 | | 贷方金额 | |
|---|---|---|---|---|---|---|
| | | | 一级科目 | 明细科目 | 一级科目 | 明细科目 |
| 计提盈余公积 | 利润分配<br>盈余公积 | | 19 200 | | <br>19 200 | |
| 合计 | | | 19 200 | | 19 200 | |

## 四、登记日记账

日记账包括库存现金日记账和银行存款日记账。通常情况下，日记账是由出纳进行登记的。为了强化训练，本实操中可以由会计代为填写。

登记日记账时，应根据复核无误的收付款凭证，按账簿登记日期、摘要、借方金额（贷方金额）、余额等相关内容。登记时使用蓝、黑色钢笔或签字笔逐笔、序时、连续地进行登记，不得跳行、跳页。

编制库存现金日记账如表 6-45 所示。

**表 6-45　库存现金日记账**

| 2017 年 | | 凭证 | | 摘要 | 对方科目 | 借方 | 贷方 | 余额 |
|---|---|---|---|---|---|---|---|---|
| 月 | 日 | 字 | 号 | | | | | |
| 5 | 1 | | | 期初余额 | | | | 3 000 |
| | 8 | 现付 | 1 | 支付搬运费 | 原材料 | | 888 | |
| | | | | 本日合计 | | | 888 | 2 112 |
| | 10 | 银付 | 7 | 提取现金 | 银行存款 | 18 000 | | |
| | | 现付 | 2 | 发放工资 | 应付职工薪酬 | | 18 000 | |
| | | | | 本日合计 | | 18 000 | 18 000 | 2 112 |
| | 30 | 现付 | 3 | 支付采购费用 | 材料采购 | | 240 | |
| | | | | 本日合计 | | | 240 | 1 872 |
| | 31 | 现付 | 4 | 支付罚款 | 营业外支出 | | 1 560 | |
| | | | | 本日合计 | | | 1 560 | 312 |
| | 31 | | | 本月合计 | | 18 000 | 20 688 | 312 |

编制银行存款日记账如表 6-46 所示。

**表 6-46　银行存款日记账**

| 2017 年 | | 凭证 | | 摘要 | 对方科目 | 借方 | 贷方 | 余额 |
|---|---|---|---|---|---|---|---|---|
| 月 | 日 | 字 | 号 | | | | | |
| 5 | 1 | | | 期初余额 | | | | 36 000 |
| | 1 | 银收 | 1 | 追加投资 | 实收资本 | 6 000 000 | | |
| | | | | 本日合计 | | 6 000 000 | | 6 036 000 |
| | 3 | 银收 | 2 | 短期借款 | 短期借款 | 240 000 | | |
| | 3 | 银付 | 1 | 购进设备 | 固定资产 | | 4 560 000 | |

（续）

| 2017年 | | 凭证 | | 摘要 | 对方科目 | 借方 | 贷方 | 余额 |
|---|---|---|---|---|---|---|---|---|
| 月 | 日 | 字 | 号 | | | | | |
| | | | | 本日合计 | | 240 000 | 4 560 000 | 1 716 000 |
| | 6 | 银付 | 2 | 缴纳税金及<br>支付利润 | 应交税费<br>应付利润 | | 50 400<br>24 000 | |
| | 6 | 银收 | 3 | 销售产品 | 主营业务收入 | 114 000 | | |
| | 6 | 银付 | 3 | 付水电费 | 管理费用 | | 3 360 | |
| | 6 | 银付 | 4 | 付材料费 | 材料采购 | | 150 000 | |
| | | | | 本日合计 | | 114 000 | 227 760 | 1 602 240 |
| | 8 | 银付 | 5 | 付运输费 | 材料采购 | | 5 760 | |
| | | | | 本日合计 | | | 5 760 | 1 596 480 |
| | 9 | 银付 | 6 | 预付货款 | 预付账款 | | 12 000 | |
| | | | | 本日合计 | | | 12 000 | 1 584 480 |
| | 10 | 银付 | 7 | 提现金 | 库存现金 | | 18 000 | |
| | | | | 本日合计 | | | 18 000 | 1 566 480 |
| | 16 | 银收 | 4 | 销售 | 主营业务收入 | 21 600 | | |
| | 16 | 银收 | 5 | 预收货款 | 预收账款 | 12 000 | | |
| | | | | 本日合计 | | 33 600 | | 1 600 080 |
| | 20 | 银付 | 8 | 付办公费 | 管理费用 | | 3 600 | |
| | | | | 本日合计 | | | 3 600 | 1 596 480 |
| | 25 | 银付 | 9 | 付报刊费 | 管理费用 | | 1 800 | |
| | | | | 本日合计 | | | 1 800 | 1 594 680 |
| | 26 | 银收 | 6 | 销售 | 主营业务收入 | 124 800 | | |
| | | | | 本日合计 | | 124 800 | | 1 719 480 |
| | 28 | 银付 | 10 | 付销售费 | 销售费用 | | 6 000 | |
| | | | | 本日合计 | | | 6 000 | 1 713 480 |
| | 30 | 银付 | 11 | 付材料费 | 材料采购 | | 21 600 | |
| | | | | 本日合计 | | | 21 600 | 1 691 880 |
| | 31 | 银付 | 12 | 支付修理费 | 管理费用 | | 5 160 | |
| | | | | 本日合计 | | | 5 160 | 1 686 720 |

（续）

| 2017年 | | 凭证 | | 摘要 | 对方科目 | 借方 | 贷方 | 余额 |
|---|---|---|---|---|---|---|---|---|
| 月 | 日 | 字 | 号 | | | | | |
| | 31 | 银付 | 13 | 支付租金 | 管理费用 | | 1 680 | |
| | | | | 本日合计 | | | 1 680 | 1 685 040 |
| | | | | 本月合计 | | 6 512 400 | 4 863 360 | 1 685 040 |

## 五、登记明细分类账

根据原始凭证、汇总原始凭证或记账凭证登记部分明细分类账如表6-47和表6-48所示。

**表6-47　应付账款明细分类账**

明细科目：新华公司　　　　单位：元

| 2017年 | | 凭证 | | 摘要 | 借方 | 贷方 | 借或贷 | 余额 |
|---|---|---|---|---|---|---|---|---|
| 月 | 日 | 字 | 号 | | | | | |
| 5 | 1 | | | 期初余额 | | | 贷 | 14 400 |
| | 6 | 转 | 2 | 购进材料未付款 | | 180 000 | 贷 | 194 400 |
| | | | | 本期发生额及余额 | | 180 000 | 贷 | 194 400 |

**表6-48　应付账款明细分类账**

明细科目：盘石公司　　　　单位：元

| 2015年 | | 凭证 | | 摘要 | 借方 | 贷方 | 借或贷 | 余额 |
|---|---|---|---|---|---|---|---|---|
| 月 | 日 | 字 | 号 | | | | | |
| 5 | 1 | | | 期初余额 | | | 贷 | 49 200 |
| | 6 | 转 | 1 | 以借款偿还欠债 | 49 200 | | 平 | |
| | | | | 本期发生额及余额 | 49 200 | | 平 | |

注：将库存现金日记账、银行存款日记账以及各类明细账与总账核对，最后根据总账编制财务报表。

## 六、编制科目汇总表及登记总账

将本月所有的经济业务登记到T形账中，根据审核无误的T形账编制科目汇总表（见表6-49），编制完成后，先自行检查科目汇总表的本期借、贷方发生额是否一致。如有不一致，肯定编制有误，应查找错误原因并重新编制；如果一致，可找周围的同学帮忙审核，并在科目汇总表的签字栏签字。然后再根据科目汇总表登记总账。

**表 6-49　科目汇总表**

单位：元

| 会计科目 | 本期发生额 | |
|---|---|---|
| | 借方 | 贷方 |
| 银行存款 | 6 512 400 | 4 863 360 |
| 库存现金 | 18 000 | 20 688 |
| 实收资本 | | 6 000 000 |
| 应交税费 | 50 400 | 59 400 |
| 短期借款 | | 289 200 |
| 应付账款 | 49 200 | 180 000 |
| 应付职工薪酬 | 18 000 | 18 000 |
| 固定资产 | 4 560 000 | |
| 制造费用 | 24 000 | 24 000 |
| 累计折旧 | | 36 000 |
| 应付股利 | 24 000 | 19 200 |
| 材料采购 | 370 488 | 370 488 |
| 原材料 | 370 488 | 219 000 |
| 生产成本 | 246 960 | 133 200 |
| 预付账款 | 12 000 | 12 000 |
| 应收账款 | 69 600 | |
| 预收账款 | 12 000 | 12 000 |
| 其他应收款 | 1 680 | |
| 库存商品 | 133 200 | 180 000 |
| 主营业务收入 | 342 000 | 342 000 |
| 营业外收入 | 1 680 | 1 680 |
| 管理费用 | 41 640 | 41 640 |
| 销售费用 | 6 000 | 6 000 |
| 主营业务成本 | 180 000 | 180 000 |
| 税金及附加 | 34 200 | 34 200 |

（续）

| 会计科目 | 本期发生额 | |
|---|---|---|
| | 借方 | 贷方 |
| 营业外支出 | 1 560 | 1 560 |
| 本年利润 | 288 600 | 343 680 |
| 所得税费用 | 25 200 | 25 200 |
| 利润分配 | 38 400 | |
| 盈余公积 | | 19 200 |
| 合计 | 13 431 696 | 13 431 696 |

## 项目测评

手工账实操测评表如表 6-50 所示。

**表 6-50　手工账实操测评表**

| 序号 | 考核内容 | 考核要点 | 配分 | 考核标准 | 扣分 | 得分 |
|---|---|---|---|---|---|---|
| 1 | 课前准备 | （1）实训材料准备齐全<br>（2）正确分类摆放<br>（3）正确选择凭证<br>（4）正确选择账簿 | 4 | （1）实训材料缺一项扣 0.5 分<br>（2）未分类摆放扣 0.5 分<br>（3）凭证选择错误扣 1 分<br>（4）账簿选择错误扣 1 分 | | |
| 2 | 实训实际操作 | （1）正确书写对应的会计分录<br>（2）按照要求将分录写入凭证<br>（3）凭证书写符合要求和规范<br>（4）正确填制凭证的其他名称<br>（5）正确粘贴原始凭证 | 8 | （1）会计分录书写错误扣 3 分<br>（2）未按要求填写凭证扣 1 分<br>（3）凭证书写不符合规范扣 1 分<br>（4）凭证的其他项目写错每项扣 0.5 分<br>（5）未按要求粘贴原始凭证扣 1 分 | | |
| 3 | 整体效果 | （1）凭证填写规范<br>（2）原始凭证粘贴规范<br>（3）账簿登记正确规范 | 3 | （1）凭证填写不规范扣 1 分<br>（2）原始凭证粘贴不规范扣 1 分<br>（3）账簿登记不规范扣 1 分 | | |
| 4 | 时间定额 | 实训时间：每笔经济业务 10 分钟，凭证填写及粘贴 8 分钟，登记明细账 2 分钟 | | 每超过 1 分钟从总分中扣除 1 分，超过 3 分钟停止操作 | | |
| 合计 | | | 15 | | | |
| 否定项 | | | | | | |

## 复习巩固

### 一、实操题

1. 企业基本信息及期初数据

企业名称：嘎吉林集团有限公司

地址：拉萨市娘热路36号

法定代表人：洛桑

注册资本：500万元人民币

联系电话：0891-6829309

纳税人税务登记号：540122783433621（该企业为增值税一般纳税人）

开户银行及账号：中国工商银行冲吉路支行6227004059610183329

企业类型：有限责任公司

经营范围：服装批发与销售

主要人员信息表如表6-51所示。

**表6-51 主要人员信息表**

| 部门 | 职位 | 姓名 |
| --- | --- | --- |
| 总经理办公室 | 总经理 | 洛桑 |
| | 经理助理 | 达珍 |
| 行政部 | 行政经理 | 洛桑扎西 |
| | 行政人员 | 索朗罗杰 |
| 财务部 | 财务经理 | 娘卓 |
| | 会计 | 德吉 |
| | 出纳 | 德央 |
| | 收银员 | 白玛扎西 |
| 销售部 | 销售经理 | 洛桑催珍 |
| | 销售人员 | 罗布桑珠 |
| | 销售人员 | 平措顿珠 |
| 采购部 | 采购经理 | 次仁 |
| | 采购人员 | 阿旺索朗 |
| | 采购人员 | 强巴托美 |
| 仓库部 | 仓库主管 | 格桑旦培 |
| | 仓库人员 | 普琼琼 |
| | 仓库人员 | 查巴桑珠 |

2017 年 1 月，嘎吉林集团有限公司发生的经济业务事项共 34 项如表 6-52 所示。

**表 6-52　嘎吉林集团有限公司 2017 年 1 月份经济业务列表**

| 业务序号\凭证号 | 日期 | 摘要 | 原始单据 |
|---|---|---|---|
| 001 | 2017 年 1 月 1 日 | 报销差旅费 | 收款收据及报销单 |
| 002 | 2017 年 1 月 3 日 | 收到货款 | 收账通知 |
| 003 | 2017 年 1 月 5 日 | 提取备用金 | 现金支票存根 |
| 004 | 2017 年 1 月 5 日 | 支付办公场地租金 | 报销单及后附发票 |
| 005 | 2017 年 1 月 8 日 | 采购货物一批 | 增值税专用发票、销售单 |
| 006 | 2017 年 1 月 10 日 | 支付货物 | 业务委托书回执、付款申请书 |
| 007 | 2017 年 1 月 10 日 | 支付电汇手续费 | 业务收费凭证 |
| 008 | 2017 年 1 月 11 日 | 销售货物一批 | 增值税专用发票、销售单 |
| 009 | 2017 年 1 月 12 日 | 缴纳增值税 | 电子缴税付款凭证 |
| 010 | 2017 年 1 月 12 日 | 缴纳个人所得税 | 电子缴税付款凭证 |
| 011 | 2017 年 1 月 12 日 | 缴纳附加税费 | 电子缴税付款凭证 |
| 012 | 2017 年 1 月 12 日 | 缴纳印花税 | 电子缴税付款凭证 |
| 013 | 2017 年 1 月 12 日 | 缴纳企业所得税 | 电子缴税付款凭证 |
| 014 | 2017 年 1 月 15 日 | 发放 2016 年 12 月份工资 | 工资汇总表、工资表、转账支票存根 |
| 015 | 2017 年 1 月 16 日 | 收到货款 | 收账通知 |
| 016 | 2017 年 1 月 16 日 | 缴纳社会保险费 | 电子缴税付款凭证、社会保险费明细表 |
| 017 | 2017 年 1 月 18 日 | 支付水电费 | 报销单及后附发票 |
| 018 | 2017 年 1 月 20 日 | 采购货物一批 | 增值税专用发票、销售单 |
| 019 | 2017 年 1 月 20 日 | 支付员工借款 | 借款单 |
| 020 | 2017 年 1 月 21 日 | 采购办公用品 | 报销单及后附发票 |
| 021 | 2017 年 1 月 22 日 | 销售货物一批 | 增值税专用发票、销售单 |
| 022 | 2017 年 1 月 23 日 | 支付货款 | 转账支票存根、进账单回单 |
| 023 | 2017 年 1 月 24 日 | 缴纳住房公积金 | 付款申请书、转账支票存根、住房公积金汇（补）缴书 |
| 024 | 2017 年 1 月 27 日 | 支付本月运输费 | 报销单及后附发票 |
| 025 | 2017 年 1 月 27 日 | 支付货款 | 业务委托书回执 |
| 026 | 2017 年 1 月 27 日 | 支付电汇手续费 | 业务收费凭证 |
| 027 | 2017 年 1 月 31 日 | 结转发出成本 | 销售产品成本计算表 |

（续）

| 业务序号\凭证号 | 日期 | 摘要 | 原始单据 |
|---|---|---|---|
| 028 | 2017 年 1 月 31 日 | 计提折旧 | 固定资产折旧明细表 |
| 029 | 2017 年 1 月 31 日 | 计提 1 月份工资 | 工资汇总表、工资表 |
| 030 | 2017 年 1 月 31 日 | 结转本月未交增值税 | 未交增值税计提表 |
| 031 | 2017 年 1 月 31 日 | 计提 1 月份附加税费 | 税金及附加计提表 |
| 032 | 2017 年 1 月 31 日 | 计提并结转所得税费用 | 企业所得税计提表 |
| 033 | 2017 年 1 月 31 日 | 结转损益（成本、费用） | 无 |
| 034 | 2017 年 1 月 31 日 | 结转损益（收入） | 无 |

2. 经济业务具体事项

**【业务 1】** 2017 年 1 月 1 日，总经理报销差旅费，根据收款收据及报销单填制记账凭证。

要求：裁剪下“单据簿”中的收款收据见（见图 6-1）和报销单（见图 6-2），据以填制记账凭证。

**【业务 2】** 2017 年 1 月 3 日，收到货款，根据收账通知填制记账凭证。

要求：裁剪下“单据簿”中的收账通知（见图 6-3），据以填制记账凭证。

**【业务 3】** 2017 年 1 月 5 日，提取备用金，根据现金支票存根填制记账凭证。

要求：裁剪下“单据簿”中的现金支票存根（见图 6-4），据以填制记账凭证。

**【业务 4】** 2017 年 1 月 5 日，支付办公场地租金，根据报销单及后附发票填制记账凭证。

要求：裁剪下“单据簿”中的报销单（见图 6-5）及后附发票（见图 6-6），据以填制记账凭证。

**【业务 5】** 2017 年 1 月 8 日，采购一批货物，款项未付，根据增值税专用发票、销售单填制记账凭证。

要求：裁剪下“单据簿”中的增值税专用发票（见图 6-7）和销售单（见图 6-8），据以填制记账凭证。

**【业务 6】** 2017 年 1 月 10 日，支付供应商货款，根据业务委托书回执和付款申请书填制记账凭证。

要求：裁剪下“单据簿”中的业务委托书回执（见图 6-9）和付款申请书（见图 6-10），据以填制记账凭证。

**【业务 7】** 2017 年 1 月 10 日，支付电汇手续费，根据业务收费凭证填制记账凭证。

要求：裁剪下“单据簿”中的业务收费凭证（见图 6-11），据以填制记账凭证。

**【业务8】** 2017年1月11日，销售一批货物，款项未到，根据增值税专用发票、销售单填制记账凭证。

要求：裁剪下“单据簿”中的增值税专用发票（见图6-12）和销售单（见图6-13），据以填制记账凭证。

**【业务9】** 2017年1月12日，缴纳增值税，根据电子缴税付款凭证填制记账凭证。

要求：裁剪下“单据簿”中的电子缴税付款凭证（见图6-14），据以填制记账凭证。

**【业务10】** 2017年1月12日，缴纳个人所得税，根据电子缴税付款凭证填制记账凭证。

要求：裁剪下“单据簿”中的电子缴税付款凭证（见图6-15），据以填制记账凭证。

**【业务11】** 2017年1月12日，缴纳附加税费，根据电子缴税付款凭证填制记账凭证。

要求：裁剪下“单据簿”中的电子缴税付款凭证（见图6-16），据以填制记账凭证。

**【业务12】** 2017年1月12日，缴纳印花税，根据电子缴税付款凭证填制记账凭证。

要求：裁剪下“单据簿”中的电子缴税付款凭证（见图6-17），据以填制记账凭证。

**【业务13】** 2017年1月12日，缴纳企业所得税，根据电子缴税付款凭证填制记账凭证。

要求：裁剪下“单据簿”中的电子缴税付款凭证（见图6-18），据以填制记账凭证。

**【业务14】** 2017年1月15日，发放2016年12月份工资，根据工资汇总表、工资表、转账支票存根填制记账凭证。

要求：裁剪下“单据簿”中的工资汇总表（见图6-19）、工资表（见图6-20）、转账支票存根（见图6-21），据以填制记账凭证。

**【业务15】** 2017年1月16日，收到货款，根据收账通知填制记账凭证。

要求：裁剪下“单据簿”中的收账通知（见图6-22），据以填制记账凭证。

**【业务16】** 2017年1月16日，缴纳社会保险费，根据电子缴税付款凭证、社会保险费明细表，填制记账凭证。

要求：裁剪下“单据簿”中的电子缴税付款凭证（见图6-23）、社会保险费明细表（见图6-24），据以填制记账凭证。

**【业务17】** 2017年1月18日，支付水电费，根据报销单及后附发票填制记账凭证。

要求：裁剪下“单据簿”中的报销单（见图6-25）及后附发票（见图6-26和图6-27），据以填制记账凭证。

**【业务18】** 2017年1月20日，采购一批货物，款项未付，根据增值税专用发票、销售单填制记账凭证。

要求：裁剪下“单据簿”中的增值税专用发票（见图6-28）和销售单（见图6-29），据以填制记账凭证。

**【业务19】** 2017年1月20日，支付员工借款，根据借款单填制记账凭证。

要求：裁剪下“单据簿”中的借款单（见图 6-30），据以填制记账凭证。

【业务 20】2017 年 1 月 21 日，采购办公用品一批，根据报销单及后附发票填制记账凭证。

要求：裁剪下“单据簿”中的报销单（见图 6-31）及后附发票（见图 6-32），据以填制记账凭证。

【业务 21】2017 年 1 月 22 日，销售一批货物，款项未收，根据增值税专用发票、销售单填制记账凭证。

要求：裁剪下“单据簿”中的增值税专用发票（见图 6-33）和销售单（见图 6-34），据以填制记账凭证。

【业务 22】2017 年 1 月 23 日，支付供应商货款，根据转账支票存根、进账单回单填制记账凭证。

要求：裁剪下“单据簿”中的转账支票存根（见图 6-35）和进账单回单（见图 6-36），据以填制记账凭证。

【业务 23】2017 年 1 月 24 日，缴纳住房公积金（单位、个人各承担 50%），根据付款申请书、转账支票存根、住房公积金汇（补）缴书填制记账凭证。

要求：裁剪下“单据簿”中的付款申请书（见图 6-37）、转账支票存根（见图 6-38）、住房公积金汇（补）缴书（见图 6-39），据以填制记账凭证。

【业务 24】2017 年 1 月 27 日，支付本月运输费，根据报销单及后附发票填制记账凭证。

要求：裁剪下“单据簿”中的报销单（见图 6-40）及后附发票（见图 6-41），据以填制记账凭证。

提示：公司规定，运输费用金额 10 000 元以下的，直接计入销售费用。本业务应先整理好报销单及后附发票。

【业务 25】2017 年 1 月 27 日，支付供应商货款，根据业务委托书回执填制记账凭证。

要求：裁剪下“单据簿”中的业务委托书回执（见图 6-42），据以填制记账凭证。

【业务 26】2017 年 1 月 27 日，支付电汇手续费，根据业务收费凭证填制记账凭证。

要求：裁剪下“单据簿”中的业务收费凭证（见图 6-43），据以填制记账凭证。

【业务 27】2017 年 1 月 31 日，结转本月销售成本，填制记账凭证。

要求：裁剪下“单据簿”中的销售产品成本计算表（见图 6-44），参照上月的销售产品成本计算表（见表 6-53），将销售产品成本计算表填写完整。其中，本月的期初数据等于上月的期末数据；本月采购数据根据库存商品明细账进行填写；本月销售成本根据出库单数量及其单价计算得出（本企业同一类型的商品，采购单价一致）。然后，再根据编制完的销售产品成本计算表填制记账凭证。

提示：成本结转采用月末一次加权平均法。

**表 6-53　销售产品成本计算表**

编制单位：嘎吉林集团有限公司　　　　编制时间：2016 年 12 月 31 日　　　　单位：元

| 商品名称 | 规格 | 期初数据 | 单价 | 期初结存金额 | 本期购入数量 | 本期购入金额 | 本期发出数量 | 本期发出金额 | 期末结存数量 | 单价 | 期末结存金额 |
|---|---|---|---|---|---|---|---|---|---|---|---|
| 男士衬衫 | 170/92 | 942.00 | 25.00 | 23 550.00 | 2 000.00 | 50 000.00 | 1 042.00 | 26 050.00 | 1 900.00 | 25.00 | 47 500.00 |
| 男士衬衫 | 175/100 | 1 009.00 | 30.00 | 30 270.00 | 3 200.00 | 96 000.00 | 3 209.00 | 96 270.00 | 1 000.00 | 30.00 | 30 000.00 |
| 女士衬衫 | 155/35 | 430.00 | 15.00 | 6 450.00 | 3 000.00 | 45 000.00 | 2 230.00 | 33 450.00 | 1 200.00 | 15.00 | 18 000.00 |
| 女士衬衫 | 160/38 | 430.00 | 20.00 | 8 600.00 | 2 800.00 | 56 000.00 | 1 430.00 | 28 600.00 | 1 800.00 | 20.00 | 36 000.00 |
| 合计 | | 2 811.00 | | 68 870.00 | 11 000.00 | 247 000.00 | 7 911.00 | 184 370.00 | 5 900.00 | | 131 500 |

**【业务 28】** 2017 年 1 月 31 日，计提本月固定资产折旧，根据固定资产折旧明细表填制记账凭证。

要求：裁剪下“单据簿”中的固定资产折旧明细表（见图 6-45）。根据表中的入账时间、可使用年限、原值、净残率、净残值和折旧方法等信息，计算月折旧额、累计折旧额和净值，将固定资产折旧明细表填写完整。然后，根据填写完整的固定资产折旧明细表填制记账凭证。

**【业务 29】** 2017 年 1 月 31 日，计提本月职工薪酬，根据工资汇总表、工资表填制记账凭证。

要求：裁剪下“单据簿”的工资汇总表（见图 6-46）和工资表（见图 6-47），据以填制记账凭证。

**【业务 30】** 2017 年 1 月 31 日，结转本月未交增值税，根据未交增值税计提表填制记账凭证。

要求：裁剪下“单据簿”中的未交增值税计提表（见图 6-48），根据未交增值税明细账“销项税额”与“进项税额”本期发生额之差，编制未交增值税计提表。然后，根据编制完的未交增值税计提表填制记账凭证。

**【业务 31】** 2017 年 1 月 31 日，计提本月应交附加税费，根据税金及附加计提表填制记账凭证。

要求：裁剪下“单据簿”中的税金及附加计提表（见图 6-49）。根据业务 30 中转出未交增值税的金额与本企业适用附加的税目税率（城市维护建设税 7%、教育费附加 3%、地方教育费附加 2%）编制税金及附加计提表。然后，根据编制完的税金及附加计提表填制记账凭证。

**【业务 32】** 2017 年 1 月 31 日，计提并结转所得税费用，根据企业所得税计提表填制记账凭证。

要求：裁剪下“单据簿”中的企业所得税计提表（见图 6–50）。根据收入类 T 形账的贷方发生额或合计数、成本费用类 T 形账的借方发生额或合计数，编制企业所得税计提表（本企业适用的所得税税率为 25%）。然后，根据编制完的企业所得税计提表填制记账凭证。

**【业务 33】** 2017 年 1 月 31 日，结转损益（成本、费用），根据成本、费用类明细账余额填制记账凭证。

要求：查看成本、费用类明细账余额，据以填制记账凭证。

**【业务 34】** 2017 年 1 月 31 日，结转损益（收入），根据收入类明细账余额填制记账凭证。

要求：查看收入类明细账余额，据以填制记账凭证。

提示：所有的记账凭证填制、整理完后，按照凭证号的先后顺序进行排序，并用大夹子夹住，逐笔进行核对。核对无误后，找周围的同学帮忙审核，并在记账凭证的审核处签字。

3. 单据簿

**收款收据**

2017 年 01 月 01 日　　现金收讫

| | | | | | | | | |
|---|---|---|---|---|---|---|---|---|
| 收到 | 总经理洛桑交来预借出差费用余款 | | | | | | | |
| 收款事由 | 交回多余差旅费借款 | | | | | | | |
| 金额 | 万 | 千 | 百 | 十 | 元 | 角 | 分 | 人民币：壹仟元整 |
| | ¥ | 1 | 0 | 0 | 0 | 0 | 0 | |

出纳：德央　　经手人：洛桑

图 6-1　收款收据

**差旅费报销单**

部门：总经理办公室　　2017 年 01 月 1 日

| 姓名 | 洛桑 | | | | | 出差事由 | 洽谈业务 | 自 2016 年 12 月 29 日<br>至 2016 年 12 月 31 日 | | 共 3 天 | |
|---|---|---|---|---|---|---|---|---|---|---|---|
| 起讫时间及地点 | | | | | | 车船票 | | 伙食费 | 住宿费 | 其他 | |
| 月 | 日 | 起 | 月 | 日 | 讫 | 类别 | 金额 | 金额 | 金额 | 摘要 | 金额 |
| 12 | 29 | 拉萨 | 12 | 29 | 日喀则 | 火车 | 450.00 | | | | |
| 12 | 29 | 日喀则 | 12 | 31 | 日喀则 | 火车 | | 1 500.00 | 600.00 | | |
| 12 | 31 | 日喀则 | 12 | 31 | 拉萨 | 火车 | 450.00 | | | | |
| 小计 | | | | | | | 900.00 | 1 500.00 | 600.00 | | |
| 合计金额（大写）：叁仟元整 | | | | | | | | | | | |
| 备注：预借 4 000.00　核销 3 000.00　退补 1 000.00 | | | | | | | | | | | |

单位领导：洛桑　　财务主管：娘卓　　审核：德吉　　填报人：达珍

图 6-2　差旅费报销单

**中国工商银行进账单（收账通知）**

2017 年 01 月 03 日　　　　　　　　第 001 号

| | | | | | |
|---|---|---|---|---|---|
| 付款人 | 全称 | 百益集团 | 收款人 | 全称 | 嘎吉林集团有限公司 |
| | 账号 | 285332051367 | | 账号 | 1332-6120-0408 |
| | 开户银行 | 中国工商银行夺底路支行 | | 开户银行 | 中国工商银行冲吉路支行 |

| 人民币（大写） | 伍万圆整 | 千 | 百 | 十 | 万 | 千 | 百 | 十 | 元 | 角 | 分 |
|---|---|---|---|---|---|---|---|---|---|---|---|
| | | | | ¥ | 5 | 0 | 0 | 0 | 0 | 0 | 0 |

| | | |
|---|---|---|
| 票据种类 | 转账支票 | 收款人开户行盖章 |
| 用途 | 货款 | |
| 单位主管会计复核记账 | | |

此联是收款人开户行交给收款人的收帐通知

中国工商银行 冲吉路支行 2017.01

图 6-3　收账通知

中国工商银行
现金支票存根
No.33306451
科目库存现金
对方科目银行存款
出票日期 2017 年 01 月 05 日

| |
|---|
| 收款人：嘎吉林集团有限公司 |
| 金额：¥1 000.00 |
| 用途：以备零用 |

单位主管：　　　　会计：

中国工商银行 冲吉路支行 2017.01

图 6-4　现金支票存根

**报销单**

2017 年 01 月 05 日　　　　现金收讫

| 报销人 | 索朗罗杰 | 部门 | 行政部 | 报销形式 | 现金 |
|---|---|---|---|---|---|
| 费用项目 | 金额 | 审核意见 | 部门主管 | 同意　洛桑扎西 | |
| 租金 | 4 200.00 | | | | |
| | | | 财务主管 | 同意　娘卓 | |
| | | | | | |
| 金额合计 | （人民币大写）肆仟贰佰元整（小写）¥4 200.00 | | | | |

会计主管：娘卓　　审核：娘卓　　会计：德吉　　出纳：德央

图 6-5　报销单

**拉萨市地方税务局通用机打发票**

机打代码：253622110532　　　　拉萨市发票代码：253622110532

机打号码：03480984　　　　发票联　发票号码：03480984

开票日期：2017-01-05　　　　行业分类：

付款单位：嘎吉林集团有限公司　　　　付款单位识别码：536259796098815

项目金额

办公地租金（2017 年 1 月份）　　　　4 200.00

合计金额（大写）：人民币肆仟贰佰元整　　　　小写：¥4 200.00

收款单位：西藏嘎吉林物业管理有限公司

收款单位识别码：5362597222227451　　　　开票人：扎西

图 6-6　发票

**西藏自治区增值税专用发票**　　　　N0 2017123

发票联　　　　开票日期：2017 年 01 月 06 日

| | | | | | | | |
|---|---|---|---|---|---|---|---|
| 购货单位名称：嘎吉林集团有限公司<br>纳税人识别号：310105926795326<br>地址、电话：拉萨市娘热路 36 号　…331646<br>开户行账号：中国工商银行冲吉路支行 …6120-0408 | | | | 密码区 | 66/–3947/– > 59*<818<41<br>7>/0/433>2*3–0+672<7*<br>5+–<<51+41+>*>58*8460<br>190012<42+*31/58>>81 | | |
| 货物或应税劳务名称 | 规格型号 | 单位 | 数量 | 单价 | 金额 | 税率 | 税额 |
| 男士衬衫 | 170/92 | 件 | 1 500 | 25.00 | 37 500.00 | 0.17 | 6 375.00 |
| 男士衬衫 | 175/100 | 件 | 750 | 30.00 | 22 500.00 | 0.17 | 3 825.00 |
| 女士衬衫 | 160/38 | 件 | 1 000 | 20.00 | 20 000.00 | 0.17 | 3 400.00 |
| 合计 | | | | | 80 000.00 | | 13 600.00 |
| 价税合计（大写） | 玖万叁仟陆佰元整（小写）¥93 600.00 | | | | | | |
| 销货单位名称：百益集团有限公司<br>纳税人识别号：3167805111593349923<br>地址、电话：拉萨市江苏路 58 号 | | | | 备注 | | | |

第二联：发票联

收款人：　　　　复核：　　　　开票人：　　　　销货单位：（章）

图 6-7　发票

**百益集团有限公司销售单**　　　　编号：20141201

地　　址：拉萨市江苏路 58 号　　　　电话：0891–6969117

客户名称：嘎吉林集团有限公司

地址电话：拉萨市娘热路 36 号　0891-6829309　　　　日期：2017 年 01 月 08 日

| 编码 | 名称 | 规格 | 单位 | 数量 | 单价 | 总价 | 备注 |
|---|---|---|---|---|---|---|---|
| 02 | 男士衬衫 | 170/92 | 件 | 1 500.00 | 29.25 | 43 875.00 | |
| 03 | 男士衬衫 | 175/100 | 件 | 750.00 | 35.10 | 26 325.00 | |
| 05 | 女士衬衫 | 160/38 | 件 | 1 000.00 | 23.40 | 23 400.00 | |
| | | | | | | | |
| | | | | | | | |
| 合计 | 人民币（大写）：玖万叁仟陆佰元整 | | | | | ¥93 600.00 | |

销售经理：洛桑催珍　　会计：扎顿　　经办人：米基　　仓管：阿米　　签收人：阿旺索朗

图 6-8　销售单

## ICBC 中国工商银行
## 业务委托书回执

2017 年 01 月 10 日　　　　　　　　委托号：00311

| | | | | | |
|---|---|---|---|---|---|
| 委款人 | 全称 | 嘎吉林集团有限公司 | 收款人 | 全称 | 百益集团有限公司 |
| | 账号 | 0032-6120-0408 | | 账号 | 0032-6120-1442 |
| | 开户银行 | 中国工商银行冲吉路支行 | | 开户银行 | 中国工商银行江苏路支行 |

| 人民币（大写） | | 千 | 百 | 十 | 万 | 千 | 百 | 十 | 元 | 角 | 分 |
|---|---|---|---|---|---|---|---|---|---|---|---|
| 壹拾伍万贰仟壹佰元整 | | | | ¥ 1 | 5 | 2 | 1 | 0 | 0 | 0 | 0 |

| | | | | | |
|---|---|---|---|---|---|
| 款项内容 | 货款 | 委托收款凭证名称 | | 附寄单证 | 1 张 |
| 备注： | | 款项收托日期 年 月 日 | | 收款人开户行盖章 | |

单位主管会计　　　　复核　　　　记账

中国工商银行 冲吉路支行 2017.01

图 6-9　业务委托书回执

## 付款申请书

日期：2017 年 01 月 10 日

| 用途及情况 | 金额 | | | | | | | | | | | 收款单位（人）：百益集团有限公司 | |
|---|---|---|---|---|---|---|---|---|---|---|---|---|---|
| 支付货款 | 亿 | 千 | 百 | 十 | 万 | 千 | 百 | 十 | 元 | 角 | 分 | 账号：455546753555672 | |
| | | | ¥ | 1 | 5 | 2 | 1 | 0 | 0 | 0 | 0 | 开户行：中国工商银行冲吉路支行 | |
| 金额大写（人民币） | 人民币壹拾伍万贰仟壹佰元整 | | | | | | | | | | | 电汇：☐ 转账：☑ 汇票：☐ 其他：☐ | |

| 总经理 | 洛桑 | 财务部门 | 经理 | 娘卓 | 申请部门 | 经理 | 娘卓 |
|---|---|---|---|---|---|---|---|
| | | | 会计 | 德吉 | | 经办人 | 德吉 |

中国工商银行 冲吉路支行 2017.01

图 6-10　付款申请书

## 中国工商银行

中国工商银行　　转账日期：2017 年 01 月 10 日　　凭证字号　　凭证

付款日期：2017 年 01 月 10 日

付款人名称：嘎吉林集团有限公司
付款人账号：0032-6120-0408
付款人开户银行：中国工商银行冲吉路支行
币种：人民币
小写（合计）金额：¥15.50
大写（合计）金额：人民币壹拾伍元伍角整
项目：电汇手续费

中国工商银行 冲吉路支行 2017.01

第一次打印　打印时间：2017 年 01 月 10 日 10 时 28 分

第二联作付款回单（无银行收讫章无效）复核　　记账

图 6-11　付款回单

### 西藏自治区增值税专用发票

N0 2017123

发票联　　开票日期：2017 年 01 月 11 日

| | | |
|---|---|---|
| 购货单位名称：百益集团有限公司<br>纳税人识别号：3167805111593349923<br>地址、电话：拉萨市江苏路 58 号<br>开户行账号：中国工商银行冲吉路支行 0032 6120-0408 | 密码区 | 66/–3947/– > 59*<818<41<br>7>/0/433>2*3–0+672<7*<br>5+–<<51+41+>*>58*8460<br>190012<42+*31/58>>81 |

国家统一发票监制　国家税务总局

| 货物或应税劳务名称 | 规格型号 | 单位 | 数量 | 单价 | 金额 | 税率 | 税额 |
|---|---|---|---|---|---|---|---|
| 男士衬衫 | 170/92 | 件 | 1 030 | 50.00 | 51 500.00 | 0.17 | 8 755.00 |
| 男士衬衫 | 175/100 | 件 | 750 | 60.00 | 45 000.00 | 0.17 | 7 650.00 |
| 女士衬衫 | 155/35 | 件 | 500 | 40.00 | 20 000.00 | 0.17 | 3 400.00 |
| 女士衬衫 | 160/38 | 件 | 300 | 45.00 | 13 500.00 | 0.17 | 2 295.00 |
| 合计 | | | | | 130 000.00 | | 22 100.00 |
| 价税合计（大写） | 壹拾伍万贰仟壹佰元整（小写）¥152 100.00 | | | | | | |

| | | |
|---|---|---|
| 销货单位名称：嘎吉林集团有限公司<br>纳税人识别号：310105926795326<br>地址、电话：拉萨市娘热路 36 号 38786888 | 备注 | |

嘎吉林集团有限公司　3167805111　发票专用章

收款人：　　复核：　　开票人：　　销货单位：（章）

第二联：发票联

图 6-12　发票

### 嘎吉林集团有限公司销售单

编号：20141201

地　　址：拉萨市娘热路 36 号　　电话：0891-6969117

客户名称：百益集团有限公司

地址、电话：拉萨市江苏路 58 号　0891-6829309　　日期：2017 年 01 月 11 日

嘎吉林集团有限公司　3167805111　发票专用章

| 编码 | 名称 | 规格 | 单位 | 数量 | 单价 | 总价 | 备注 |
|---|---|---|---|---|---|---|---|
| 02 | 男士衬衫 | 170/92 | 件 | 1 030 | 58.50 | 60 255.00 | |
| 03 | 男士衬衫 | 175/100 | 件 | 750 | 70.20 | 52 650.00 | |
| 05 | 女士衬衫 | 155/35 | 件 | 500 | 46.80 | 23 400.00 | |
| 06 | 女士衬衫 | 160/38 | 件 | 300 | 52.65 | 15 795.00 | |
| 合计 | 人民币（大写）：壹拾伍万贰仟壹佰元整 | | | | | ¥152 100.00 | |

销售经理：洛桑催珍　　会计：德吉　　经办人：平措顿珠　　仓管：普琼琼　　签收人：阿旺索朗

图 6-13　销售单

**中国工商银行电子缴税付款凭证**

中国工商银行　　　　转账日期：2017 年 01 月 12 日　　　　凭证字号　　　　凭证

纳税人全称及纳税人识别号：嘎吉林集团有限公司　310105926795326

付款人全称：嘎吉林集团有限公司　　征收机关名称：拉萨市国税局

付款人账号：0032-6120-0408　　　　收款国库（银行）名称：中国工商冲吉路分理处

中国工商银行
冲吉路支行
2017.01

付款人开户银行：：中国工商银行冲吉路支行　　缴款书交易流水号：

小写（合计）金额：¥12 100.00　　税票号码：

大写（合计）金额：壹万贰仟壹佰元整

| 税（费）种名称 | 所属日期 | 实缴金额 |
| --- | --- | --- |
| 增值税 | 20161201-20161231 | ¥12 100.00 |

第一次打印　打印时间：2017 年 01 月 12 日 10 时 28 分

第二联作付款回单（无银行收讫章无效）复核　　　记账

图 6-14　电子缴税付款凭证

**中国工商银行电子缴税付款凭证**

中国工商银行　　　　转账日期：2017 年 01 月 12 日　　　　凭证字号　　　　凭证

纳税人全称及纳税人识别号：嘎吉林集团有限公司　310105926795326

付款人全称：嘎吉林集团有限公司　　征收机关名称：拉萨市国税局

付款人账号：0032–6120–0408　　　　收款国库（银行）名称：工商冲吉路分理处

中国工商银行
冲吉路支行
2017.01

付款人开户银行：中国工商银行冲吉路支行　　缴款书交易流水号：

小写（合计）金额：¥1 453.30　　税票号码：

大写（合计）金额：壹仟肆佰伍拾叁元叁角整

| 税（费）种名称 | 所属日期 | 实缴金额 |
| --- | --- | --- |
| 个人所得税 | 20161201–20161231 | ¥1 453.30 |

第一次打印　打印时间：2017 年 01 月 12 日 10 时 28 分

第二联作付款回单（无银行收讫章无效）复核　　　记账

图 6-15　电子缴税付款凭证

**中国工商银行电子缴税付款凭证**

中国工商银行　　转账日期：2017 年 01 月 12 日　　凭证字号　　凭证

纳税人全称及纳税人识别号：嘎吉林集团有限公司　310105926795326

付款人全称：嘎吉林集团有限公司　　征收机关名称：拉萨市国税局

付款人账号：0032-6120-0408　　收款国库（银行）名称：中国工商银行冲吉路分理处

付款人开户银行：中国工商银行冲吉路支行　　缴款书交易流水号：

小写（合计）金额：¥1 452.00　　税票号码：

大写（合计）金额：壹仟肆佰伍拾贰元整

中国工商银行
冲吉路支行
2017.01

税（费）种名称所属日期实缴金额

城市维护建设税（增值税）20161201-20161231　　¥847.00

教育费附加（增值税）　20161201-20161231　　¥363.00

地方教育费附加（增值税）20161201-20161231　　¥242.00

第一次打印　打印时间：2017 年 01 月 12 日 10 时 28 分

第二联作付款回单（无银行收讫章无效）复核　　记账

图 6-16　电子缴税付款凭证

**中国工商银行电子缴税付款凭证**

中国工商银行　　转账日期：2017 年 01 月 12 日　　凭证字号　　凭证

纳税人全称及纳税人识别号：嘎吉林集团有限公司　310105926795326

付款人全称：嘎吉林集团有限公司　　征收机关名称：拉萨市国税局

付款人账号：0032-6120-0408　　收款国库（银行）名称：中国工商银行冲吉路分理处

付款人开户银行：中国工商银行冲吉路支行　　缴款书交易流水号：

小写（合计）金额：¥420.20　　税票号码：

大写（合计）金额：肆佰贰拾元贰角整

中国工商银行
冲吉路支行
2017.01

| 税（费）种名称 | 所属日期 | 实缴金额 |
|---|---|---|
| 印花税－购销合同 | 20161201-20161231 | ¥420.20 |

第一次打印　打印时间：2017 年 01 月 12 日 10 时 28 分

第二联作付款回单（无银行收讫章无效）复核　　记账

图 6-17　电子缴税付款凭证

**中国工商银行电子缴税付款凭证**

中国工商银行　　转账日期：2017 年 01 月 12 日　　凭证字号　　凭证

纳税人全称及纳税人识别号：嘎吉林集团有限公司　310105926795326

付款人全称：嘎吉林集团有限公司　　征收机关名称：拉萨市国税局

付款人账号：0032-6120-0408　　收款国库（银行）名称：中国工商银行冲吉路分理处

付款人开户银行：中国工商银行冲吉路支行　　缴款书交易流水号：

小写（合计）金额：¥12 948.44　　税票号码：

大写（合计）金额：壹万贰仟玖佰肆拾捌元肆角肆分

| 税（费）种名称 | 所属日期 | 实缴金额 |
|---|---|---|
| 企业所得税 | 20161201–20161231 | ¥12 948.44 |

第一次打印　打印时间：2017 年 01 月 12 日 10 时 28 分

中国工商银行 冲吉路支行 2017.01

第二联作付款回单（无银行收讫章无效）复核　　记账

图 6-18　电子缴税付款凭证

**工资汇总表**

编制单位：嘎吉林集团有限公司　　2017 年 01 月 15 日　　单位：元

| 部门 | 应付工资 | 个人缴纳社会保险费 | 个人缴纳公积金 | 个人缴纳所得税 | 实发工资 | 单位缴纳社会保险费 | 单位缴纳公积金 | 单位总支出 | |
|---|---|---|---|---|---|---|---|---|---|
| 总经理办公室 | 14 400.00 | 516.00 | 600.00 | 677.66 | 12 606.34 | 1 605.00 | 600.00 | 16 605.00 | |
| 行政部 | 7 000.00 | 516.00 | 600.00 | 10.26 | 5 873.74 | 1 605.00 | 600.00 | 9 205.00 | |
| 财务部 | 20 300.00 | 1 032.00 | 1 200.00 | 343.46 | 17 724.54 | 3 210.00 | 1 200.00 | 24 710.00 | |
| 销售部 | 18 100.00 | 774.00 | 900.00 | 362.72 | 16 063.28 | 2 407.50 | 900.00 | 21 407.50 | |
| 采购部 | 12 600.00 | 774.00 | 900.00 | 59.20 | 10 866.80 | 2 407.50 | 900.00 | 15 907.50 | |
| 仓库部 | 9 700.00 | 774.00 | 900.00 | 0.00 | 8 026.00 | 2 407.50 | 900.00 | 13 007.50 | |
| | | | | | | | | | |
| | | | | | | | | | |
| | | | | | | | | | |
| | | | | | | | | | |
| | | | | | | | | | |
| | | | | | | | | | |
| | | | | | | | | | |
| | | | | | | | | | |
| 合计 | 82 100.00 | 4 386.00 | 5 100.00 | 1 453.30 | 71 160.70 | 13 462.50 | 5 100.00 | 100 842.50 | |

审核：娘卓　　制表：德吉

图 6-19　工资汇总表

## 2016 年 12 月工资表

编制单位：嘎吉林集团有限公司　　2017 年 01 月 15 日　　单位：元

| | 职位 | 姓名 | 基本工资 | 满勤奖励 | 应付工资 | 个人缴纳养老保险 | 个人缴纳医疗保险 | 个人缴纳失业保险 | 个人缴纳公积金 | 税前合计 | 个人所得税 | 实发工资 | 单位缴纳养老保险 | 单位缴纳医疗保险 | 单位缴纳失业保险 | 单位缴纳公积金 | 工伤保险 | 生育保险 | 单位缴交合计 | 单位总支出 | 员工签字 |
|---|---|---|---|---|---|---|---|---|---|---|---|---|---|---|---|---|---|---|---|---|---|
| 总经理办公室 | 总经理 | 洛桑 | 10 000.00 | 200.00 | 10 200.00 | 200.00 | 53.00 | 5.00 | 300.00 | 9 642.00 | 673.40 | 8 968.60 | 500.00 | 250.00 | 25.00 | 300.00 | 7.50 | 20.00 | 1 102.50 | 11 302.50 | |
| 总经理办公室 | 经理助理 | 达珍 | 40 00.00 | 200.00 | 4 200.00 | 200.00 | 53.00 | 5.00 | 300.00 | 3 642.00 | 4.26 | 3 637.74 | 500.00 | 250.00 | 25.00 | 300.00 | 7.50 | 20.00 | 1 102.50 | 5 302.50 | |
| 行政部 | 行政经理 | 洛桑扎西 | 4 200.00 | 200.00 | 4 400.00 | 200.00 | 53.00 | 5.00 | 300.00 | 3 842.00 | 10.26 | 3 831.74 | 500.00 | 250.00 | 25.00 | 300.00 | 7.50 | 20.00 | 1 102.50 | 5 502.50 | |
| 行政部 | 行政人员 | 索朗罗杰 | 2 400.00 | 200.00 | 2 600.00 | 200.00 | 53.00 | 5.00 | 300.00 | 2 042.00 | 0.00 | 2 042.00 | 500.00 | 250.00 | 25.00 | 300.00 | 7.50 | 20.00 | 1 102.50 | 3 702.50 | |
| 财务部 | 财务经理 | 娘卓 | 8 000.00 | 200.00 | 8 200.00 | 200.00 | 53.00 | 5.00 | 300.00 | 7 642.00 | 309.20 | 7 332.80 | 500.00 | 250.00 | 25.00 | 300.00 | 7.50 | 20.00 | 1 102.50 | 9 302.50 | |
| 财务部 | 会计 | 德吉 | 5 000.00 | 200.00 | 5 200.00 | 200.00 | 53.00 | 5.00 | 300.00 | 4 642.00 | 34.26 | 4 607.74 | 500.00 | 250.00 | 25.00 | 300.00 | 7.50 | 20.00 | 1 102.50 | 6 302.50 | |
| 财务部 | 出纳 | 德央 | 3 500.00 | 200.00 | 3 700.00 | 200.00 | 53.00 | 5.00 | 300.00 | 3 142.00 | 0.00 | 3 142.00 | 500.00 | 250.00 | 25.00 | 300.00 | 7.50 | 20.00 | 1 102.50 | 4 802.50 | |
| 财务部 | 收银员 | 白玛扎西 | 3 000.00 | 200.00 | 3 200.00 | 200.00 | 53.00 | 5.00 | 300.00 | 2 642.00 | 0.00 | 2 642.00 | 500.00 | 250.00 | 25.00 | 300.00 | 7.50 | 20.00 | 1 102.50 | 4 302.50 | |
| 销售部 | 销售经理 | 洛桑催珍 | 8 000.00 | 200.00 | 8 200.00 | 200.00 | 53.00 | 5.00 | 300.00 | 7 642.00 | 309.20 | 7 332.80 | 500.00 | 250.00 | 25.00 | 300.00 | 7.50 | 20.00 | 1 102.50 | 9 302.50 | |
| 销售部 | 销售人员 | 罗布桑珠 | 5 000.00 | 200.00 | 5 200.00 | 200.00 | 53.00 | 5.00 | 300.00 | 4 642.00 | 34.26 | 4 607.74 | 500.00 | 250.00 | 25.00 | 300.00 | 7.50 | 20.00 | 1 102.50 | 6 302.50 | |
| 销售部 | 销售人员 | 平措顿珠 | 4 500.00 | 200.00 | 4 700.00 | 200.00 | 53.00 | 5.00 | 300.00 | 4 142.00 | 19.26 | 4 122.74 | 500.00 | 250.00 | 25.00 | 300.00 | 7.50 | 20.00 | 1 102.50 | 5 802.50 | |
| 采购部 | 采购经理 | 次仁 | 5 500.00 | 200.00 | 5 700.00 | 200.00 | 53.00 | 5.00 | 300.00 | 5 142.00 | 59.20 | 5 082.80 | 500.00 | 250.00 | 25.00 | 300.00 | 7.50 | 20.00 | 1 102.50 | 6 802.50 | |
| 采购部 | 采购人员 | 阿旺索朗 | 3 500.00 | 200.00 | 3 700.00 | 200.00 | 53.00 | 5.00 | 300.00 | 3 142.00 | 0.00 | 3 142.00 | 500.00 | 250.00 | 25.00 | 300.00 | 7.50 | 20.00 | 1 102.50 | 4 802.50 | |
| 采购部 | 采购人员 | 强巴托美 | 3 000.00 | 200.00 | 3 200.00 | 200.00 | 53.00 | 5.00 | 300.00 | 2 642.00 | 0.00 | 2 642.00 | 500.00 | 250.00 | 25.00 | 300.00 | 7.50 | 20.00 | 1 102.50 | 4 302.50 | |
| 仓库部 | 仓库主管 | 格桑旦培 | 3 800.00 | 200.00 | 4 000.00 | 200.00 | 53.00 | 5.00 | 300.00 | 3 442.00 | 0.00 | 3 442.00 | 500.00 | 250.00 | 25.00 | 300.00 | 7.50 | 20.00 | 1 102.50 | 5 102.50 | |
| 仓库部 | 仓库人员 | 普琼琼 | 2 800.00 | 200.00 | 3 000.00 | 200.00 | 53.00 | 5.00 | 300.00 | 2 442.00 | 0.00 | 2 442.00 | 500.00 | 250.00 | 25.00 | 300.00 | 7.50 | 20.00 | 1 102.50 | 4 102.50 | |
| 仓库部 | 仓库人员 | 查巴桑珠 | 2 500.00 | 200.00 | 2 700.00 | 200.00 | 53.00 | 5.00 | 300.00 | 2 142.00 | 0.00 | 2 142.00 | 500.00 | 250.00 | 25.00 | 300.00 | 7.50 | 20.00 | 1 102.50 | 3 802.50 | |
| 合计 | | | 78 700.00 | 3 400.00 | 82 100.00 | 3 400.00 | 901.00 | 85.00 | 5 100.00 | 72 614.00 | 1 453.30 | 71 160.70 | 8 500.00 | 4 250.00 | 425.00 | 5 100.00 | 127.50 | 340.00 | 18 742.50 | 100 842.50 | |

总经理：洛桑　　财务审核：娘卓　　制单：德吉

图 6-20　工资表

中国工商银行
转账支票存根
No.338555891
科目
对方科目
出票日期 2017 年 01 月 15 日

| | |
|---|---|
| 收款人：员工 | |
| 金额：¥71 160.70 | |
| 用途：支付工资 | |
| 单位主管： | 会计： |

中国工商银行 冲吉路支行 2017.01

图 6-21　转账支票存根

**中国工商银行进账单（收账通知）**

2017 年 01 月 16 日第 007 号

<table>
<tr><td rowspan="3">付款人</td><td>全称</td><td>百益集团公司</td><td rowspan="3">收款人</td><td colspan="4">全称</td><td colspan="6">嘎吉林集团有限公司</td></tr>
<tr><td>账号</td><td>455546753555</td><td colspan="4">账号</td><td colspan="6">0032-6120-0408</td></tr>
<tr><td>开户银行</td><td>中国工商银行江苏路支行</td><td colspan="4">开户银行</td><td colspan="6">中国工商银行冲吉路支行</td></tr>
<tr><td colspan="2" rowspan="2">人民币（大写）</td><td colspan="2" rowspan="2">壹拾贰万元整</td><td>千</td><td>百</td><td>十</td><td>万</td><td>千</td><td>百</td><td>十</td><td>元</td><td>角</td><td>分</td></tr>
<tr><td></td><td>¥</td><td>1</td><td>2</td><td>0</td><td>0</td><td>0</td><td>0</td><td>0</td><td>0</td></tr>
<tr><td colspan="2">票据种类</td><td>转账支票</td><td colspan="11" rowspan="3">收款人开户行盖章</td></tr>
<tr><td colspan="2">票据张数</td><td>1 张</td></tr>
<tr><td colspan="3">单位主管会计<br>复核记账</td></tr>
</table>

此联是收款人开户行交给收款人的收帐通知

中国工商银行 冲吉路支行 2017.01

图 6-22　收账通知

**中国工商银行电子缴税付款凭证**

中国工商银行　　转账日期：2017 年 01 月 16 日　　凭证字号　　凭证

纳税人全称及纳税人识别号：嘎吉林集团有限公司　310105926795326

付款人全称：嘎吉林集团有限公司　　征收机关名称：拉萨市社会保障局
付款人账号：0032-6120-0408　　收款国库（银行）名称：中国工商银行冲吉路分理处
付款人开户银行：中国工商银行冲吉路支行缴款书交易流水号：
小写（合计）金额：¥18 028.50　　税票号码：
大写（合计）金额：壹万捌仟零贰拾捌元伍角整

| 税（费）种名称 | 所属日期 | 实缴金额 |
|---|---|---|
| 社会保险－工伤 | 20170101–20170131 | ¥127.50 |
| 社会保险－生育 | 20170101–20170131 | ¥340.00 |
| 社会保险－失业 | 20170101–20170131 | ¥510.00 |
| 社会保险－养老 | 20170101–20170131 | ¥11 900.00 |
| 社会保险－医疗 | 20170101–20170131 | ¥5 151.00 |

第一次打印　打印时间：2017 年 01 月 16 日 10 时 28 分

中国工商银行 冲吉路支行 2017.01

第二联作付款回单（无银行收讫章无效）复核记账

图 6-23　电子缴税付款凭证

**社会保险费明细表**

编制单位：嘎吉林集团有限公司　　费款所属期：2017 年 01 月　　单位：元

| 部门 | 名称 | 个人医疗保险 | 单位医疗保险 | 医疗保险小计 | 个人养老保险 | 单位养老保险 | 养老保险小计 | 个人失业保险 | 单位失业保险 | 失业保险小计 | 单位工伤保险 | 单位生育保险 | 合计 |
|---|---|---|---|---|---|---|---|---|---|---|---|---|---|
| 总经理办公室 | 洛桑 | 53.00 | 250.00 | 303.00 | 200.00 | 500.00 | 700.00 | 5.00 | 25.00 | 30.00 | 7.50 | 20.00 | 1 060.50 |
| 总经理办公室 | 达珍 | 53.00 | 250.00 | 303.00 | 200.00 | 500.00 | 700.00 | 5.00 | 25.00 | 30.00 | 7.50 | 20.00 | 1 060.50 |
| 行政部 | 洛桑扎西 | 53.00 | 250.00 | 303.00 | 200.00 | 500.00 | 700.00 | 5.00 | 25.00 | 30.00 | 7.50 | 20.00 | 1 060.50 |
| 行政部 | 索朗罗杰 | 53.00 | 250.00 | 303.00 | 200.00 | 500.00 | 700.00 | 5.00 | 25.00 | 30.00 | 7.50 | 20.00 | 1 060.50 |
| 财务部 | 娘卓 | 53.00 | 250.00 | 303.00 | 200.00 | 500.00 | 700.00 | 5.00 | 25.00 | 30.00 | 7.50 | 20.00 | 1 060.50 |
| 财务部 | 德吉 | 53.00 | 250.00 | 303.00 | 200.00 | 500.00 | 700.00 | 5.00 | 25.00 | 30.00 | 7.50 | 20.00 | 1 060.50 |
| 财务部 | 德央 | 53.00 | 250.00 | 303.00 | 200.00 | 500.00 | 700.00 | 5.00 | 25.00 | 30.00 | 7.50 | 20.00 | 1 060.50 |
| 财务部 | 白玛扎西 | 53.00 | 250.00 | 303.00 | 200.00 | 500.00 | 700.00 | 5.00 | 25.00 | 30.00 | 7.50 | 20.00 | 1 060.50 |
| 销售部 | 洛桑催珍 | 53.00 | 250.00 | 303.00 | 200.00 | 500.00 | 700.00 | 5.00 | 25.00 | 30.00 | 7.50 | 20.00 | 1 060.50 |
| 销售部 | 罗布桑珠 | 53.00 | 250.00 | 303.00 | 200.00 | 500.00 | 700.00 | 5.00 | 25.00 | 30.00 | 7.50 | 20.00 | 1 060.50 |
| 销售部 | 平措顿珠 | 53.00 | 250.00 | 303.00 | 200.00 | 500.00 | 700.00 | 5.00 | 25.00 | 30.00 | 7.50 | 20.00 | 1 060.50 |
| 采购部 | 次仁 | 53.00 | 250.00 | 303.00 | 200.00 | 500.00 | 700.00 | 5.00 | 25.00 | 30.00 | 7.50 | 20.00 | 1 060.50 |
| 采购部 | 阿旺索朗 | 53.00 | 250.00 | 303.00 | 200.00 | 500.00 | 700.00 | 5.00 | 25.00 | 30.00 | 7.50 | 20.00 | 1 060.50 |
| 采购部 | 强巴托美 | 53.00 | 250.00 | 303.00 | 200.00 | 500.00 | 700.00 | 5.00 | 25.00 | 30.00 | 7.50 | 20.00 | 1 060.50 |
| 仓库部 | 格桑旦培 | 53.00 | 250.00 | 303.00 | 200.00 | 500.00 | 700.00 | 5.00 | 25.00 | 30.00 | 7.50 | 20.00 | 1 060.50 |
| 仓库部 | 普琼琼 | 53.00 | 250.00 | 303.00 | 200.00 | 500.00 | 700.00 | 5.00 | 25.00 | 30.00 | 7.50 | 20.00 | 1 060.50 |
| 仓库部 | 查巴桑珠 | 53.00 | 250.00 | 303.00 | 200.00 | 500.00 | 700.00 | 5.00 | 25.00 | 30.00 | 7.50 | 20.00 | 1 060.50 |
| 合计 | | 901.00 | 4 250.00 | 5 151.00 | 3 400.00 | 8 500.00 | 11 900.00 | 85.00 | 425.00 | 510.00 | 127.50 | 340.00 | 18 028.50 |

复核人：洛桑　　审核人：娘卓　　制表人：德吉

图 6-24　社会保险费明细表

**报销单**

2017 年 01 月 18 日

| 报销人 | 索朗罗杰 | 部门 | 行政部 | | 报销形式 | 现金 |
|---|---|---|---|---|---|---|
| 费用项目 | | 金额 | 审核意见 | 部门主管 | 现金收讫　同意　洛桑扎西 | |
| 水电费 | | 2 000.00 | | | | |
| | | | | 财务主管 | 同意　娘卓 | |
| | | | | | | |
| 金额合计 | （人民币大写）贰仟元整（小写）¥2 000.00 | | | | | |

会计主管：娘卓　　审核：娘卓　　会计：德吉　　出纳：德央

图 6-25　报销单

**拉萨市水务集团有限公司通用机打发票**

机打代码：253622110532　　　拉萨市发票代码：253622110532
机打号码：03480984　　　发票联发票号码：03480984
开票日期：2017-01-18　　　行业分类：

付款单位：嘎吉林集团有限公司　　用户编码：102 204
地址：拉萨市娘热路 36 号　　上月抄表：580.50　　本月抄表：680.50
月份：2017 年 1 月

| 用水性质 | 用水量 /t | 单价 /（元 /t） | 金额 / 元 | 合计金额 / 元 |
|---|---|---|---|---|
| 居民 | 100.00 | 3.50 | 350.00 | 350.00 |

合计金额（大写）：人民币叁佰伍拾元整　小写：¥350.00
收款单位：拉萨市水务集团有限公司
收款单位识别码：5362597222227451　　抄表人：巴桑杰宝　收款人：朗康

国家统一发票监制章　国家税务总局
拉萨市水务集团有限公司　536 2597 2222 7451　发票专用章

图 6-26　发票

**拉萨市电力公司通用机打发票**（17-1-2）

机打代码：253622110532　　　拉萨市发票代码：253622110532
机打号码：03480984　　　发票联发票号码：03480984
开票日期：2017-01-18　　　行业分类：

付款单位：嘎吉林集团有限公司　　用户编码：102 204　　运行变压器
地址：拉萨市娘热路 36 号　　上月抄表：513.47　　本月抄表：2 628.85
月份：2017 年 1 月表号：11 289

| 用电性质 | 用电量 / 度 | 电费分类单价 /（元 / 度） | | 金额 / 元 | 合计金额 / 元 |
|---|---|---|---|---|---|
| 居民 | 2 115.38 | 商业 | 0.78 | 1 650.00 | 1 650.00 |

计费电量合计：2 115.38
合计金额（大写）：人民币壹仟陆佰伍拾元整　小写：¥1 650.00
收款单位：拉萨市电力公司
收款单位识别码：5362597222227451　　抄表人：阿米　收款人：央措

国家统一发票监制章　国家税务总局
拉萨市电力公司　536 2597 2222 7452　发票专用章

图 6-27　发票

**西藏自治区增值税专用发票**　　　NO 2017223

发票联　　　开票日期：2017 年 01 月 20 日

| 购货单位名称：嘎吉林集团有限公司<br>纳税人识别号：310105926795326<br>地址、电话：拉萨市娘热路 36 号　38786888<br>开户行账号：中国工商银行冲吉路支行 0332-6120-0408 | | | | 密码区 | 66/-3947/- > 59*<818<41<br>7>/0/433>2*3-0+672<7*<br>5+-<<51+41+>*>58*8460<br>190012<42+*31/58>>81 | | |
|---|---|---|---|---|---|---|---|
| 货物或应税劳务名称 | 规格型号 | 单位 | 数量 | 单价 | 金额 | 税率 | 税额 |
| 男士衬衫 | 170/92 | 件 | 1 000 | 25.00 | 25 000.00 | 0.17 | 4 250.00 |
| 女士衬衫 | 155/35 | 件 | 1 000 | 15.00 | 15 000.00 | 0.17 | 2 550.00 |
| 女士衬衫 | 160/38 | 件 | 500 | 20.00 | 10 000.00 | 0.17 | 1 700.00 |
| 合计 | | | | | 50 000.00 | | 8 500.00 |
| 价税合计（大写） | 伍万捌仟伍佰元整（小写）¥58 500.00 | | | | | | |
| 销货单位名称：日喀则服装集团有限公司<br>纳税人识别号：3167805111593349923<br>地址、电话：日喀则市吉林路 58 号 | | | | 备注 | | | |

收款人：　　复核：　　开票人：甘春燕　　销货单位：（章）

第二联：发票联

国家统一发票监制　国家税务总局
日喀则服装集团有限公司　3167805111　发票专用章

图 6-28　发票

**旭日服饰集团有限公司**

销售单

编号：20141201

地　　址：日喀则市吉林路 58 号
电　　话：0894-6969117
客户名称：嘎吉林集团有限公司
地址、电话：拉萨市娘热路 36 号 0891-6829309

旭日服装集团有限公司
3167805111
发票专用章

日期：2017 年 01 月 20 日

| 编码 | 名称 | 规格 | 单位 | 数量 | 单价 | 总价 | 备注 |
|---|---|---|---|---|---|---|---|
| 02 | 男士衬衫 | 170/92 | 件 | 1 000 | 29.25 | 29 250.00 | |
| 04 | 女士衬衫 | 155/35 | 件 | 1 000 | 17.55 | 17 550.00 | |
| 05 | 女士衬衫 | 160/38 | 件 | 500 | 23.40 | 11 700.00 | |
| 合计 | 人民币（大写）：伍万捌仟伍佰元整 | | | | | ￥58 500.00 | |

销售经理：洛桑催珍　　会计：扎顿　　经办人：米基　　仓管：阿米　　签收人：阿旺索朗

图 6-29　销售单

**借款单**

现金收讫

资金性质：库存现金　　　2017 年 01 月 20 日

| 部门 | 销售部 | | 借款事由 | 预借招待费 | |
|---|---|---|---|---|---|
| 借款金额 | 金额（大写）叁仟元整￥3 000.00 | | | | |
| 批准金额 | 金额（大写）叁仟元整￥3 000.00 | | | | |
| 主管领导 | 洛桑催珍 | 财务主管 | 娘卓 | 借款人 | 洛桑催珍 |
| 领导审批 | 洛桑 | 财务复核 | 德吉 | | |

图 6-30　借款单

**报销单**

现金收讫

2017 年 01 月 21 日　　　单据附件共 1 张

<table>
<tr><td>报销人</td><td>索朗罗杰</td><td>部门</td><td colspan="2">行政部</td><td>报销形式</td><td>现金</td></tr>
<tr><td colspan="2">费用项目</td><td>金额</td><td rowspan="4">审核意见</td><td rowspan="2">部门主管</td><td colspan="2" rowspan="2">同意　洛桑扎西</td></tr>
<tr><td colspan="2">办公费</td><td>1 185.00</td></tr>
<tr><td colspan="2"></td><td></td><td rowspan="2">财务主管</td><td colspan="2" rowspan="2">同意　娘卓</td></tr>
<tr><td colspan="2"></td><td></td></tr>
<tr><td>金额合计</td><td colspan="6">（人民币大写）壹仟壹佰捌拾伍元整（小写）￥1 185.00</td></tr>
</table>

会计主管：娘卓　　审核：娘卓　　会计：德吉　　出纳：德央

图 6-31　报销单

**拉萨市国家税务局通用机打发票**

| | |
|---|---|
| 机打代码：253622110532 | 拉萨市发票代码：253622110532 |
| 机打号码：03480984 | 发票联发票号码：03480984 |

付款单位：嘎吉林集团有限公司　付款单位识别码：5362 5979 6098 8815 地址：拉萨市娘热路 36 号

| 项目 | 单位 | 单价 / 元 | 数量 | 金额 / 元 |
|---|---|---|---|---|
| A4 纸 | 箱 | 300.00 | 2 | 600.00 |
| 多功能计算器 | 个 | 30.00 | 10 | 300.00 |
| 签字笔 | 支 | 3.00 | 50 | 150.00 |
| 笔记本 | 本 | 4.50 | 30 | 135.00 |

合计金额（大写）：人民币壹仟壹佰捌拾伍元整　小写：¥1 185.00

收款单位：萨博数码广场有限公司　开票日期：2017–01–21

收款单位识别码：5362597222227451　开票人：甘春燕　收款人：央措

图 6-32　发票

**西藏自治区增值税专用发票**　NO 2018123

发票联　开票日期：2017 年 01 月 22 日

| 购货单位 | | 密码区 | |
|---|---|---|---|
| 购货单位名称：旭日服装集团有限公司<br>纳税人识别号：3167805111593349922<br>地址、电话：日喀则市吉林路 58 号<br>开户行账号：中国工商银行[illegible]路支行 0032-61[illegible]0-0408 | | 密码区 | 66/–3947/– > 59*<818<41<br>7>/0/433>2*3–0+672<7*<br>5+–<<51+41+>*>58*8460<br>190012<42+*31/58>>81 |

| 货物或应税劳务名称 | 规格型号 | 单位 | 数量 | 单价 | 金额 | 税率 | 税额 |
|---|---|---|---|---|---|---|---|
| 男士衬衫 | 170/92 | 件 | 1 300 | 50.00 | 65 000.00 | 0.17 | 11 050.00 |
| 男士衬衫 | 155/100 | 件 | 500 | 60.00 | 30 000.00 | 0.17 | 5 100.00 |
| 女士衬衫 | 155/35 | 件 | 550 | 40.00 | 22 000.00 | 0.17 | 3 740.00 |
| 女士衬衫 | 160/38 | 件 | 1 000 | 45.00 | 45 000.00 | 0.17 | 7 650.00 |
| 合计 | | | | | 162 000.00 | | 27 540.00 |
| 价税合计（大写） | 壹拾捌万玖仟伍佰肆拾元整 | | | | （小写）¥189 540.00 | | |

| 销货单位 | 备注 |
|---|---|
| 销货单位名称：嘎吉林集团有限公司<br>纳税人识别号：310105926795326<br>地址、电话：拉萨市娘热路 36 号　3878688 | |

第二联：发票联

图 6-33　发票

**西藏噶吉林集团有限公司**

销售单　编号：20170122

地　　址：日喀则市吉林路 58 号　电话：0894-6969117

客户名称：旭日服装集团有限公司

地址电话：日喀则市吉林路 58 号 0892-6829309　日期：2017 年 01 月 22 日

| 编码 | 名称 | 规格 | 单位 | 数量 | 单价 | 总价 | 备注 |
|---|---|---|---|---|---|---|---|
| 02 | 男士衬衫 | 170/92 | 件 | 1 300 | 58.50 | 76 050.00 | |
| 04 | 男士衬衫 | 155/100 | 件 | 500 | 70.20 | 35 100.00 | |
| 05 | 女士衬衫 | 155/35 | 件 | 550 | 46.80 | 25 740.00 | |
| 06 | 女士衬衫 | 160/38 | 件 | 1 000 | 52.65 | 52 650.00 | |
| 合计 | 人民币（大写）：壹拾捌万玖仟伍佰肆拾元整 | | | | | ¥189 540.00 | |

销售经理：洛桑催珍　会计：德吉　经办人：平措顿珠　仓管：普琼琼　签收人：阿旺索朗

图 6-34　销售单

中国工商银行
转账支票存根
No.338555891
科目
对方科目
出票日期 2017 年 01 月 23 日

收款人：日喀则服装集团有限公司

金额：¥46 800.00

用途：支付货款

单位主管：　　　　会计：

图 6-35　转账支票存根

**ICBC　中国工商银行进账单（回单）**

2017 年 01 月 23 日　　　　第 007 号

| 付款人 | 全称 | 嘎吉林集团有限公司 | 收款人 | 全称 | 日喀则服装集团有限公司 |
|---|---|---|---|---|---|
| 付款人 | 账号 | 455546753555 | 收款人 | 账号 | 6204-0032-6120-0408 |
| 付款人 | 开户银行 | 中国工商银行冲吉路支行 | 收款人 | 开户银行 | 中国工商银行吉林路支行 |

| 人民币（大写） | 千 | 百 | 十 | 万 | 千 | 百 | 十 | 元 | 角 | 分 |
|---|---|---|---|---|---|---|---|---|---|---|
| 肆万陆仟捌佰元整 | | | ¥ | 4 | 6 | 8 | 0 | 0 | 0 | 0 |

| 票据种类 | 转账支票 | 收款人开户行盖章 |
|---|---|---|
| 票据张数 | 1 张 | |
| 单位主管会计　复核　记账 | | |

此联是收款人开户行交给付款人的回单

图 6-36　进账单回单

**付款申请书**

日期：2017 年 01 月 24 日

| 用途及情况 | 金额 | | | | | | | | | | | 收款单位（人）：嘎吉林集团有限公司 |
|---|---|---|---|---|---|---|---|---|---|---|---|---|
| 缴纳住房公积金 | 亿 | 千 | 百 | 十 | 万 | 千 | 百 | 十 | 元 | 角 | 分 | 账号：455546753555672 |
| | | | | ¥ | 1 | 0 | 2 | 0 | 0 | 0 | 0 | 开户行：中国工商银行冲吉路支行 |
| 金额大写（人民币） | 人民币壹万零贰佰元整 | | | | | | | | | | | 电汇：☐ 转账：☑ 汇票：☐ 其他：☐ |

| 总经理 | 洛桑 | 财务部门 | 经理 | 娘卓 | 申请部门 | 经理 | 娘卓 |
|---|---|---|---|---|---|---|---|
| | | | 会计 | 德吉 | | 经办人 | 德吉 |

图 6-37　付款申请书

中国工商银行

转账支票存根

No.338555891

科目

对方科目

出票日期 2017 年 01 月 24 日

| |
|---|
| 收款人：嘎吉林集团有限公司 |
| 金额：¥10 200 00 |
| 用途：支付住房公积金 |

单位主管：　　　　　　会计：

中国工商银行 冲吉路支行 2017.01

图 6-38　转账支票存根

**住房公积金汇（补）缴书**

单位名称（盖章）嘎吉林集团有限公司　　　　　单位公积金账号：622088

填表日期：2017 年 01 月 24 日

<table>
<tr><td rowspan="3">缴款单位</td><td>单位名称</td><td colspan="3">嘎吉林集团有限公司</td><td rowspan="3">收款单位</td><td colspan="2">单位名称</td><td colspan="8">嘎吉林集团有限公司</td></tr>
<tr><td>单位账号</td><td colspan="3">6227004059610183329</td><td colspan="2">公积金账号</td><td colspan="8">6227004059610183208</td></tr>
<tr><td>开户银行</td><td colspan="3">中国工商银行冲吉路支行</td><td colspan="2">开户银行</td><td colspan="8">中国工商银行冲吉路支行</td></tr>
<tr><td colspan="2">缴款类型</td><td colspan="4">汇缴补缴</td><td colspan="2">补缴原因</td><td colspan="8"></td></tr>
<tr><td colspan="2">缴款人数</td><td>17</td><td>缴款时间</td><td colspan="8">2017 年 1 月 1 日至 2017 年 1 月 31 日</td><td colspan="2">月数</td><td colspan="2">1</td></tr>
<tr><td colspan="2">缴款方式</td><td colspan="6">现金转账</td><td>十</td><td>万</td><td>千</td><td>百</td><td>十</td><td>元</td><td>角</td><td>分</td></tr>
<tr><td colspan="2">金额（大写）</td><td colspan="6">人民币壹万零贰佰元整</td><td>¥</td><td>1</td><td>0</td><td>2</td><td>0</td><td>0</td><td>0</td><td>0</td></tr>
<tr><td colspan="2">上次汇缴</td><td colspan="2">本次增加汇缴</td><td colspan="4">本次减少汇缴</td><td colspan="8">本次汇（补）缴</td></tr>
<tr><td>人数</td><td>金额</td><td>人数</td><td>金额</td><td colspan="2">人数</td><td colspan="2">金额</td><td colspan="3">人数</td><td colspan="5">金额</td></tr>
<tr><td></td><td></td><td></td><td></td><td colspan="2"></td><td colspan="2"></td><td colspan="3">17</td><td colspan="5">¥10 200.00</td></tr>
<tr><td colspan="11">上述款项已划转市住房公积金中心住房公积金专用存款账户内。</td><td colspan="5">2017 年 1 月 24 日</td></tr>
</table>

复核：　　　　　　　　经办：

图 6-39　住房公积金汇（补）缴书

**报销单**

2017 年 01 月 27 日　　　　现金收讫　单据附件共 1 张

<table>
<tr><td>报销人</td><td>阿旺索朗</td><td>部门</td><td colspan="2">采购部</td><td>报销形式</td><td>现金</td></tr>
<tr><td colspan="2">费用项目</td><td>金额</td><td rowspan="4">审核意见</td><td rowspan="2">部门主管</td><td colspan="2" rowspan="2">同意　洛桑扎西</td></tr>
<tr><td colspan="2">运输费</td><td>5 650.91</td></tr>
<tr><td colspan="2"></td><td></td><td rowspan="2">财务主管</td><td colspan="2" rowspan="2">同意　娘卓</td></tr>
<tr><td colspan="2"></td><td></td></tr>
<tr><td>金额合计</td><td colspan="6">（人民币大写）伍仟陆佰伍拾元玖角壹分（小写）¥5 650.91</td></tr>
</table>

会计主管：娘卓　　　　审核：娘卓　　　　会计：德吉　　　　出纳：德央

图 6-40　报销单

## 货物运输增值税专用发票

NO 23451

发票联　　　　开票日期：2017 年 1 月 27 日

| | | | | | | | |
|---|---|---|---|---|---|---|---|
| 承运人及纳税人识别号：拉萨市货运集团有限责任公司 310105926795326 | | | | 密码区 | | 66/–3947/– > 59*<818<41<br>7>/0/433>2*3–0+672<7*<br>5+–<<51+41+>*>58*8460<br>190012<42+*31/58>>81 | |
| 实际受票方及纳税人识别号：嘎吉林集团有限公司 31010344454323 | | | | | | | |
| 收货人及纳税人识别号： | 嘎吉林集团有限公司 62410344454323 | | | 发货人及纳税人识别号： | | 日喀则服装集团有限公司 362010344454354 | |
| 起运地、经由、到达地 | 略 | | | | | | |
| 费用项目金额 | 男女衬衫运输费　5 090.91 | | | 运输货物信息 | | 略 | |
| 合计金额 | ¥5 090.91 | 税率 | 11% | 税额 | ¥560.00 | 机器编号 | 略 |
| 价税合计（大写） | 伍仟陆佰伍拾元玖角壹分 | | | （小写）¥5 650.91 | | | |
| 车种车号 | 略 | 车船吨位 | | 略 | | 备注 | |
| 主管税务机关及代码 | 拉萨市城关区国家税务局 78990765443 | | | | | | |

收款人：　　复核人：　　开票人：　　承运人：（章）

第一联：记账联

图 6-41　发票

## ICBC 中国工商银行业务委托书　回执

2017 年 01 月 27 日　　　　第 007 号

| | | | | | |
|---|---|---|---|---|---|
| 付款人 | 全称 | 嘎吉林集团有限公司 | 收款人 | 全称 | 日喀则服装集团有限公司 |
| | 账号 | 455546753555 | | 账号 | 6204003261200408 |
| | 开户银行 | 中国工商银行冲吉路支行 | | 开户银行 | 中国工商银行吉林路支行 |

| 人民币（大写） | 千 | 百 | 十 | 万 | 千 | 百 | 十 | 元 | 角 | 分 |
|---|---|---|---|---|---|---|---|---|---|---|
| 肆万陆仟捌佰元整 | | | ¥ | 4 | 6 | 8 | 0 | 0 | 0 | 0 |

| | | |
|---|---|---|
| 票据种类 | 转账支票 | 收款人开户行盖章 |
| 票据张数 | 1 张 | |
| 单位主管会计　复核　记账 | | |

此联为银行受理通知书

图 6-42　业务委托书回执

## 中国工商银行

中国工商银行　　转账日期：2017 年 01 月 27 日　　凭证字号　　凭证

付款日期：2017 年 01 月 27 日

付款人名称：嘎吉林集团有限公司
付款人账号：003261200408
付款人开户银行：中国工商银行冲吉路支行
币种：人民币
小写（合计）金额：¥10.00
大写（合计）金额：人民币壹拾元整
项目：电汇手续费

第一次打印　打印时间：2017 年 01 月 27 日 10 时 28 分

第二联作付款回单（无银行收讫章无效）复核　记账

图 6-43　业务收费凭证

**1 月份销售产品成本计算表**

编制单位：嘎吉林集团有限公司　　编制时间：2017-01-31　　单位：元

| 商品名称 | 规格 | 期初数量 | 单价 | 期初结存余额 | 本期购入数量 | 本期购入金额 | 本期发出数量 | 本期发出金额 | 期末结存数量 | 单价 | 期末结存金额 |
|---|---|---|---|---|---|---|---|---|---|---|---|
| 男式衬衫 | 170/92 | 1 900.00 | 25.00 | 47 500.00 | | | | | | | |
| 男式衬衫 | 175/100 | 1 000.00 | 30.00 | 30 000.00 | | | | | | | |
| 女式衬衫 | 155/35 | 1 200.00 | 15.00 | 18 000.00 | | | | | | | |
| 女式衬衫 | 160/38 | 1 800.00 | 20.00 | 36 000.00 | | | | | | | |
| 合计 | | 5 900.00 | | 131 500.00 | | | | | | | |

审核：娘卓　　会计：德吉　　制表：德吉

图 6-44　销售产品成本计算表

**固定资产折旧明细表**　　单位：元

| 固定资产名称 | 固定资产类别 | 使用部门 | 入账时间 | 可使用年限 | 原值 | 残值率（%） | 净残值 | 折旧方法 | 月折旧额 | 累计折旧 | 净值 |
|---|---|---|---|---|---|---|---|---|---|---|---|
| 便携式计算机 | 电子设备 | 行政部 | 2014-8-11 | 3 年 | 12 000.00 | 5 | 600.00 | 年限平均法 | | | |
| 便携式计算机 | 电子设备 | 财务部 | 2014-10-25 | 3 年 | 11 729.00 | 5 | 586.45 | 年限平均法 | | | |
| 传真机 | 电子设备 | 财务部 | 2014-11-17 | 3 年 | 2 811.15 | 5 | 140.56 | 年限平均法 | | | |
| 计算机（两台） | 电子设备 | 销售部 | 2014-10-13 | 3 年 | 16 000.00 | 5 | 800.00 | 年限平均法 | | | |
| 计算机（两台） | 电子设备 | 采购部 | 2014-12-17 | 3 年 | 15 000.00 | 5 | 750.00 | 年限平均法 | | | |
| | | | | | | | | | | | |
| 合计 | | | | | 57 540.15 | | 2 877.01 | | | | |

审核人：娘卓　　制表人：德吉

图 6-45　固定资产折旧明细表

**工资汇总表**

编制单位：嘎吉林集团有限公司　　2017 年 01 月 31 日　　单位：元

| 部门 | 应付工资 | 个人缴纳社保费 | 个人缴纳公积金 | 个人缴纳所得税 | 实发工资 | 单位缴纳社保费 | 单位缴纳公积金 | 单位总支出 | |
|---|---|---|---|---|---|---|---|---|---|
| 总经理办公室 | 14 400.00 | 516.00 | 600.00 | 677.66 | 12 606.34 | 1 605.00 | 600.00 | 16 605.00 | |
| 行政部 | 7 000.00 | 516.00 | 600.00 | 10.26 | 5 873.74 | 1 605.00 | 600.00 | 9 205.00 | |
| 财务部 | 20 300.00 | 1 032.00 | 1 200.00 | 343.46 | 17 724.54 | 3 210.00 | 1 200.00 | 24 710.00 | |
| 销售部 | 18 100.00 | 774.00 | 900.00 | 362.72 | 16 063.28 | 2 407.50 | 900.00 | 21 407.50 | |
| 采购部 | 12 600.00 | 774.00 | 900.00 | 59.20 | 10 866.80 | 2 407.50 | 900.00 | 15 907.50 | |
| 仓库部 | 9 700.00 | 774.00 | 900.00 | 0.00 | 8 026.00 | 2 407.50 | 900.00 | 13 007.50 | |
| | | | | | | | | | |
| | | | | | | | | | |
| | | | | | | | | | |
| | | | | | | | | | |
| | | | | | | | | | |
| | | | | | | | | | |
| | | | | | | | | | |
| | | | | | | | | | |
| 合计 | 82 100.00 | 4 386.00 | 5 100.00 | 1 453.30 | 71 160.70 | 13 462.50 | 5 100.00 | 100 842.50 | |

审核：娘卓　　制表：德吉

图 6-46　工资汇总表

## 2017 年 1 月工资表

编制单位：嘎吉林集团有限公司　　2017 年 01 月 31 日　　单位：元

| 部门 | 职位 | 姓名 | 基本工资 | 满勤奖励 | 应付工资 | 个人缴纳养老保险 | 个人缴纳医疗保险 | 个人缴纳失业保险 | 个人缴纳公积金 | 税前合计 | 个人所得税 | 实发工资 | 单位缴纳养老保险 | 单位缴纳医疗保险 | 单位缴纳失业保险 | 单位缴纳公积金 | 工伤保险 | 生育保险 | 单位缴交合计 | 单位总支出 | 员工签字 |
|---|---|---|---|---|---|---|---|---|---|---|---|---|---|---|---|---|---|---|---|---|---|
| 总经理办公室 | 总经理 | 洛桑 | 100 00.00 | 200.00 | 10 200.00 | 200.00 | 53.00 | 5.00 | 300.00 | 9 642.00 | 673.40 | 8 968.60 | 500.00 | 250.00 | 25.00 | 300.00 | 7.50 | 20.00 | 1 102.50 | 1 1302.50 | |
| 总经理办公室 | 经理助理 | 达珍 | 4 000.00 | 200.00 | 4 200.00 | 200.00 | 53.00 | 5.00 | 300.00 | 3 642.00 | 4.26 | 3 637.74 | 500.00 | 250.00 | 25.00 | 300.00 | 7.50 | 20.00 | 1 102.50 | 5 302.50 | |
| 行政部 | 行政经理 | 洛桑扎西 | 4 200.00 | 200.00 | 4 400.00 | 200.00 | 53.00 | 5.00 | 300.00 | 3 842.00 | 10.26 | 3 831.74 | 500.00 | 250.00 | 25.00 | 300.00 | 7.50 | 20.00 | 1 102.50 | 5 502.50 | |
| 行政部 | 行政人员 | 索朗罗杰 | 2 400.00 | 200.00 | 2 600.00 | 200.00 | 53.00 | 5.00 | 300.00 | 2 042.00 | 0.00 | 2 042.00 | 500.00 | 250.00 | 25.00 | 300.00 | 7.50 | 20.00 | 1 102.50 | 3 702.50 | |
| 财务部 | 财务经理 | 娘卓 | 8 000.00 | 200.00 | 8 200.00 | 200.00 | 53.00 | 5.00 | 300.00 | 7 642.00 | 309.20 | 7 332.80 | 500.00 | 250.00 | 25.00 | 300.00 | 7.50 | 20.00 | 1 102.50 | 9 302.50 | |
| 财务部 | 会计 | 德吉 | 5 000.00 | 200.00 | 5 200.00 | 200.00 | 53.00 | 5.00 | 300.00 | 4 642.00 | 34.26 | 4 607.74 | 500.00 | 250.00 | 25.00 | 300.00 | 7.50 | 20.00 | 1 102.50 | 6 302.50 | |
| 财务部 | 出纳 | 德央 | 3 500.00 | 200.00 | 3 700.00 | 200.00 | 53.00 | 5.00 | 300.00 | 3 142.00 | 0.00 | 3 142.00 | 500.00 | 250.00 | 25.00 | 300.00 | 7.50 | 20.00 | 1 102.50 | 4 802.50 | |
| 财务部 | 收银员 | 白玛扎西 | 3 000.00 | 200.00 | 3 200.00 | 200.00 | 53.00 | 5.00 | 300.00 | 2 642.00 | 0.00 | 2 642.00 | 500.00 | 250.00 | 25.00 | 300.00 | 7.50 | 20.00 | 1 102.50 | 4 302.50 | |
| 销售部 | 销售经理 | 洛桑催珍 | 8 000.00 | 200.00 | 8 200.00 | 200.00 | 53.00 | 5.00 | 300.00 | 7 642.00 | 309.20 | 7 332.80 | 500.00 | 250.00 | 25.00 | 300.00 | 7.50 | 20.00 | 1 102.50 | 9 302.50 | |
| 销售部 | 销售人员 | 罗布桑珠 | 5 000.00 | 200.00 | 5 200.00 | 200.00 | 53.00 | 5.00 | 300.00 | 4 642.00 | 34.26 | 4 607.74 | 500.00 | 250.00 | 25.00 | 300.00 | 7.50 | 20.00 | 1 102.50 | 6 302.50 | |
| 销售部 | 销售人员 | 平措顿珠 | 4 500.00 | 200.00 | 4 700.00 | 200.00 | 53.00 | 5.00 | 300.00 | 4 142.00 | 19.26 | 4 122.74 | 500.00 | 250.00 | 25.00 | 300.00 | 7.50 | 20.00 | 1 102.50 | 5 802.50 | |
| 采购部 | 采购经理 | 次仁 | 5 500.00 | 200.00 | 5 700.00 | 200.00 | 53.00 | 5.00 | 300.00 | 5 142.00 | 59.20 | 5 082.80 | 500.00 | 250.00 | 25.00 | 300.00 | 7.50 | 20.00 | 1 102.50 | 6 802.50 | |
| 采购部 | 采购人员 | 阿旺索朗 | 3 500.00 | 200.00 | 3 700.00 | 200.00 | 53.00 | 5.00 | 300.00 | 3 142.00 | 0.00 | 3 142.00 | 500.00 | 250.00 | 25.00 | 300.00 | 7.50 | 20.00 | 1 102.50 | 4 802.50 | |
| 采购部 | 采购人员 | 强巴托美 | 3 000.00 | 200.00 | 3 200.00 | 200.00 | 53.00 | 5.00 | 300.00 | 2 642.00 | 0.00 | 2 642.00 | 500.00 | 250.00 | 25.00 | 300.00 | 7.50 | 20.00 | 1 102.50 | 4 302.50 | |
| 仓库部 | 仓库主管 | 格桑旦培 | 3 800.00 | 200.00 | 4 000.00 | 200.00 | 53.00 | 5.00 | 300.00 | 3 442.00 | 0.00 | 3 442.00 | 500.00 | 250.00 | 25.00 | 300.00 | 7.50 | 20.00 | 1 102.50 | 5 102.50 | |
| 仓库部 | 仓库人员 | 普琼琼 | 2 800.00 | 200.00 | 3 000.00 | 200.00 | 53.00 | 5.00 | 300.00 | 2 442.00 | 0.00 | 2 442.00 | 500.00 | 250.00 | 25.00 | 300.00 | 7.50 | 20.00 | 1 102.50 | 4 102.50 | |
| 仓库部 | 仓库人员 | 查巴桑珠 | 2 500.00 | 200.00 | 2 700.00 | 200.00 | 53.00 | 5.00 | 300.00 | 2 142.00 | 0.00 | 2 142.00 | 500.00 | 250.00 | 25.00 | 300.00 | 7.50 | 20.00 | 1 102.50 | 3 802.50 | |
| 合计 | | | 78 700.00 | 3 400.00 | 82 100.00 | 3 400.00 | 901.00 | 85.00 | 5 100.00 | 72 614.00 | 1 453.30 | 71 160.70 | 8 500.00 | 4 250.00 | 425.00 | 5 100.00 | 127.50 | 340.00 | 18 742.50 | 100 842.50 | |

总经理：洛桑　　财务审核：娘卓　　制单：德吉

图 6-47　工资表

**未交增值税计提表**

2017 年 01 月 31 日

| 项目 | 金额 / 元 |
|---|---|
| 1. 应交增值税明细账期初余额 | |
| 2. 应交增值税明细账进项税额专栏本月发生额 | |
| 3. 应交增值税明细账进项税额转出专栏本月发生额 | |
| 4. 应交增值税明细账销项税额专栏本月发生额 | |
| 5. 本月应交增值税额（5=4+3−2−1） | |
| | |

制单人：德吉

图 6-48　未交增值税计提表

**税金及附加计提表**

2017 年 01 月 31 日　　单位：元

| 应交税费明细项目 | 计算依据 | 金额 | 税率 | 应纳税额 | 备注 |
|---|---|---|---|---|---|
| 城市维护建设税 | | | | | |
| 教育费附加 | | | | | |
| 地方教育费附加 | | | | | |
| 合计 | | | | | |

制单人：德吉

图 6-49　税金及附加计提表

**企业所得税计提表**

所属日期：自 2017 年 01 月 01 日至 2017 年 01 月 31 日　　单位：元

| 序号 | 项目 | 金额 |
|---|---|---|
| 1 | 收入总额 | |
| 2 | 成本费用总额 | |
| 3 | 利润总额 | |
| 4 | 适用税率 | |
| 5 | 应纳所得税额 | |

审核人：娘卓　　制表人：德吉

图 6-50　企业所得税计提表

# 参 考 文 献


［1］刘永泽 . 会计学［M］.4 版 . 大连：东北财经大学出版社，2014.

［2］王玉春 . 财务管理［M］.4 版 . 南京：南京大学出版社，2014.

［3］周友梅，阚京华，管亚梅 . 审计学［M］. 北京：人民邮电出版社，2014.

［4］徐玉凤 . 计算机应用基础［M］. 北京：现代教育出版社，2015.

［5］会计从业资格考试命题研究组 . 基础会计［M］. 上海：立信会计出版社，2016.

［6］毛程连 . 国有资产管理学［M］. 上海：复旦大学出版社，2005.

［7］财政部会计资格评价中心 . 初级会计实务［M］. 北京：中国财政经济出版社，2016.

［8］会计从业资格考试命题研究组 . 会计电算化［M］. 上海：立信会计出版社，2016.

［9］会计从业资格考试命题研究组 . 财经法规与会计职业道德［M］. 上海：立信会计出版社，2016.

［10］ATEP 项目组 . 手工全盘账及会计电算化实操［M］.2 版 . 北京：清华大学出版社，2016.